警官高等职业教育"十二五"规划教材

经济法原理与实务

Jingji Fa Yuanli yu Shiwu

主　编○陆　薇

副主编○蔡　飑

撰稿人○（以撰写章节先后为序）

陆　薇　王桂荣　齐四明

蔡　飑　桂文丹

中国政法大学出版社

2014·北京

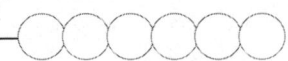

警官高等职业教育"十二五"规划教材
编审委员会

主　任　胡来龙　李传敢

副主任　徐　伟　彭　晔

委　员　周善来　刘传兰　阚明旗　姚亚辉

陆　薇　女，1964年4月生，安徽警官学院副教授，兼职律师，"双师"型专职教师。1985年7月毕业于华东政法学院法律系经济法专业，2003年1月获安徽大学法律硕士学位。先后担任经济法、民法教研室副主任、主任、系副主任、系总支书记。拥有丰富的教学管理经验和较强的组织协调能力。

在《安徽警官职业学院学报》、《学术界》、《宿州师专学报》、《安徽日报》等期刊杂志上发表《WTO规则与我国外资国民待遇制度的适用》、《健全我国公司减资法律制度》、《关于加入WTO后中国票据法进一步完善的法律思考》、《论董事对债权人承担民事赔偿责任的必要性》等多篇论文，主编、副主编、参编《商事法》、《经济法》、《经济法原理与实务》等多部教材，与他人合编《缘法而行》一书。

▶❖ 编写说明

作为高等职业教育的重要组成部分，警官类高等职业教育正随着经济社会的快速发展和一线政法工作对专门人才的迫切需求而与时俱进。近年来，全国警法类高职院校都积极探索高职教育教学规律、改革专业人才培养模式，以适应经济社会发展对警法类专门人才的客观需求，改革内容涉及各个方面，包括专业建设、课程建设、师资队伍建设等，当然也少不了至关重要的教材建设。编写一套以就业为导向、以能力培养为核心、以服务学生职业生涯发展为目标、突出当前警官高等职业教育教学特点的系列规划教材就显得尤为重要。

为适应警法类专业人才培养的需要，安徽警官职业学院决定遴选理论功底扎实、教学能力突出、实践经验丰富的优秀教师组成编写组，对警官类高等职业教育原有的系列教材进行重新编写。本次编写工作按照"就业导向、能力本位、任务驱动"等职业教育新理念的要求，遵循高职学生自身的认知规律，紧密联系司法工作实务、相关专业人才培养模式以及课程教学模式改革实践，对教材结构和内容进行了革故鼎新的整合，力求符合教育部提出的"注重基础、突出适用"的要求，在强调基本知识和专业技能的同时，强化社会能力（含职业道德）和方法能力的培养，把基础知识、基本技能和职业素养三者有机融合起来。

本系列教材的主要特点是：

1. 创新编写思路，培养职业能力。"以就业为导向，注重培养学生的职业能力"是高等职业教育课程改革的方向，也是职业教育的本质要求。本系列教材针对警法类高职院校学生的特点，在教材编写过程中突出实用性和职业性，以我国现行的法律、法规和司法解释为依据，使学生既掌握法学原理，又明晓现行法律制度，提高学生运用法律知识解决实际问题的能力。同时，在教材内容编排上，本系列教材遵循由浅入深和工作过程系统化的编写思路，为学生搭建合理的知识结构，以充分体现高职的办学要求。

2. 体例设计新颖，表现形式丰富。为了突出实践技能培养，践行以能力为本位的职业教育理念，本系列教材改变以往教材以理论讲述为主的教学模式，采用新颖的编写体例。除基本理论外，本系列教材在体例上设置了学习目标、工作任务、导入案例、案例评析、实务训练、延伸阅读等相关教学项目，并在每章结束时通过思考题的形式，启发学生巩固本章教学内容。该编写体例为学生课后复习和检验学习效果提供便利，对提高学生的学习兴趣、促进学以致用、丰富教学形式、拓宽学生视野、提升职业素养具有积极的推动作用。

3. 课程针对性强，职业特色明显。高等职业教育教材突出相关职业或岗位群所需实务能力的教育和培养，并针对专业职业能力构成来组织教材内容。而法律实务类专业在社会活动中具有与各方面接触频繁、涉及面广的特点，要求学生具有较高的综合素质和良好的应变能力。因此，本系列教材采用案例教学法，通过大量的案例导入，并辅以简洁的案例分析，提供规范的实务操作范例，使学生能够更为直观地体会法律的适用，体验工作的情境和流程，增强学生的综合能力。

4. 文字表述简洁，方便学生使用。本系列教材在概念等内容编写中，尽量采用简洁明了的语言表述，使学生明确概念的要点即可，从而避免教材"一个概念多个观点"、"理论争论较多"的现象。

本系列教材共 14 本，在其编写过程中借鉴吸收了相关教材、论著的成果和资料；中国政法大学出版社也给予作者们大力支持和指导，责任编辑在审读校阅过程中更是付出了辛勤的劳动，在此我们深表谢忱。同时，由于时间紧、任务重，教材中难免出现不足和疏漏，恳请广大师生和读者给予批评指教，以便我们再版时进一步改进和提高教材质量，更好地服务于警官类高等职业教育事业。

警官高等职业教育"十二五"规划教材编审委员会

2013 年 12 月

❖ 前　言

经济法是社会发展到一定阶段的产物，是社会化导致现代国家对经济生活广泛而深入地介入的结果。当今，随着我国市场经济的飞速发展，经济法律已经成为重要的法律规范。《经济法原理与实务》课程是法律和经济类专业的核心课程，同时也属于高职高专法律类专业的主干课程之一。

本教材在"工学结合，项目导向"教育模式下，结合经济法课程的教学内容与特点，设置项目体系，以学习任务为前引，以案件为载体，设置知识点，依据社会主义市场经济发展的基本脉络，通过学习经济法律知识内容，系统介绍经济法的基本理论和基础知识，实现传统课程体系与学习过程系统的有机结合，切实满足高职高专法律专业教学改革和建设的需要。

本教材融入了最新的经济法律规范，逻辑严谨、深入浅出；通过图表、举例、程序流程等方式突出教材的直观性和实用性。

本教材分为八大模块，即经济法概述、反不正当竞争法律制度、反垄断法律制度、产品质量法律制度、消费者权益保护法律制度、证券法律制度、土地管理法律制度和城市房地产管理法律制度、税收法律制度。本书可作为高职高专学校法律事务、会计等经济类专业的基础教材，也可作为高等院校法律专业师生、律师及其他从事法律服务工作的社会相关人员的学习和参考用书。

本书由陆薇老师任主编，蔡飏老师任副主编，王桂荣、齐四明、桂文丹三位老师参与教材的编写工作。具体编写分工如下（以撰写章节先后为序）：

陆薇：第一、七单元；

王桂荣：第二、四单元；

齐四明：第三单元；

蔡飓：第五、八单元；

桂文丹：第六单元。

全书最后由主编修改定稿。由于水平有限，本书在内容及文字表述上，缺点和错误在所难免，敬请读者批评指正。

编 者

2014 年 4 月

⠿ 目　录

第一单元

经济法概述

项目一 经济法的概念

基本理论

经济法的概念是把握经济法理论的首要问题。科学地界定经济法的概念，直接决定着经济法能否作为独立的法律部门存在。若这一问题不能得到圆满解决，无论经济法是如何的繁荣，在实践中是多么的重要，其结果都只能是无源之水，无本之木，成为没有根基的空中楼阁。而要准确把握经济法的概念，则应从了解经济法的产生和发展入手。

一、经济法的起源与发展

（一）经济法产生的历史背景

经济法是社会发展到一定阶段的产物，市场经济发展到社会化大生产阶段，国家自觉或不自觉地承担起对经济加以协调的职能，这也是经济法产生的经济根源，当这些基础和条件形成时，经济法就应运而生。与此同时，学者对社会经济和国家对经济的调整建立在法治的基础之上的现象进行了深入研究并予以传播，逐步形成了经济法学说。

（二）经济法形成的政治原因

一般认为，经济法形成的政治原因是社会化导致现代国家对经济生活广泛而深化地介入，使得垄断资产阶级与国家政权合而为一。故国家干预经济的政策措施的实施，国家在整个社会经济生活中的地位与作用的增强，是现代经济法产生的政治根源。

（三）经济法产生的理论根据

法律作为一个社会制度的上层建筑，都有其相应的经济制度为基础。经济法产生的理论根据和运用根据是凯恩斯主义的经济理论和政策。

古典经济学代表亚当·斯密认为，在市场经济条件下，市场应该由"看不见的手"[1]调节。他主张政府在市场经济中应是"无为"的，崇尚经济自由主义，反对政府干预。但在1929~1933年世界性的经济危机后，自由放任和私法自治的市场理论受到严重挑战。凯恩斯行动主义逐渐兴起。凯恩斯认为，亚当·斯密的理论是建立在完全市场机制的前提下的，但并非所有的经济当事人都有对称的市场信息和完全的理性，且生产社会化和垄断的出现会使价值规律和市场调节机制失灵即"市场失灵"[2]。凯恩斯主义认为应该放弃自由放任原则，实行国家对经济生活的干预和调节，运用财政政策和货币政策刺激消费，增加投资，以保证社会有足够的有效需求，实现充分就业。凯恩斯主义强调的是将政府对市场的干预作为市场机制的必要补充，而不是经济发展的唯一动力。于是在此理论影响下的市场管理法律制度的建设，一方面是在传统的民法中渗透公法因素，强调权利不得滥用，确保追求私利的民事行为不违背社会公共利益；另一方面寻求新的立法措施，制定专门以维护竞争和必要的行业管理、以维护社会公正为己任的经济立法，这方面的典型，主要表现在反垄断法和反不正当竞争法以及有关行业管制的市场规制法被制定出台。

（四）经济法的形成是社会化生产和生产关系的矛盾导致的必然结果

具体而言，在自由放任经济条件下，经济活动由"看不见的手"来调节，产生自发性经济关系。作为"看不见的手"的经济规律盲目作用的结果，自发性经济关系失去了自律性。与此相应，一些资本主义国家先后颁布了大量的体现国家干预经济的法律。这些法律的出现，一方面打破了传统的私法自治的局面，使私法关系渗透了国家干预的痕迹；另一方面，也突破了大陆法系国家关于公法与私法划分的传统理论，使公法融入了对私权关系调整的内容。在大陆法系国家，经济法概念的出现，在一定意义上是对法律突破了传统公法与私法分类状况的认可与折中。这种法律性质及其内容的演变，被法学家们概括为"私法的公法化"。正是为了适应这种法律性质及其内容的变化，大陆法系国家的法学家们将那些介于传统公法与私法之间的法律概括为"经济法"。

由于资本主义垄断的形成，为了适应国家对经济的统治，为了维护市场经济免于崩溃，同时也是为了维护资本主义的自由竞争秩序，资本主义国家对于

---

〔1〕 亚当·斯密认为，在市场经济条件下，每个人追求的仅仅是个人的利益，但"在这样做时，一只看不见的手引导他去促进一个目标，而这个目标绝不是他所追求的东西，由于追逐他自己的利益，他经常促进了社会的利益，其效果要比他真正想促进社会利益时所得的效果大"。这就是著名的"看不见的手"原理。

〔2〕 所谓市场失灵，按照西方经济学家的观点，是指由于许多因素使市场在资源配置方面呈现出低效率运行的一种非理想状态，用博弈论的观点解释市场失灵的原因就是"个人理性与团体理性"的冲突。而凡是市场可能失灵的地方，都是政府监管干预的地方，都可以揽入经济法管辖的范围内。

失去了自动调节作用的自发性经济制度，从对经济活动的自由放任并依靠"看不见的手"来调整经济关系，转而靠"国家之手"来维持垄断主义市场经济的经济关系；原来那种以绝对的财产自由、完全的契约自由、经营自由为原则，以平等等价为调整方式的传统的民商法就不能完全适应垄断资本的需要了，而需要以权力为象征的经济法。

进入 20 世纪 70 年代至今，西方主要资本主义国家出现了经济发展和通货膨胀并发的"滞胀症"。凯恩斯主义对此束手无策，加之政府干预的缺陷日益明显，因此自由放任的理论重又"回潮"得势。这期间的自由主义经济政策主张，政府应当放松管制和弱化干预。但是，放松管制和弱化政府干预后市场主体又置身于激烈的市场竞争中，结果企业亏损、倒闭以及经济危机问题接踵而来，加之消费者权益保护的呼声日趋高涨，政府依法加强对市场交易活动的干预，转而成为当今世界各国经济立法的重点。

时至今日，由于科学技术的突飞猛进，社会生产日益趋向高度专业化协作，经济集中和经济民主的对立统一，要求市场"无形之手"和国家"有形之手"的协同并用。因为社会经济的发展使法和法学的发展进入了专业高度分化基础上的高度整合，法调整经济的深度和广度为历史上任何时代所不可比拟，实践呼唤着经济法和经济法学的进一步专业化、系统化。也是在今天，由于现代科学技术的迅猛发展和经济全球化，各国和地区的经济朝着市场化、现代化和民主化、法治化的方向发展，从而为经济法的发展和繁荣，培育了良好的土壤。

在当今世界上无论是社会主义国家还是资本主义国家，无论是发展中国家还是发达国家，不管各国对经济法承认与否或所持的观点有多大差异，事实上在生产高度社会化以后，各国都存在需要由公权力介入自由市场进行调整的特殊的经济关系，这种实际上由经济法调整的经济关系的存在已是不争的事实。各国在强调市场对资源配置起基础作用以及相关民法对市场规范作用的前提下，日益强调政府对市场交易的干预、协调以及相关市场管理法对市场交易的规范作用。

二、我国经济法的兴起和发展

中国经济法，在 20 世纪 70 年代末 80 年代初伴随着社会主义市场经济的确立和发展而产生和发展，并与经济法学相伴而生。我们知道，在我国实行社会主义市场经济是解放和发展生产力的一场深刻改革，为了将中国经济体制改革深入下去，也是为了提高我国资源配置效益，进一步解放和发展生产力，使得中国经济立法紧紧围绕着经济体制改革进行。

1. 从党的十一届三中全会到党的十四大期间，我国经济法制建设进入恢复和大发展的重要时期，也是经济法进入创建和发展的时期。在此期间，我国社会主义民主和法制取得了很大成就，国家运用法律手段管理经济，保护改革开放成果，使愈来愈多的经济关系和经济活动准则以法律手段固定下来，逐步使各项经济活动都有法可依。为了适应改革开放的需要，我国制定了大批的经济法律、法规，经济法制建设取得了极大的成就，我国经济法也得到了较大的发展，其主要表现为：规范了市场主体；健全了市场管理；加强了宏观调控；完善了社会保障。但是，经济立法尚不平衡，有的方面无法可依；不少法律、法规没有得到切实的贯彻执行，有法不依、执法不严、违法不究的现象还相当严重；经济法有待于进一步的发展和完善。

2. 十四大以后我国确立了"依法治国"的方略，经济法得到了迅速的发展。十四大文件中指出"加强立法工作，特别是抓紧制定与完善保障改革开放、加强宏观经济管理、规范微观经济行为的法律和法规，这是建设社会主义市场经济体制的迫切要求"。1993 年的《中华人民共和国宪法修正案》规定了"国家加强经济立法，完善宏观调控"，建立社会主义市场经济体制为经济立法提出了很高的要求。

中国二十多年来改革开放的实践也证明了，中国实行市场经济的过程就是经济法完善的过程，也是依法治国，实现市场经济民主化、法律化的过程。自从改革开放以来，我国在经济法的制定方面取得了很大成绩，通过经济法的健全已将经济体制改革中建立起来的，适应生产力发展要求的新的现代企业制度、市场管理制度、宏观调控制度、社会保障制度在经济法律、法规中肯定下来，赋予其高度的权威性，巩固了经济体制的改革成果；同时，完善的经济法律也保障了市场经济的正常运行，建立起了规范的市场经济秩序；而健全的市场法律法规，可以严格执法，完善市场监督机制，加大监管机制，建立健全社会信用制度。

我们知道，经济法是一门新兴的学科，尽管各个国家法学界对经济法有不同的评价，但都在自觉或不自觉地运用经济立法来调整一定的经济关系，参与经济管理。这是当今世界上经济发展与法律相结合的必然趋势。各国都通过经济立法来干预经济活动。外国实行市场经济的过程，就是加强经济立法的过程，中国实行社会主义市场经济也在毫不例外地加强经济立法。

三、经济法概念的起源与发展

（一）经济法概念的起源

经济法的概念，是法国空想共产主义者莫莱里在 1755 年出版的《自然法典》一书中率先提出的。后来，法国空想共产主义者德萨米在 1842 年出版的《公有法典》中也使用了经济法这一概念，并且发展了这一概念。但是，此时的"经济法"并非现代意义上的经济法，仅仅是从分配意义上设想国家对产品分配的干预。法国著名经济学家和政治学家蒲鲁东在其所著《论工人阶级的政治能力》一书中提出：法律应当通过普遍和解来解决社会生活矛盾，为此需要改组社会，由"经济法"来构成新社会组织的基础。因为公法会造成政府过多地限制经济自由和法则，无法影响经济活动的整个结构，必须将社会组织建立在"作为政治法和民法之补充和必然结果的经济法之上"，这是历史上最早提出经济法概念的学说。到了 20 世纪初，德国学者首先使用了"经济法"这个概念。如德国学者莱特 1906 年在《世界经济年鉴》一书中使用"经济法"一词来说明与世界经济有关系的各种法规，虽接近现代经济法的含义，却并不具有严格的学术意义。现代经济法的出现则是在一战期间和战后，德国通过颁布《关于限制契约最高价格的公告》、《确保国民粮食战时措施令》、《煤炭经济法》和《钾苯经济法》等法律，实现了政府对经济活动直接干预和管制。经济法在德国产生，并形成一个法律部门绝非偶然，而是有着其深刻的社会背景。从其产生的背景中我们又不难看出，经济法源于特别时期政府对经济的无奈的干涉，其调整对象最初就是在非常时期需要国家介入干预调整的一种经济关系。与此同时，德国学者对经济法的概念及其他理论进行了深入而广泛的探讨，此后，在许多国家的法学著作和有些国家的法律文件中均使用了"经济法"这一概念，经济法学逐渐发展成为一门独立的法律科学。

由于各国的情况不一样，各国的经济法强调的主要方面也不一样。英美法系没有部门法划分的传统，也就没有经济法部门，但事实是《反不正当竞争法》、《反垄断法》被称之为"经济宪章"，可以理解为这是其重要的经济法内容。由于民商法在经济中占据统治地位，人们关注经济法的程度不高，甚至很多人还不知道什么是经济法。但不管怎样，经济法的存在是一个事实。

如今又发生着两股相向运动的思潮：一方面，是由忽视个体经济自由和权利的国家主义向兼顾个体的社会本位发展（国家在转变其经济职能，国家职能也在社会化）；另一方面，是自 19 世纪至 20 世纪之初就开始的社会化进程的继续和加快，在尊重和维护个体自由和权利的基础上，日益重视以社会为本位，逐渐加大国家经济调节力度。在经济法律上，原来两种类型国家对于民商法和经济法的理念也在呈接近和趋同之势。时代在发展，现实情况在变化，我们必须不断地加强对经济法的研究，让经济法更好地服务于社会。也正如前所述，经济法顺应社会现实而生，它一定会继续随着时代的发展而发展，作为一个独立的法律部门在国民经济中发挥重要作用。

四、经济法的定义

我国较早使用"经济法"一词是在 1979 年的《中华人民共和国第五届全国人民代表大会第二次会议文件》中，与此同时，在我国的法学教材和学术专著、论文、工具书、资料中，广泛地使用了"经济法"概念。

今天"经济法"的概念被愈来愈多的学者和国家所承认和使用，许多学者对经济法的概念进行了界定，但是，到目前为止，国内外的学术界和司法界对于经济法概念仍未有统一的认识。三十多年来，对经济法概念的研讨始终是我国经济法学界乃至整个法学界所高度关注的热点问题之一。人们仁者见仁，智者见智，对经济法的概念作出了种种不同的界定，并由此形成了不同的经济法学说（对经济法概念的不同认识，形成了种种不同的经济法学说）。其中主要学术观点如下：

1. 认为经济法是协调本国经济运行过程中发生的经济关系的法律规范的总称，简称为"协调说"。[1]

2. 认为经济法是国家为了克服市场失灵而制定的调整需要由国家干预的具有全局性和社会公共性的经济关系的法律规范的总称，简称为"干预说"。[2]

3. 认为经济法是国家为了保证社会主义市场经济的协调发展而制定的，有关调整经济管理关系和市场运行关系的法律规范的统一体系，简称为"经济管理与市场运行说"。[3]

4. 认为经济法是调整国家在调节社会经济运行过程中发生的各种社会关系，规范和保障国家调节，促进社会经济协调、稳定发展的法律规范的总称，简称为"经济调节关系说"。[4]

5. 认为经济法是调整发生在政府、政府管理机关和经济组织、公民个人之间的以社会公共性为根本特征的经济管理关系的法律规范的总称，简称为"社会公共性说"。[5]

综上所述，可以看到，在我国对经济法概念的认识不仅受制于经济体制，而且还受制于法制的发展水平。随着我国社会主义市场经济体制的确立以及法制建设的发展与法律体系的完善，我国的经济法理论研究亦日趋深化，尽管在具体的认识和表述上仍有差异，但在原则问题上可以说已经形成了最基本的共识。经济法是国家公权力对社会经济生活的适度干预。

本书采用第一种观点，将经济法的概念定义为：经济法是调整在国家协调本国经济运行过程中发生的经济关系的法律规范的总称。在这个定义中，指出

---

〔1〕 杨紫烜主编：《经济法》，北京大学出版社、高等教育出版社1999年版，第35页。

〔2〕 石少侠："对经济法概念、对象、体系的再认识"，载《吉林大学社会科学学报》1998年第5期。

〔3〕 刘隆亨：《经济法概论》，北京大学出版社2002年版，第28页。

〔4〕 漆多俊：《经济法学》，武汉大学出版社1998年版，第14~17页。

〔5〕 项宏峰："国家干预与中国经济法"，载《经济与法》1998年第10期。

了经济法是具有特定调整对象的法律规范的总称，表明经济法属于法的范畴，经济法与其他法的部门存在普遍联系；指出了经济法的特定调整对象是在国家协调经济运行过程中发生的经济关系，表明经济法与其他法的部门是有根本性的区别的；指出了经济法协调的是本国经济运行过程中发生的经济关系，表明了经济法属于国内法体系。

项目二　经济法的调整对象

基本理论

一、经济法调整对象的基本出发点

目前，经济法学界一致认为应以实践的需要来确定经济法的调整对象，"根据改革、开放的需要，根据社会主义现代化建设的需要，根据发展生产力的需要，来确定经济法的调整对象"。[1]究其原因，无外如下：其一，从法理上看，法的部门是实质意义上的，即它是由特定的法律规范组成的，而不是指某一个规范性法律文件；其二，从法的发展历史来看，西方的法的体系是历史地形成的，对于我们而言，有必要进行扬弃，而在扬弃中，其基本依据必然是从实践的需要出发。

二、经济法有调整对象的范围标准

根据我国经济法产生和发展的情况，以及我国经济立法情况来看，我国经济法具有特定的调整对象。因为经济法的调整对象有一定的范围，它的调整对象同其他法的部门的调整对象是有区别的。

经济法调整对象的范围的特定性，是由经济法调整的特定的经济关系的性质所决定的。目前，国内经济法学界虽然对经济法所调整的经济关系的性质有不同的表述，但均认为经济法不调整非经济关系，也不调整所有的经济关系，只调整国家对经济生活发生作用而产生的经济关系，即体现国家意志的经济关系。

三、经济法调整对象的界定

我们知道在市场经济条件下，市场对资源配置虽然起着基础性作用，但市场不是万能的，在经济运行中存在着"市场失效"或"市场失灵"，市场调节具有自发性、滞后性和一定的盲目性，这就决定了国家协调经济运行的必要性。国家对经济运行的协调，体现了国家管理经济的职能，体现了国家对经济活动的干预，体现了"国家之手"在经济运行中的作用。实践证明，只有既强化市

---

〔1〕 杨紫烜："论中国的经济法理论"，载《北京大学学报（哲学社会科学版）》1991 年第 3 期。

场机制的作用，又进行必要的国家协调，才能保证国民经济高效、正常运行。但应注意，国家协调也是随着经济的发展而发展变化的。

本书认为在国家协调本国经济运行过程中必然发生一定的经济关系，这种经济关系应该由经济法调整。

（一）市场主体组织管理关系

国家为了协调经济的运行，对于各种市场经济主体的设立、变更、终止及其内部各部门之间的关系，也应当通过法律的手段进行规范，这是我国经济体制改革的重要层面。通过市场主体组织管理关系的规制，解决市场主体的责任不清，效率低下等一系列问题，使市场主体做到自主经营、自负盈亏；做到产权清晰、权责明确，最终提高经济效益。

经济法所规范的市场主体是由其参加的经济关系的性质决定的。只要参加了经济法调整的经济关系，即体现国家意志协调的经济关系，该市场主体，不论是商品的生产者、经营者和消费者，还是国家、政府、企业、个人等，均成为经济法规范的对象。

在市场主体中，企业是市场最具活性、最具拓展力量的经济实体。它既是生产者，又是初次分配承受者，还是交换主体，以及同时面对生产、生活的消费主体，它是市场上最经常、最大量的需求者和供应者，它体现了所有市场经济关系，决定市场的发展和功能。企业经济关系可分为企业外部经济关系和企业内部经济关系。只有体现国家意志的，受国家干预的企业内部经济管理关系才是经济法调整的范围，这一范围在不同国家或在同一国家的不同时期是不同的。经济法所规范的市场主体的范围是由市场主体参加的经济关系的性质决定的。对于企业这一最重要的主体，只有企业外部经济管理关系和有国家协调因素的企业内部经济管理关系由经济法调整。

（二）市场管理关系

市场机制对市场交易的调节并非是万能的，一方面它取决于市场的状况，即是否存在一个较为完善的市场体系；另一方面，市场调节又具有自发性、盲目性和滞后性。市场经济的统一性、竞争性、法治性的特征，决定了社会主义市场经济的建立和健全，有赖于统一的、开放的、竞争的、法治化的市场经济体系的建立健全。统一的市场要求打破行政垄断、地方封锁、条块分割；开放的市场要求生产要素的流动；竞争的市场要求禁止封锁和垄断；法治化的市场要求有法可依、有法必依、执法必严、违法必究。而市场本身是不能达到这一目标的，必须依赖国家的干预，加强市场管理。而弥补市场机制的缺陷，消除垄断和不正当竞争，保护消费者权益，也需要国家干预。通过对市场的管理，可以有效地反对垄断，制止不正当竞争。由经济法调整市场管理关系，有助于完善市场规则、维护市场秩序、实现市场的功能和保护消费者权益。

（三）宏观经济调控关系

所谓宏观调控关系是指国家在组织、领导社会经济生活中，为了国家的整体利益，在进行统筹规划、组织协调、提供服务和监督检查等活动中与各种经济组织之间发生的经济关系。通过宏观调控，弥补市场调节的不足和缺陷，防止和消除经济运行中的总量失衡和结构失衡，促进经济结构的优化，调整中央经济和地方经济的关系，更好地把当前利益与长远利益结合起来，达到社会资源合理配置的目的，最终引导国民经济持续、快速、健康发展。

（四）社会经济保障关系

在市场经济条件下，由于市场的运作信息的差异，营销策略的不同，资本运营的迥异，个人竞争力的差距、老化等因素必然导致市场的优胜劣汰，进而带来一系列相关的社会问题，如失业，破产，养老，企业、个人的两极分化等。市场本身无法解决劳动者在遇到风险时的基本生活保障，需要国家出面干预，建立强制性的、互济互助的、社会化管理的社会保障制度，保证充分开发和合理利用劳动力资源，保护劳动者的基本生活权利，促进经济发展。

目前，关于社会保障并没有一个明确一致的定义，但有一些共识：社会保障的目的是保障人们基本生活的需要；它主要以收入的形式提供扶助；它是由国家参与，一般通过立法而确立的制度。[1] 社会保障具有强制性和互济性，具有与经济法相一致的弥补市场机制的缺陷，促进社会经济健康发展的功能。社会保障关系属于经济关系，但严格而言，社会保障关系与宏观调控、市场管理和企业组织管理关系有一定的区别，它并不一定是直接在经济运行中发生的经济关系，它包含有与经济运行密不可分的经济关系，它是经济运行的基础和要素。

从社会保障的特点看，社会保障关系的"强制性"与民法的"自愿平等、等价有偿"相违背，所以不由民法调整，其"互济性"与行政法不符，也不应当由行政法调整。由经济法调整社会保障关系有利于稳定社会经济运行的基础，促进经济的发展。

综上所述，经济法的调整对象的范围是由经济法所调整的经济关系的特殊性决定的，它发生在经济运行过程中，是体现国家协调意志的经济关系的总和。

---

〔1〕 覃有土、樊启荣编著：《社会保障法》，法律出版社1997年版，第3页。

项目三 经济法的原则

一、经济法基本原则的概述

我们知道，经济法是适应生产社会化及其引起的社会经济调节机制和国家经济协调职能的需要而产生的，它调整国家在经济运行过程中所发生的经济关系，以维护和促进社会经济总体结构和运行的协调、稳定和发展。经济法的基本原则应当是能够全面反映它所调整的社会经济关系的本质和内在规律，是整个经济法体系中的指导思想。在不同的历史时期，国家主权者有不同的利益追求，那么经济法所调整的国家经济协调关系也会有不同的变化，其指导性原则也就随之变动，因而，经济法的基本原则不是一成不变的。经济法的基本原则是带有国别色彩的，西方发达国家的经济法往往着重于国家干预，而我国需要的是开放自由的市场，防止行政垄断的干预。

当前学术界提出的一些基本原则主要有：按客观经济规律办事的原则；坚持发展社会主义公有制，保护非公有制经济共同发展的原则；国家宏观调控与市场机制相结合的原则；实行责、权、利相结合和国家、集体、个人利益相统一的原则；兼顾公平和效率的原则；经济民主和经济法治相结合的原则；促进和保障社会主义市场经济健康发展的原则；经济效益和社会效益相结合的原则等。

二、经济法基本原则的确立

本书认为经济法的基本原则应该包括协调经济原则、兼顾效率与公平原则、利益兼顾原则和可持续发展原则。现分述如下：

（一）协调经济原则

市场管理法，如反垄断法律制度、反不正当竞争法律制度、票据法律制度、证券法律制度等都是国家对经济的调整管理，"国家之手"在经济关系中的作用是协调本国经济，完善产业结构。在调整过程中应该遵循客观的经济规律，注意客观经济条件和国际经济形势的变化，主动灵活地发挥经济法的协调作用。

经济法应当保障国家对各种宏观经济结构的调节，促进国民经济结构的协调；保障国家对各种社会经济资源的合理配置和开发利用。因为社会经济资源是有限的，对其开发利用应当根据国家和社会的实际需要以及人民生活水平不断提高的需要，并兼顾目前与长远利益，作好长远规划，控制其规模与速度，合理地进行。与此相适应，国民经济的增长应当是稳步、健康的，既不能过快，也不能停滞和倒退，更不能大起大落，否则，会使有限的资源遭到破坏和浪费，并引起社会和人民生活的不稳定，造成社会总体经济效益降低。

（二）兼顾效率与公平原则

效率与公平，是经济法调整的重要目标，这是经济法领域里一种普遍的价值和原则。经济效率亦为效益，经济法原则应当体现经济效益公平，并且是在注重维护社会总体经济效益前提下的经济效益公平，这意味着要在注重维护社会经济总体效益的同时，兼顾社会各方效益；经济效益即为经济利益，效益是利益的源泉。在效率问题上同时注意个体、团体、社会乃至全人类的效率和利益，注意眼前、长远乃至子孙后代的效率和利益。

兼顾各方经济效益公平，实为兼顾各方经济利益公平；效率和公平往往是不能兼顾的，一项政策的出台和实施要么重效率轻公平，要么重公平轻效率。经济法的作用就在于用法律的形式保护整个国民经济的效率和公平。在某一个阶段可以促进其中的一面，但就整体而言必须兼顾二者。

社会总体公平要求绝大多数个体和团体间必须公平，但不要求所有个体和团体间都绝对公平。为了总体公平，有时需要允许某些个体和团体间存在某种不公平。公平是相对的、变动的；绝对公平是不存在的。

所谓公平应理解为：机会公平，但要顾及各主体的不同情况和不同起点，要区别对待，不顾情况和起点，号称机会公平，实质不公平。分配公平，但也需兼顾各种具体情况，为了社会总体公平，允许某些分配不公平现象存在。例如国家对税收杠杆的运用，就是通过某些不公平以达到社会总体公平。经济法在重视机会公平、分配公平的同时，还要兼顾结果公平，例如社会救济措施即属此类。

总之，经济法所注重的是社会公平、实质公平。如公平竞争可以理解为：①平等竞争。公平的竞争应当是平等的竞争。在市场经济条件下，必须营造并维护一个平等、公平、统一、有序的外部竞争环境，使各市场竞争主体站在同一起跑线上。②自由竞争和正当竞争。公平的竞争必须是自由和正当的。

经济法主要通过两方面的作用来达此目的：一是消极反对和禁止。即通过反对垄断和限制竞争，恢复和维护充分的自由竞争；通过反对不正当竞争，以使竞争合理、正当和适度。这些作用都是被动的、间接的。二是积极引导和促进。即国家在宏观调控政策和措施的决策、设计和实施中，必须从有利于自由、正当的竞争出发。

（三）利益兼顾原则

考察各国的经济法立法和实施，实际上都非常明确地体现和贯彻着维护社会经济总体效益、兼顾各方利益这一基本原则。要贯彻利益兼顾原则必须正确处理以下四个关系：正确处理国家与企业之间的利益关系，正确处理国家与劳动者个人之间的利益关系，正确处理企业与劳动者个人之间的利益关系，正确处理中央与地方之间的利益关系。经济法的任务就在于坚持国家整体经济利益，兼顾地方、企业、个人等各种利益，实现社会整体利益最大化。如消费者保护法律制度的要旨则在于，国家法律通过在权利分配的天平上向消费者一方倾斜，以平衡消费者与生产经营者在实力上的悬殊差异，力求实现实质平等。又如，通过一系列税收法律制度，可以平衡个人收入中的畸高畸低，达到一定的社会个人分配公正。

要做到利益兼顾，则要求经济法主体的责、权、利相统一。经济管理机关和企业、企业的所有者与企业经营者、消费者等经济法主体，在各种经济法律关系中，都必须责、权、利一致，不允许有纯粹的义务主体，也不允许有纯粹的权利主体。

（四）可持续发展原则

经济的发展涉及资源的开发利用，废弃物的排放，环境保护和治理等一系列社会性问题。因此，经济法必须强调坚持可持续发展的原则，不能为眼前的利益而牺牲长远利益。

上述四个原则是相辅相成的统一整体，联系着各个经济主体的利益分配，贯穿了国家协调经济运行的全部过程，使当前利益与长远利益得到结合，具有重要作用。

项目四　经济法的体系和渊源

基本理论

一、经济法体系的概念

经济法体系是指由多层次的门类齐全的经济法部门组成的有机联系的统一整体。经济法部门是经济法体系的构成要素，由经济法律规范组成。作为一个基本部门法，经济法体系除了有众多的经济法律规范外，从内部结构看，各种法律规范要和谐一致，相辅相成；从外部结构看，应该是各个层次的各项经济法和各个部门经济法门类齐全、严密完整。经济法体系包括内容构成和形式构成两方面。

经济法体系同调整经济关系的规范性文件体系既有区别，又有联系，不能混淆。调整经济关系的规范性文件体系是指由多层次的、门类齐全的调整经济关系的规范性文件组成的有机联系的统一整体。它的构成要素是经济法律、经济法规、经济规章等规范性文件；经济法体系的构成要素是经济法部门。

二、经济法体系的结构

经济法体系的内容构成，即经济法体系的内容究竟应由哪些层次、门类的经济法部门组成或构成。不同层次的经济法部门是以不同层次的国家经济协调关系为调整对象的，不同门类的经济法部门是以各该层次的国家经济协调关系的不同方面为调整对象的。

经济法体系的结构，决定于作为经济法调整对象的特定经济关系的结构，而经济法调整的特定经济关系应该是在国家协调本国经济运行过程中发生的经济关系。实行社会主义市场经济的我国，在国家协调本国经济运行过程中发生的经济关系的结构决定了经济法的体系应该采取如下结构：

（一）市场主体组织法

市场主体法是指关于市场主体组织的法律法规，是调整各种市场主体组织在其设立、变更、终止及其存续期间的有关活动中所发生的社会关系的法律规范的总称。市场主体法主要调整经济组织内部关系、经济组织的部分与其组织特点直接相关的业务活动中产生的经济关系以及经济组织与国家的关系。可以划分为个人独资企业组织管理法、合伙企业组织管理法和公司企业组织管理法等。

（二）市场管理法

市场管理法是指调整在国家管理市场过程中发生的经济关系的法律规范的总称。可进一步划分为反垄断法、反不正当竞争法、消费者权益保护法和产品质量法等。

（三）宏观调控法

宏观调控法是指调整在国家对社会经济总体活动进行调控过程中发生的经济关系的法律规范的总称。包括计划法、产业法、投资法、国有资产管理法、财政法、税法、金融法、价格法、对外贸易法等。

（四）社会保障法

社会保障法是调整社会保障关系的法律规范的总称。社会保障法的基本构成要素主要有社会保障项目、社会保障基金、社会保障待遇及其给付、社会保障管理机构等。社会保障法一般包括社会保险法、社会救济法、社会福利法、社会优抚法等。

三、经济法渊源的概念

法的渊源，有实质渊源和形式渊源之分。一国不同的法的形式构成该国法的形式体系。法的形式，指法的具体的外部表现形态。经济法也不例外，也有实质渊源和形式渊源之分。

经济法的实质渊源，是指经济法律规范来源于谁的意志。具体来说，是指经济法律规范来源于掌握国家政权的阶级的意志。

经济法的形式渊源，是指经济法律规范来源于何种法的形式，是经济法的内容在立法上的表现形态，亦即各种经济法律规范组织结构的外部表现。

按法的创制方式不同，经济法的形式可分为成文法（制定法）及不成文法（非制定法），其中成文法是法的主要形式，在我国主要表现为：宪法、法律、行政法规、部门规章、地方性法规和规章、国际条约。另外自治条例和单行条例以及特别行政区基本法和有关规范性文件也是我国经济法的渊源。

不成文法（非制定法）包括习惯法和判例法。习惯法，是指由国家认可的并赋予法律约束力的习惯。在我国还表现为国家认可并赋予法律约束力的习惯法。在我国习惯法属于经济法的渊源，但不是经济法的主要渊源。判例法，则是指由国家认可并赋予法律约束力的判例。在我国（除香港特别行政区外）有判例而无判例法，尽管判例在审判实践中有一定的参考价值，但判例未经国家认可并赋予法律约束力，不是判例法。因而判例不是我国经济法的渊源。

项目五　经济法律关系

基本理论

经济法律关系，是指在国家协调经济运行过程中根据经济法的规定发生的权利和义务关系。经济法律关系同经济法调整的特定经济关系有密切的联系，但有原则区别。经济法律关系的构成要素，是指构成经济法律关系不可缺少的组成部分。经济法律关系是由经济法律关系的主体、经济法律关系的内容和经济法律关系的客体这三个要素构成的。

一、经济法律关系的主体概述

经济法律关系的主体，即经济法的主体，指在国家协调经济运行过程中，依法享有权利（权力）和承担义务的社会实体。这是法律关系最基本的要素。没有主体，法定权利和义务就没有承受者，法律关系就无从形成。

经济法主体既是经济法律关系构成的基本要素，又是经济法律关系中最积极、最活跃的因素。理解和把握经济法主体的内涵，必须明确三点：

1. 经济法主体一定是被经济法律、法规所规范的社会主体。

2. 经济法主体是可能参加或实际参加经济法律关系的主体。只有当其实际参加经济法律关系时，才能被称为经济法律关系主体。

3. 经济法主体是依照经济法享有经济权利和承担经济义务的社会实体。[1]

二、经济法律关系的内容

（一）经济法律关系内容的概念

经济法律关系的内容，是指经济法律关系的主体享有的经济权利和承担的经济义务。经济权利，是指经济法主体在国家协调经济运行过程中，依法具有的自己为一定行为和不为一定行为和要求他人为或不为一定行为的资格。经济义务，是指经济法主体在国家协调经济运行过程中必须为一定行为和不为一定行为的责任。

（二）经济权利和经济义务的主要内容

不同的经济法主体所享有的经济权利并不是相同的。经济法主体在国家协调经济运行过程中享有的权利主要有下列三个方面：

1. 经济职权。经济职权是国家经济管理主体进行经济管理时依法享有的权力和责任。经济职权的享有者只能是国家各级权力机关和各级行政机关及其所属的职能部门，非国家机构的事业单位。经济职权的特征如下：首先，经济职权的产生是由法律直接规定或国家授权；其次，管理职能的行使必须依法进行；再次，经济职权既是权力也是义务和责任；最后，经济职权具有国家意志性。经济职权的种类主要有：①经济决策权；②市场管理权；③经济协调权；④经济立法权；⑤经济监督权。

2. 财产所有权。财产所有权是所有人依法对其财产享有的占有、使用、收益和处分的权利。除了法律规定以外，此种权利是不受任何限制的。企业的财产权是一项独立的权利，企业设立后，其财产即与投资者的其他财产相分离。

3. 经营管理权。经营管理权是指企业进行生产经营活动时依法享有的权利，即依法享有的对企业财产的占有、使用、收益和一定的处分权。不同类型的企业所享有的经营管理权的内容不同。该项权利有利于企业自主经营、自负盈亏。企业依法享有独立地进行生产经营活动的自主权，不受任何单位或个人的非法干预。

经济法主体义务是指经济法主体在法律规定范围内必须实施某种行为或者不得实施一定行为的一种约束力，以履行自己应尽的责任。[2]经济法主体在国家协调本国经济运行过程中承担的义务，因主体的性质、地位不同而有所不同，包括了国家经济管理主体的义务和企业的义务两种。

1. 国家经济管理主体的义务。国家经济管理主体的义务有下列几个方面：

---

〔1〕 刘瑞复：《经济法学原理》，北京大学出版社 2002 年版，第 190 页。

〔2〕 杨紫烜主编：《经济法》，北京大学出版社、高等教育出版社 1999 年版，第 90 页。

①贯彻国家的方针和政策，遵守法律、法规；②严格依法履行经济职权，做好服务性管理工作；③接受法律和社会监督。

2. 企业的义务。企业的义务包括：①遵守法律、法规，依法进行生产经营活动；②服从国家的管理和监督；③按照国家规定缴纳税金；④保证产品质量；⑤做好环境保护工作；⑥诚信、守诺，切实履行合同；⑦保障职工的合法权益。还包括不得侵犯其他经济法主体的合法利益等其他经济义务。

经济义务对相关经济法主体来说是必须履行的，否则将被依法追究相应的法律责任。

三、经济法主体法律责任

（一）经济法主体法律责任的概念

法律责任，在本质上是国家为保障法律关系实现而对违反义务人实行制裁的手段。经济法主体的法律责任，是指经济法主体因违反经济法的规定或由于某种事实状态符合经济法的特别规定而依法应当由经济法主体及其责任人承担的法律后果，它使得责、权、利统一在经济法主体的身上，并在经济法的各项制度中具体体现和得以保障。如果没有经济法主体法律责任，责、权、利相统一将无从谈起，社会主义市场经济的法治则会成为一纸空谈。

经济法主体法律责任具有明显的社会公益性。经济法主体法律责任的规定，在许多方面都是基于社会公益的考虑，从全社会的高度来规定主体的法律责任，它既包括对当事人的责任，也包括对国家、对社会的责任。

（二）经济法主体法律责任的种类

经济法主体法律责任分经济责任、行政责任、刑事责任三大类。

对法人犯罪实行双罚，即对法人处罚金，并同时追究直接负责的主管人员和其他直接责任人员的刑事责任。

承担经济法责任的主体必须是经济法主体，非经济法主体不能成为经济法责任的主体。它包括组织和个人。作为违法行为人的组织，有国家机关、企业、事业单位和社会团体。作为违法行为的个人，一般是个体经营者、个人投资者、消费者和劳动者。

四、经济法律关系的客体

经济法律关系的客体，是指经济法律关系的主体享有的经济权利和承担的经济义务所共同指向的事物。经济法律关系的客体一般包括以下几类：

1. 经济行为。经济行为是指经济法主体在经济管理和市场经营过程中所进行的活动。

2. 物。物是指有一定经济价值的以物质形态表现出来的物。

3. 货币和有价证券。货币是充当一般等价物的特殊商品；而有价证券则是指具有一定票面金额，代表某种财产权的凭证。

4. 科学技术成果。科学技术成果是人们智力劳动所创造的非物质财富。

本书根据经济法自身的特点和经济法主体在国民经济中的功能和作用，将经济法主体分为：决策主体、管理主体、实施主体、消费主体、监督主体。国家经济管理主体，是指根据宪法和行政法设立的，在经济法律关系中承担管理职能的当事人，也即经济法律关系中的经济管理主体。经济职权是国家经济管理主体进行经济管理时依法享有的权力。

经济法律关系的内容，是指经济法律关系的主体享有的经济权利和承担的经济义务。经济法律关系的客体，是指经济法律关系的主体享有的经济权利和承担的经济义务所共同指向的事物。

思考题

1. 试分析经济法产生的原因和规律。
2. 试述经济法的概念和调整对象。
3. 试述经济法的原则。
4. 试分析经济法的地位。
5. 简述经济法体系的概念。
6. 试分析我国经济法的体系。
7. 试述我国经济法的形式渊源。
8. 为什么说经济法主体是经济法律关系中最积极、最活跃的因素？
9. 试分析我国经济法主体的体系。
10. 如何理解经济职权？

第二单元

反不正当竞争法律制度

项目一　反不正当竞争法概述

引例

2011 年 10 月 10 日，淘宝商城推出 2012 年度新招商办法和规则调整公告。

该公告大幅提升了进驻商家的技术服务费和保证金。以前每年最低 6000 元的技术服务费提高至 3 万元或 6 万元，在年销售额达到 36 万至 120 万时（数额因销售品类不同），这部分费用将予以返还。此外，商家进驻淘宝商城将根据所经营或者代理的品牌缴纳违约保证金。商家一旦有一定程度的违约行为，将扣除至少 1 万元的保证金，用以对消费者进行先行赔付。

10 月 11 日起，因对淘宝商城提高收费的新规定不满，部分小卖家通过建立 YY 频道聚集人数 2 万多人。频道和 QQ 群不定时发出指令让大家去某个大卖家购物或集中点击淘宝 C2C 大商家的"淘宝直通车"服务，以迫使后者无法正常经营，引发淘宝重视并修改招商条款。

从 10 月 11 日晚间开始，淘宝商城一些大卖家开始接到很多订单，这些订单的共同特点是大多会咨询人工客服、要求开具发票、要求货到付款，或在付款后马上给差评再要求无理由退款。据一个服装大卖家"韩都衣舍"负责人透露，其店铺遭到一两千人同时攻击。为了防止上述攻击，韩都衣舍、七格格、优衣库等淘宝商城服装类大卖家已对店内大部分货品进行下架处理。

小卖家的行为是否违反了《反不正当竞争法》？

基本理论

一、反不正当竞争法的概念与特征

从广义上说，反不正当竞争法是指国家为维护市场公平竞争，对一切偏离公平竞争原则、违反商业道德、扰乱经济秩序的行为进行规制的法律规范的总称。狭义上的反不正当竞争法是指 1993 年 9 月 2 日第八届全国人大常委会第三次会议通过的《中华人民共和国反不正当竞争法》（以下简称《反不正当竞争法》），该法自 1993 年 12 月 1 日起施行。它是市场秩序规制法的重要组成部分，与《反垄断法》共同组成市场竞争法律制度体系。

上述概念反映了反不正当竞争法的以下重要特征：

1. 反不正当竞争法是政府对经营者竞争行为的干预。在市场经济条件下，经营者具有自主经营、自由竞争的权利。但是，经营者的经营行为关系到市场秩序的稳定，政府必须对经营者的竞争行为进行适当的限制，这也体现了经济法的本质。

2. 反不正当竞争法调整的范围具有外延性。随着社会经济的发展，人们生活习惯的变化，商业道德的含义和形式也会变化，几个列举式的规定是不足以囊括所有不正当竞争行为的，因此，必须以"违反商业道德"来弥补立法上的缺陷。

3. 反不正当竞争法具有与其他法律的竞合性。在对不正当竞争行为进行规范时，常常发生同一法律事实由多个法律规范加以规制的现象。虽然从不同的角度保护竞争机制和合法经营者、消费者的权益，但也给适用反不正当竞争法带来一定的困难。

二、反不正当竞争法的立法宗旨

制定《反不正当竞争法》是市场经济体制下社会经济健康发展的客观要求。制定任何法律都必须遵循一定的指导思想，确立自己的立法宗旨。我国《反不正当竞争法》第 1 条明确规定："为保障社会主义市场经济健康发展，鼓励和保护公平竞争，制止不正当竞争行为，保护经营者和消费者的合法权益，制定本法。"它具体包括两个层次的涵义。

从宏观上讲，我国《反不正当竞争法》是为了维护市场的竞争机制，创造公平竞争的市场环境，保障和促进社会主义经济的发展，这一宏观目的与我国宪法规定完全一致，是宪法中关于"国家实现社会主义市场经济，加强经济立法，完善宏观调控，依法禁止任何组织或者个人扰乱社会经济秩序"规定的具体化。

从微观层次上讲，《反不正当竞争法》是为了制止不正当竞争行为，进而保护经营者和消费者的合法权益。这也是市场经济竞争规则所要求的。

项目二　不正当竞争行为

基本理论

一、不正当竞争行为的概念与特征

不正当竞争，是指经营者违反《反不正当竞争法》的规定，损害其他经营者的合法权益，扰乱社会经济秩序的行为。从不正当竞争的定义可以概括出不正当竞争具有以下特征：

（一）主体的特定性

这是指不正当竞争是经营者的行为。所谓"经营者"是指从事商品经营或营利性服务的法人、其他经济组织和个人。对此，应当作广义的理解，经营者的特性是其"经营性"，既包括具备法定经营资格的企事业法人、非法人的经营组织、社会团体以及个体工商业者，也包括并不具备法定经营资格却在从事经营活动的自然人，如农村人员经营活动中的经营行为、企业内部职工侵害商业秘密行为等。随着《反垄断法》的颁布施行，妨害经营者的正当经营活动、侵害经营者的合法权益的非经营者的非经营行为，如政府及其所属部门滥用行政权力妨害经营者的限制竞争行为已回归到《反垄断法》之中。所以不正当竞争行为的主体是经营者这个特征就显得更为明显。

（二）行为的违法性

这是指不正当竞争行为违反了《反不正当竞争法》的规定，既包括违反了该法第二章关于禁止不正当竞争行为的各种具体规定，也包括违反了该法的原则规定。经营者的某些行为虽然难以被确认为该法明确规定的不正当竞争行为，但只要违反了自愿、平等、公平、诚实信用的原则或者违背了公认的商业道德，损害了其他经营者的合法权益，扰乱了社会经济秩序，也应认定为是不正当竞争行为。

（三）行为的危害性

这是指不正当竞争行为侵害的客体是其他经营者的合法权益和正常的社会经济秩序。

[引例分析]

小卖家的行为违反了《反不正当竞争法》。

从不正当竞争行为概念分析：

第一，是一种违背诚实信用和公认的商业道德行为。

第二，是一种给其他经营者造成损害的行为，破坏了其他经营者的合法权益，给其他经营者造成了一定的经济损失。

第三，是扰乱了社会经济秩序的行为。

从不正当竞争行为特征分析：

第一，不正当竞争行为的主体——小卖家（经营者）。

第二，不正当竞争行为的客体——小卖家通过不正当的竞争行为侵犯了竞争对手的合法权益。

第三，不正当竞争行为的侵害对象——给大卖家造成了一定的经济损失，扰乱了市场秩序。

[拓展思考]

淘宝商城提高资金门槛过高，使大部分小卖家难以接受，和具有优势的大卖家相比，小卖家的确处于弱势的地位。那么，从这个角度来想的话，淘宝商城的做法是否遵循了《反不正当竞争法》中的公平竞争的原则呢？

二、不正当竞争行为的种类

《反不正当竞争法》第二章列举的不正当竞争行为，是判断经营者在市场交易中的行为是否属于不正当竞争行为的法律依据。但是，由于在现实经济生活中不正当竞争的复杂多样性，以及随着经济生活的发展变化还会不断出现其他形式的不正当竞争行为，而《反不正当竞争法》只是列举了各国《反不正当竞争法》中普遍予以禁止的、典型的不正当竞争行为和我国经济生活中表现突出、危害严重、迫切需要制止的限制竞争行为。但鉴于中华人民共和国《反垄断法》已于2007年经第十届全国人民代表大会常务委员会第二十九次会议通过，2008年8月1日施行。该法已将限制竞争行为纳入其中。因此，本章所涉及的几种限制竞争行为已为《反垄断法》规制。但在《反不正当竞争法》未修改前，为了体系的完整，本章也略有提及，但不作行为分析。《反不正当竞争法》所规制的不正当竞争行为主要有：

（一）采用假冒或仿冒等混淆手段从事市场交易，损害竞争对手的行为（又称混淆行为）

混淆行为，是指经营者在市场经营活动中，以种种不实手法对自己的商品或服务作虚假表示、说明或承诺，或不当利用他人的智力劳动成果使自己的商品或者营业与他人经营的商品、营业相混淆，牟取不正当利益的行为。根据《反不正当竞争法》第5条规定，属于这类不正当竞争行为的有：

1. 假冒他人的注册商标行为。商标是商品的牌子，也是商品生产者使自己的产品区别于其他生产者的标志。商标对于企业的作用是所有标志中最为重要的。一个著名的商标可以为企业带来巨大的无形资产。因此，假冒他人注册商标的行为与侵犯他人的有形财产权无异。假冒他人的注册商标，是《商标法》

规定的侵犯他人注册商标专用权的行为。《商标法》已对此加以规范。但由于假冒他人注册商标的行为不仅侵害注册商标所有人的权益，而且会损害消费者和公众的利益，因而是一种典型的不正当竞争行为。

2. 擅自使用知名商品特有的名称、包装、装潢，或者使用与知名商品近似的名称、包装、装潢，造成和他人的知名商品相混淆，使购买者误认为是该知名商品。

商品的名称、包装、装潢这些产品的外部标识虽不受知识产权法的保护，但是具有形成知名企业和商品、服务重要价值的识别性标志，是经营者用作创造商品形象，促销商品、开拓市场的一种竞争手段，对这些反映经营者商业信誉和商品声誉标志的仿冒，属于破坏竞争秩序的不正当竞争行为。

这一不正当竞争行为的构成要件有：

（1）被仿冒的商品需为知名商品。

（2）该外部标志是知名商品所特有的。这是指经营者为这些外部标志设计非同一般的、具有创造性和显著特点的、能与其他商品相区别的外部形象。

（3）对知名商品特有的外部标志擅自作相同的使用或者作近似的使用，致使与他人知名商品发生混淆。

延伸阅读

《最高人民法院关于审理不正当竞争民事案件应用法律若干问题的解释》（以下简称"《解释》"）中对这一行为的相关规定。

第一，关于知名商品的认定。《解释》明确了知名商品的认定标准和考量因素。《解释》第 1 条第 1 款将知名商品解释为"在中国境内具有一定的市场知名度，为相关公众所知悉的商品"。这说明，首先，商品特有的名称、包装和装潢只有在中国境内具有知名度，才可能受法律保护。这种知名度通常都是因为在中国市场内生产、销售或者从事其他经营活动（如广告等）而产生的。如果在国外具有较高知名度而在中国境内不具有知名度，就不受中国法律的保护。其次，商品的知名度只是在相关公众中的知名度，即根据商品的属性和特点，在相关的经营者或者消费者中的知名度，而并不要求在所有的市场内或者人群中都达到知名的程度。再次，就地域范围而言，只要在特定的地域内知名就可以达到知名的要求，无需全国知名。

同时，为便于法院判断和当事人举证，《解释》第 1 条第 1 款对于认定知名商品的具体因素作出了规定，即"认定知名商品，应当考虑该商品的销售时间、销售区域、销售额和销售对象，进行任何宣传的持续时间、程度和地域范围，作为知名商品受保护的情况等因素，进行综合判断"。在审理此类案件时，当事人应当围绕这些因素进行举证，法院要根据案件的具体情况，在综合考虑这些要素的基础上对于是否知名进行判断和认定。

第二，关于保护知名商品特有名称、包装和装潢的地域范围。《解释》第1条第2款规定："在不同地域范围内使用相同或者近似的知名商品特有的名称、包装、装潢，在后使用者能够证明其善意使用的，不构成反不正当竞争法第5条第2项规定的不正当竞争行为……"当然，构成善意使用，必须由在后使用者证明其不知道在先使用的存在，且两者分别存在于不同的地域。本来属于在不同地域范围内的善意使用，但随着一方或者双方经营范围的扩大，致使本来互不交叉重合的适用范围形成了重合交叉。倘若对于此种交叉重合不予妥善处理，同样会导致市场混淆和市场竞争秩序的混乱，也不利于当事人自身的正常经营。根据当事人善意使用的实际情况，《解释》第1条第2款特别规定："……因后来的经营活动进入相同地域范围而使其商品来源足以产生混淆，在先使用者请求责令在后使用者附加足以区别商品来源的其他标识的，人民法院应当予以支持。"

第三，关于知名商品的名称、包装、装潢特有性的认定。《解释》第2条第1款规定："具有区别商品来源的显著特征的商品的名称、包装、装潢，应当认定为反不正当竞争法第5条第2项规定的'特有的名称、包装、装潢……'"为便于认定特有性，《解释》列举了4种不认定为知名商品特有的名称、包装、装潢的情形：①商品的通用名称、图形、型号；②仅仅直接表示商品的质量、主要原料、功能、用途、重量、数量及其他特点的商品名称；③仅由商品自身的性质产生的形状，为获得技术效果而需有的商品形状以及使商品具有实质性价值的形状；④其他缺乏显著性的商品名称、包装、装潢。其中，第③种涉及功能性，不适宜排他性使用，因而不能获得特有性保护，而①、②、④种情形虽然本来不具有显著性，但经过使用取得显著特征的，可以认定为具有特有性。这种经使用而取得的显著性，就是所谓的取得第二含义或者其他含义，即在原来的意义之外获得了区别商品来源的标识意义。

第四，关于将具有独特风格的整体营业形象纳入特有装潢范围。《解释》第3条规定，由经营者营业场所的装饰、营业用具的式样、营业人员的服饰等构成的具有独特风格的整体营业形象，可以认定为反不正当竞争法5条第2项规定的"装潢"。

第五，关于混淆误认的认定。《解释》第4条第1款将反不正当竞争法第5条第2项规定的"造成和他人的知名商品相混淆，使购买者误认为是该知名商品"，解释为"足以使相关公众对商品的来源产生误认，包括误认为与知名商品的经营者具有许可使用、关联企业关系等特定联系"。

第六，知名商品特有的名称、包装、装潢相同或者近似的判断原则和方法。《解释》第 4 条第 3 款规定："认定与知名商品特有名称、包装、装潢相同或者近似，可以参照商标相同或者近似的判断原则和方法。"这样规定，既解决了知名商品特有的名称、包装、装潢相同或者近似的判断原则和方法问题，也避免了不必要的重复。

案例分析

"中国包装装潢第一案"的王老吉与加多宝凉茶红罐装潢权之争

[案情简介]

加多宝诉王老吉、广药集团诉加多宝擅自使用知名商品特有包装、装潢纠纷案分别于 2012 年 7 月 6 日和 7 月 4 日向北京市第一中级人民法院和广州市中级人民法院提起诉讼；同年 12 月 12 日，加多宝公司提出"第三地法院审理"的申请；2012 年 12 月 22 日，最高人民法院指定由广东省高院并案审理。

[争论焦点]

第一，涉案知名商品是什么？加多宝认为，此案中知名商品是指多年来加多宝生产经营的曾经租用王老吉商标、现使用加多宝商标、使用王泽邦后人独家配方的红色罐装凉茶产品，包括加多宝公司生产的贴有王老吉商标和加多宝商标红罐凉茶。广药集团则认为知名商品就是王老吉凉茶。

第二，特有包装装潢归谁？加多宝认为，特有包装装潢权应当是通过使用产生的，因此应当重点考察是通过谁的使用形成了特有包装装潢。由于加多宝通过大规模生产、持续性的市场推广、广泛媒体宣传和积极参与公益活动，涉案红罐凉茶连续多年稳居全国罐装饮料销量首位，成为知名商品。广药代理人认为涉案争议的是包装装潢权而非其他权利，包装装潢不是单纯的智力成果，源于商标权、版权，不能简单套用谁设计谁有权利的理念。广药不否认加多宝是实际制造者，但不能否认广药集团也是制造者。

第三，到底是谁构成侵权？加多宝代理人认为，该焦点正确表述是涉案包装装潢能否与王老吉商标或加多宝公司相分离，到底谁构成侵权？有一点是各方绝无异议的：知名商品特有包装装潢权与知名商品是不可分离的。加多宝认为，商标权与知名商品的特有包装装潢权是相互独立、分别行使的权利。商标不是唯一的识别标识，商标是识别商品来源的区别性标识，但是不仅仅体现在商标上，知名商品特有包装装潢、生产厂家、配方、广告语都可以成为识别标识。根据双方的合同约定，通过包装装潢严格区分双方的产品。广药代理人认为，涉案包装装潢从产生之日起就涵盖商标，商标是包装装潢的核心要素和组成部分。此案认定包装装潢显著性不能离开商标的知名度，商标的知名带动了包装装潢的知名。为何加多宝要推出一面加多宝、一面王老吉的产品呢？说明加多宝实际上还是认为"王老吉"三个字是很重要的。

[案情链接]

1994年，鸿道集团找到广药集团要求许可使用王老吉商标。1997年2月13日，双方重新签订协议。2000年5月2日，双方再次签订合同，合同期限延长至2010年5月2日。2002年12月27日，双方签订补充协议，协议有效期再次延长到2020年。2011年4月，广药向中国国际经济贸易仲裁委员会提出仲裁请求。2012年5月9日，贸仲委作出裁决：因涉及贿赂所签订的补充协议无效，鸿道集团停止使用"王老吉"商标。2012年7月13日，北京市第一中级人民法院驳回了鸿道集团提出的撤销"王老吉"商标仲裁裁决的申请。

[法律问题]

此案法院应如何判决？

3. 擅自使用他人的企业名称或者姓名，引人误认为是他人的商品。企业名称和姓名为"企业登记主管机关依法登记注册的企业名称，以及在中国境内进行商业使用的外国（地区）企业名称"。首先，反不正当竞争法对于企业名称和姓名的保护立足于制止仿冒行为。《民法通则》对于企业名称和自然人姓名的保护作出了基本的规定，这些规定除具有确认基本民事权利的意义外，主要是立足于保护人身权的角度保护企业名称和姓名。其次，这些规定的保护范围及于国内的企业名称和国外的企业名称。同时，"具有一定的市场知名度、为相关公众所知悉的企业名称中的字号，视为《反不正当竞争法》第5条第3项规定的企业名称"。再次，"具有一定的市场知名度、为相关公众所知悉的自然人的笔名、艺名等"，也纳入《反不正当竞争法》第5条第3项规定的姓名的范围。

4. 在商品上伪造或者冒用认证标志、名优标志等质量标志，伪造产地，对商品质量作引人误解的虚假表示。

（1）"认证标志"是指经国际上或国内质量认证机构认证合格后在商品上或商品包装上使用的质量标志。它是一个公正的证明，表明产品可信赖的程度。取得认证标志有助于经营者提高商品的知名度和竞争力。

（2）"名优标志"是指在国际上或国内由有关部门或社会团体评定颁发在产品或其包装上使用的质量荣誉标志。我国的《产品质量法》和《反不正当竞争法》分别从加强产品质量管理和维护公平竞争两个不同的角度规定经营者不得伪造或冒用认证标志或名优标志。

（3）所谓商品产地是指商品的制造地、加工地、出产地或商品生产者的所在地。伪造商品产地是经营者在商品上虚假地标上名优产品或特有产品的原产地。其目的在于引诱消费者误认为是信誉好、技术先进、质量好的地区的产品而加以购买。

上述行为有的可以纳入商标法、产品质量法、专利法、著作权法的调整范围，但实践证明，不论是哪一种情况，以反不正当竞争法对这些行为进行有效调整，都能够及时、有效地制止违法行为，更加充分地保护合法正当的权利。

（二）商业贿赂行为

商业贿赂是市场竞争中常见的现象。根据我国《反不正当竞争法》和国家工商行政管理局在 1996 年发布的《关于禁止商业贿赂行为的暂行规定》，商业贿赂是指经营者为争取交易机会，给予交易对方有关人员和能够影响交易的其他人员以财物或其他好处的行为。它具有以下特征：

1. 商业贿赂行为的主体包括行贿者和受贿者。我国《反不正当竞争法》第 8 条第 1 款规定："经营者不得采用财物或者其他手段进行贿赂以销售或购买商品。在账外暗中给予对方单位或者个人回扣的，以行贿论处；对方单位或个人在账外暗中收受回扣的，以受贿论处。"由于法律所规定的"不正当竞争行为"是指经营者的行为，所以行贿人和受贿人主要指从事商品经营或营利性服务的企业、其他经济组织或有关人员。其他主体可能构成贿赂行为，但不是商业贿赂。值得注意的是行贿人（自己行贿或指使他人行贿）是经营者应无可非议，但受贿人却不能局限于经营者，它应该包括作为竞争者或交易相对人的经营者及其有关人员，如负责人、经办人、雇员、代理人等，还包括其他有关人员，即对此项交易具有影响力的一切人员，因此，对法律上的受贿主体是"对方单位或者个人"中的"个人"应作广义的理解，不能局限于对方单位中的个人，还包括单位以外的个人。在我国大量的商品购销中发生的"回扣"现象，有不少是由交易双方行为以外的相关人员来进行的，应该重视此种现象。

2. 商业贿赂行为人主观上是排挤竞争对手、争取交易机会。商业贿赂的行贿者的目的是为了商业竞争。商业贿赂行为大多存在于竞争较为激烈的商业性活动之中，贿赂的目的就是排挤同业竞争者，取得竞争优势。这是商业贿赂区别于其他贿赂行为的主要标志。如竞选贿赂、考试舞弊贿赂。对于我国《反不正当竞争法》中规定的商业贿赂的目的是"销售或购买商品"的规定，应当作广义的理解。一些传统上认为不属于商业领域的贿赂行为，如体育、文艺比赛等，一旦具有商业性质，属于以牟取经济利益为目的的经营性活动，其中所发生的贿赂行为就应当认定为是商业贿赂，如众所周知的"黑哨"行为。

3. 商业贿赂行为有私下暗中给予他人财物和其他好处的行为。秘密给付具有很大的隐蔽性，而形式也逐渐向非货币化方向发展，这使得商业贿赂具有更大的社会危害性。

4. 商业贿赂行为具有违法性。一般认为商业贿赂通过隐蔽的方式进行，通常采用不入账或伪造会计账册的形式进行掩盖，违反了国家有关财务、会计及廉政等方面的法律、法规的规定，违背了诚实信用原则和公认的商业道德。

在经济生活中，商业贿赂的主要表现形式是被称作"回扣"的贿赂方式，即在商品交易过程中，一方交易人为争取有利的交易机会和交易条件，在暗中从账外向交易相对人或有决定权的经办人员秘密支付钱财及其他报酬的行为。我国《反不正当竞争法》中对商业贿赂的规定也是以商业回扣为主要内容的。

关于"回扣"的定义，在《关于禁止商业贿赂行为的暂行规定》中有较为明确的规定。回扣"是指经营者销售商品时在账外暗中以现金、实物或者其他方式退给对方单位或者个人的一定比例的商品价款"。这一定义说明，回扣的构成必须具备一些条件：①回扣发生在市场交易的双方之间，是一方当事人向另一方及其有关人员提供金钱、有价证券或其他财物等。②回扣是交易双方或有关人员故意的行为。给予回扣和收取回扣都采取在账外暗中进行的手段。③经营者给回扣的目的是为了凭借与对方的不正当利益关系来排挤竞争对手，获取交易机会。

这里有必要区分价格折扣和回扣，两者是既相类似又有质的区别的行为。价格折扣也称为让利，是指在商品购销活动中卖方在所成交的价款或数量上以明示的方式给买方一定比例的减让返还以促成交易的一种促销手段。《关于禁止商业贿赂行为的暂行规定》中把它定性为是"商品购销中的让利，是经营者在销售商品时，以明示并入账的方式给予对方的价格优惠，包括支付价款时对价款总额按一定比例及时予以扣除和支付价款总额后再按一定比例予以退还两种行为"。与回扣相比较，折扣一般在合同中直接订明，并且入账，公开给付，属于"明扣"，回扣则是在账外暗中秘密进行的，属于"暗扣"。所谓"账外暗中"是指未在依法设立的反映其生产经营活动或者行政事业经费收支的财务账上按照财会制度规定明确如实记载，包括不记入财务账、转入财务账或者作伪账等行为。

除了"回扣"，佣金也是商业贿赂的表现形式。佣金是指企业付给为其经营活动提供服务的中间人（包括经纪人、介绍人）的劳务报酬，是发生在企业与中间人之间，而并非交易双方当事人之间的一种经济关系。《关于禁止商业贿赂行为的暂行规定》中明确界定了佣金的概念，即"经营者在市场中给予为其提供服务的具有合法经营资格的中间人的劳务报酬"。这就正确区分了商业贿赂与合法佣金之间的界限。区别之一是：根据我国《反不正当竞争法》的规定，经营者销售或购买商品，可以以明示的方式给对方折扣，可以给中间人佣金。经营者给对方折扣、给中间人佣金的，必须如实入账。接受折扣、佣金的经营者也必须如实入账。它与商业贿赂的区别在于明示公开，佣金的支付者与介绍人、经纪人一般订有服务合同,企业支付佣金必须公开入账,收受人也必须入账,依法纳税。区别之二是:收取佣金的中间人必须是有合法经营资格的中介机构,作为中间人即处于交易双方当事人之间,他既可以从买方接受佣金,也可以从卖方收受佣金,还可以接受双方给予的佣金。可见合法佣金和价格折扣一样都不是商业贿赂的形式,而是受法律允许的属于商业惯例的一种交易手段,不能简单地把它们与回扣混淆起来。

(三)引人误解的虚假宣传行为

虚假宣传行为是指经营者利用广告和其他方法,对产品的质量、性能、成分、用途、产地等所作的引人误解的不实宣传。我国《反不正当竞争法》第9条规定:"经营者不得利用广告或者其他方法,对商品的质量、制作成分、性能、用途、生产者、有效期限、产地等作引人误解的虚假宣传。广告的经营者不得在明知或者应知的情况下,代理、设计、制作、发布虚假广告。"

根据以上规定,虚假宣传行为的构成要件主要有:

1. 行为的主体是广告主、广告代理制作者和广告发布者。在某些情况下,三种身份可能重叠为一体。

2. 上述主体实施了虚假广告或以其他方式进行虚假宣传活动。根据《广告法》的规定,广告行为是指"商品经营者或者服务提供者承担费用,通过一定的媒介和形式直接或者间接地介绍自己所推销的商品或者所提供服务的商业宣传行为"。它包括利用报刊、广播、电视、路牌、印刷品等媒体,进行刊播、设计、张贴广告等各种形式。所谓"其他形式"的宣传行为,是指广告以外的各种宣传方式,它包括商品及其包装上的标签和说明等对商品作现场演示或口头说明,散发、邮寄商品的说明书和宣传品,通过行业协会等社会团体推荐宣传,非广告性质的纪实报道等。

3. 上述虚假广告或虚假宣传达到了引人误解的程度,因而具有社会危害性。因虚假广告或虚假宣传行为给消费者权益造成损害的,应负赔偿责任;尚未造成损害的,有关市场管理机关仍可以责令停止虚假宣传,要求其更改广告宣传内容。

引人误解,是指宣传的目的是影响消费者,对商品的真实情况产生错误的联想,可能导致消费者的误购。一则广告陈述的文字可以有两种理解,而其中一种是错误的甚至是欺骗性的,那么这则广告就应判定为是引人误解的广告。具体地说,可以看一般消费者以自己通常的判断能力、消费交易常识与习惯来接受,会不会受其内容诱导而误购商品,如果消费者受宣传影响,按照对广告宣传的认识购买商品,结果发现购买的商品并不是自己所理解的,则该广告宣传已构成引人误解。

4. 在主观方面，广告经营者在明知或应知的情况下，方对虚假广告负法律责任；对广告主则不论其主观上处于何种状态，均必须对虚假广告承担法律责任。

要注意虚假宣传与在商品上对商品质量作虚假表示这两种不正当竞争行为的区别，这两种行为在内容上有许多相同之处，所不同的是前者是利用广告或者其他类似方法作虚假宣传，而后者则是在商品或其包装、标签上作虚假表示。

延伸阅读

《最高人民法院关于审理不正当竞争民事案件应用法律若干问题的解释》界定了几类特殊的虚假宣传行为，并对引人误解的虚假宣传的判断标准等作出了规定。

第一，几种特殊的虚假宣传行为。

(1) "对商品作片面的宣传或者对比"的行为。

(2) "将科学上未定论的观点、现象等当作定论的事实用于商品宣传"的行为。

(3) "以歧义性语言或者其他引人误解的方式进行商品宣传"的行为。

第二，引人误解的虚假宣传的认定标准。《解释》第8条第3款规定了一般性的考量因素，即人民法院应当根据日常生活经验、相关公众的一般注意力、发生误解的事实和被宣传对象的实际情况等因素，对引人误解的虚假宣传行为进行认定。这种判断标准虽然具有自由裁量性，但不能脱离一般的社会基础，具有一定的客观约束性。

(四) 侵犯商业秘密行为

商业秘密是指不为公众所知悉、能为权利人带来经济利益、具有实用性并经权利人采取保密措施的技术信息和经营信息。可见商业秘密是一种特殊的知识产权客体，既不同于专利、版权等一般知识产权，也不同于个人隐私等一般秘密。它具备以下一些基本特征：①秘密性，它是商业秘密最核心的特征。商业秘密的秘密性是指该种信息不为公众所知悉。不为公众所知悉解释为"有关信息不为其所属领域的相关人员普遍知悉和容易获得"。这意味着不为公众所知悉应当同时具备不为普遍知悉和并非容易获得两个具体条件。②价值性。能为权利人带来经济利益、具有实用性，可解释为"有关信息具有现实的或者潜在的商业价值，能为权利人带来竞争优势"。首先，总体上讲，能为权利人带来经济利益、具有实用性是对商业秘密的价值性要求。其次，商业秘密的价值性包括现实的价值性和潜在的价值性。前者涉及可以现实地直接应用的信息；后者涉及虽不能现实地应用但将来可以应用的信息，如阶段性研究成果等。③保密性。商业秘密是通过自己保密的方式产生的权利，倘若当事人自己都未采取保密措施，就没有必要给予保护。这是保密措施在商业秘密构成中的价值所在。保密措施可解释为"权利人为防止信息泄漏所采取的与其商业价值等具体情况相适应的合理保护措施"。合理性的考虑因素应包括所涉信息载体的特性、权利人保密的意愿、保密措施的可识别程度、他人通过正当方式获得的难易程度等。

商业秘密作为无形资产，包括技术信息与经营信息两类。其权利人不像物的所有权人那样对物容易控制和占有，其权利也极易为人所侵犯。因此，对商业秘密的侵权行为与物权的侵权行为就有所不同。我国在立法中吸收了世界各地立法的经验，把侵犯商业秘密的行为以列举的方式作了具体的规定。

1. 以盗窃、利诱、胁迫或者其他不正当手段获取权利人的商业秘密。这是指出于竞争目的，以各种非正当手段获取他人商业秘密的行为。禁止以不正当手段获取他人商业秘密，实际上是规定了"获取"行为本身的违法性，而不必等到公开使用时才算违法，我国的这一规定，在国际上关于商业秘密保护的立法中是较为领先的。传统理论认为商业秘密保护仅仅是对特定人之间因合同的保密关系而产生的权利义务关系，如果合同以外的人员以不正当手段获取了商业秘密，要追究其责任则十分困难。因此，法律逐渐由此转向保护商业秘密的财产权，处罚"获得"商业秘密的不正当手段。

2. 披露、使用或者允许他人使用以前项手段获取的权利人的商业秘密。这是行为人获取商业秘密后的继续行为。非法获取他人的商业秘密的行为人将其获取的商业秘密转告第三人或利用各种方式将其公布于众，自己使用或允许他人使用该商业秘密，这些都会使权利人受到的损害进一步扩大，使后果更加严重。一般来讲，既然是恶意取得他人的商业秘密，其目的就是要利用该商业秘密或扩散该商业秘密，以获取利益。商业秘密也只有掌握在一定使用者手中，并加以实施才有效益，因此，商业秘密的获取者必然要自己使用或允许他人使用该商业秘密。该行为与前一种行为是有逻辑联系的。

3. 违反约定或者违反权利人的要求，披露、使用或允许他人使用商业秘密的行为。这是侵犯商业秘密的最常见的行为，也是早期对商业秘密保护规定所禁止的。尽管侵权人是以正当的手段获得该项商业秘密，但由于对权利人有明示或默示的义务，因而不得披露、使用或者允许他人使用该商业秘密，否则，同样被认为是侵权行为。需要注意的是，我国《反不正当竞争法》所规定的违反"保密约定"和"权利人有关保守商业秘密的要求"虽法律无明确的规定或解释，但应该包括明示和默示两种情况，尽管没有"约定"或"要求"，作为商业秘密的正当获得者也应基于法律、习惯及事实等原因的推定而承担保密义务，否则就违背了诚实信用和公认的商业道德原则。

4. 第三人侵犯商业秘密的行为。这是指第三人明知或应知转让人获得该商业秘密为不当取得，或为授权取得后披露、使用或者准许他人使用，仍予以受让或泄露的行为。显然，这里的第三人有侵权的主观恶意。将第三人的恶意行为作为侵权行为进行制裁，追究第三人的责任具有重要的理论价值和实践意义。虽然第三人并非直接以不正当手段获得他人的商业秘密，但是，这种类似于"销赃"的行为对于商业秘密权的侵害以及对公平竞争秩序的危害与上述三种行为是同样的，正因为有了转让的市场，才促使侵权人去实施上述行为。因此，将其列入侵权行为，有利于全方位地禁止侵犯商业秘密的不正当竞争行为，为制止人才流动中侵犯商业秘密的行为提供了更充分的法律依据。

[拓展思考]

关于不侵犯商业秘密的合法行为

鉴于商业秘密是通过权利人自己保护的方式而存在的权利，权利人并不具有排他的独占权，商业秘密保护只是禁止他人采用不正当手段或者违反合同约定获取、披露、使用、允许他人使用其商业秘密。他人只要没有采用不正当手段或者违反合同约定获取商业秘密，都不构成违反反不正当竞争法的行为。根据商业秘密的属性和审判经验，如自行开发研制和反向工程不构成侵犯商业秘密。所谓反向工程是指通过技术手段对从公开渠道取得的产品进行拆卸、测绘、分析等而获得该产品的有关技术信息。当然，当事人通过不正当手段知悉了他人的商业秘密之后，又以反向工程为由主张获取行为合法的，不予支持。

案例分析

[案情简介]

上诉人（一审被告）：赵丽花

上诉人（一审被告）：嘉善良晨电器有限公司

被上诉人（一审原告）：嘉善声光电子有限公司

2003 年 2 月 20 日，声光公司与赵丽花签订固定期限劳动合同，合同期自 2003 年 2 月 20 日至 2006 年 3 月 19 日止。之后，赵丽花便负责声光公司的对外销售工作。通过声光公司的电子邮箱平台，赵丽花以"Amy"或"AmyZhao"为英文名与墨西哥 DBB 公司的 Kim Ledlin 进行了大量的电子邮件往来，内容包括购买产品的种类、规格、价格、交货期限、付款和包装方式等方面，双方完成多笔车用灯具交易，声光公司也因此获得了相应的收益。2006 年 3 月劳动合同解除，赵丽花离开了声光公司，但承诺会保守声光公司包括客户资料在内的商业秘密。同年 9 月始，赵丽花受雇于良晨公司。之后，良晨公司与墨西哥 DBB 公司达成了发光二极管（LED）的买卖业务，共计 187008.52 美元。声光公司以赵丽花和良晨公司侵犯经营秘密为由，于 2007 年 11 月 27 日向原审法院起诉，请求判令二人的侵犯商业秘密行为成立，并且要求立即停止侵权行为并向其赔礼道歉，赔偿损失。

一审法院经审理，判决如下：赵丽花和良晨公司的行为构成侵害商业秘密的行为，支持原告的立即停止侵权以及赔偿损失的诉讼请求。

赵丽花上诉称：首先，良晨公司与墨西哥 DBB 公司交易的发光二极管属于通用商品，良晨公司享有专利权，与声光公司生产的自行车灯不存在竞争关系。其次，墨西哥 DBB 公司是南美洲著名的自行车生产龙头企业，任何人通过网络查询均可与其发生信息交流及业务往来，故该客户名单属公知信息，不具有秘密性。最后，赵丽花仅为良晨公司提供网站设立及翻译等辅助性事务，与涉案商业秘密无关，请求本院撤销原判决。

良晨公司上诉称：墨西哥 DBB 公司的联络方式及需求是可以从公开渠道获得的，不属于商业秘密，并且良晨公司与墨西哥 DBB 公司系通过参加在上海举办的中国国际自行车展览会（以下简称上海车展）及网络等公开渠道建立业务关系，故良晨公司没有侵犯商业秘密。

声光公司辩称：涉及墨西哥 DBB 公司的商业秘密主要表现在该客户的邮箱、联系人、交易产品、交易价格、交易方式、需求数量、包装规格以及其他交易习惯，两上诉人提交的证据均无法证明上述信息可以通过网络查询到。请求本院驳回上诉，维持原判。

[裁判要点]

法院认为：声光公司主张的墨西哥 DBB 公司的相关信息符合法律规定的要件，属于商业秘密中的经营秘密，两上诉人的涉案行为侵犯了声光公司主张的经营秘密，构成不正当竞争，应承担停止侵权，赔偿经济损失及诉讼合理支出的民事法律责任。原判根据侵权行为的性质、后果等因素酌定赔偿数额 106600 元并无不当。据此，法院依照《中华人民共和国民事诉讼法》第 153 条第 1 款第 1 项之规定，判决如下：

驳回上诉，维持原判。

本案二审案件受理费 2432 元，由上诉人赵丽花、嘉善良晨电器有限公司负担。

[争议焦点]

1. 涉案客户名单是否构成经营秘密？

2. 两上诉人的涉案行为是否侵犯了声光公司主张的经营秘密以及是否应承担相应的法律责任？

[法理评析]

本案系因侵犯经营秘密而引起的纠纷，法庭审理主要围绕着经营秘密及其侵权方式的认定而展开，因此在分析该案件时也需要从这几个方面来梳理线索：

1. 对于"涉案客户名单是否构成经营秘密"的判定，此处主要涉及经营秘密的法律界定方面的内容。

2. 对于"两上诉人的涉案行为是否侵犯了声光公司主张的经营秘密以及是否应承担相应的法律责任"的判定，此处主要涉及侵害经营秘密行为手段的界定及责任承担方面的内容。

本案中，赵丽华在离职后在为良晨公司工作期间，以同样的方式和墨西哥DBB公司订立了合同，虽然其已经离开声光公司，但其是利用了自己在为声光公司工作期间掌握的经营秘密而换来的合同，属于经营秘密的侵权方式，应该和良晨公司一同承担侵权责任。

[法律风险提示及防范]

法律界网站提示：一般理论界认为，商业秘密包括技术类秘密和经营类秘密。目前，世界上许多经济较发达的国家和地区，不但重视对技术秘密的保护，而且越来越注重利用法律手段加强保护经营秘密权利人的合法权益。区分技术秘密和经营秘密，并且准确认定经营秘密的外延以及侵害经营秘密的行为是判案的依据和准则。

（五）不当有奖销售行为

不当有奖销售行为是指经营者在销售商品或提供服务时，以欺骗或者其他不正当手段，附带提供给用户和消费者金钱、实物或其他好处的一种促销行为。有奖销售实际上是一种赠与行为，但是这种赠与和市场竞争密切相关。有奖销售作为一种促销手段，在引发消费欲望，促进销售增长，刺激经济发展方面有一定的作用。然而随着有奖销售的愈演愈烈，其严重违反公平竞争原则的消极作用也越来越明显。因此，我国《反不正当竞争法》并没有简单地肯定或否定有奖销售，而是通过禁止以下三种形式的有奖销售而对这一促销手段进行调整。

1. 用谎称有奖或者故意让内定人员中奖的欺骗方式进行有奖销售。谎称有奖是经营者对外诈称其商品为有奖销售，或谎称设有特等奖、一等奖，招徕顾客购买，实则经营者并未采取任何措施进行有奖销售或者只设小奖而不设大奖。故意让内定人员中奖是指将有奖号码作特殊处理的行为，此奖只能由其内定的人员得到，而广大购买者实际上却无法得奖。这两种有名无实的有奖销售行为，是一种典型的欺诈行为。

2. 利用有奖销售推销质次价高的商品。"质次价高"的商品是指由工商行政管理部门根据同期市场同类商品的价格、质量和购买者的投诉进行认定的商品。利用有奖销售推销质次价高的商品是违背公认的商业道德的行为。

3. 巨额奖品的有奖销售。所谓巨奖是指抽奖的奖品、奖券超过法律规定的允许设奖的金额限度。允许设奖的金额限度各国规定不一。我国《反不正当竞争法》规定抽奖式有奖销售最高奖的金额不得超过 5000 元，若以非现金的物品或者其他经济利益作奖励的，按照同期市场同类商品或服务的正常价格折算其金额。要注意的是，从各国竞争立法来看，限制和禁止的有奖销售大致可以划分为抽奖式有奖销售和附赠式有奖销售两种。抽奖式有奖销售，它是销售方以抽奖等带有偶然性的方法决定购买方是否中奖并提供奖品或奖金的销售方式。附赠式有奖销售，也称普遍有奖的销售。它是指销售方向所有购买方赠送奖品或奖金或赠送有价证券（如消费满一定金额退还多少礼券等）的销售行为。我国目前的商业竞争中附赠式有奖销售的行为已经十分普遍，对市场竞争秩序产生了很大影响，但《反不正当竞争法》中对这种行为还没有规范，应该加以完善。

（六）诋毁商誉行为

诋毁商誉行为是指经营者捏造、散布虚假事实，损害竞争对手的商业信誉、商品声誉，从而削弱其竞争力，为自己取得竞争优势的行为。商业信誉是社会对经营者商业道德、商品品质、价格、服务等方面的经济评价。商品声誉是社会对特定商品品质、性能的赞誉。商品声誉给经营者带来商业信誉，商业信誉促进商品声誉，它们是一种互动的关系。它们为经营者带来巨大的经济效益以及市场竞争中的优势地位。损害竞争对手的商业信誉、商品声誉，会给竞争对手正常经营活动造成不利影响，损害其应有的市场竞争优势地位，甚至导致严重的经济损失。

诋毁商誉的构成要件包括：

1. 行为的主体是市场经营活动中的经营者，其他经营者如果受其指使从事诋毁商誉行为的，可构成共同侵权人。

2. 经营者采用了捏造、散布虚假事实的手段实施了诋毁商誉行为。如果经营者散布对竞争对手不利的事情，但不属无中生有或故意歪曲，而是客观事实，这就不能构成诋毁商誉的行为。

3. 诋毁行为是针对一个或多个特定竞争对手的商业信誉和商品声誉。如果经营者只对对手的个人名誉进行攻击，此属于一般民事人身权的侵害，由民法予以调整；而诋毁商誉如果诋毁的是同自己毫无竞争关系的非同业竞争者的商誉，也属于民事诽谤，不属竞争法调整。

4. 经营者对其他竞争者进行诋毁，其目的是败坏对方的商誉，主观心态是故意的。

　　我国《反不正当竞争法》规定了以上几种较为典型的不正当竞争行为，另外还规定了几种限制竞争行为。

　　限制竞争行为是指妨碍甚至完全阻止市场主体进行竞争的协议和行为。限制竞争行为与不正当竞争行为有着密切的联系。这两种行为都是对平等竞争、公平竞争原则的违背，因而同属于竞争法的调整范围。但限制竞争行为者更多的是剥夺了市场主体参与竞争的机会，限制了其他厂商应享有的市场经营的自主权。从这个意义上说，限制竞争更类似于不平等竞争，不过这种不平等竞争形成的原因是限制竞争行为者人为因素。而不正当竞争者与其他竞争者一样被赋予参与竞争的资格，只不过不正当竞争者采用与正当竞争者做法格格不入的违法行为来参与竞争。

　　限制竞争行为的表现形式主要体现在《反垄断法》中，前章已有所述。如《反不正当竞争法》第6条规定的公用企业或者其他依法具有独占地位的经营者的限制竞争行为；第11条规定的低于成本价格销售的"掠夺性定价"行为；第12条规定的无理搭售或附加无理交易条件的行为；第7条规定的政府及其所属部门滥用行政权力的限制竞争行为以及第15条规定的串通招投标行为。依次属于《反垄断法》的滥用市场支配地位、滥用行政权力排除限制竞争以及垄断协议的垄断行为。以上几种行为涉及《反垄断法》的具体条文如下：

　　第6条：具有市场支配地位的经营者，不得滥用市场支配地位，排除、限制竞争。

　　第13条：禁止具有竞争关系的经营者达成下列垄断协议：……本法所称垄断协议，是指排除、限制竞争的协议、决定或者其他协同行为。

　　第17条第2、4、5项：禁止具有市场支配地位的经营者从事下列滥用市场支配地位的行为：……②没有正当理由，以低于成本的价格销售商品；……④没有正当理由，限定交易相对人只能与其进行交易或者只能与其指定的经营者进行交易；⑤没有正当理由搭售商品，或者在交易时附加其他不合理的交易条件。

　　第32条：行政机关和法律、法规授权的具有管理公共事务职能的组织不得滥用行政权力，限定或者变相限定单位或者个人经营、购买、使用其指定的经营者提供的商品。

　　第33条：行政机关和法律、法规授权的具有管理公共事务职能的组织不得滥用行政权力，实施下列行为，妨碍商品在地区之间的自由流通：①对外地商品设定歧视性收费项目、实行歧视性收费标准，或者规定歧视性价格；②对外地商品规定与本地同类商品不同的技术要求、检验标准，或者对外地商品采取重复检验、重复认证等歧视性技术措施，限制外地商品进入本地市场；③采取专门针对外地商品的行政许可，限制外地商品进入本地市场；④设置关卡或者采取其他手段，阻碍外地商品进入或者本地商品运出；⑤妨碍商品在地区之间自由流通的其他行为。

项目三 对不正当竞争行为的监督检查

基本理论

一、监督检查部门

我国《反不正当竞争法》第3条第2款规定："县级以上人民政府工商行政管理部门对不正当竞争行为进行监督检查；法律、行政法规规定由其他部门监督检查的依照其规定。"可见，我国对不正当竞争行为进行监督检查的部门主要是县级以上的工商行政管理部门。此外，也包括法律、行政法规规定的有权进行监督检查的其他部门。例如，对外经济合作部有权对涉外贸易中的不正当竞争行为进行监督；国家质量监督检验检疫总局有权对有关产品质量的不正当竞争行为进行监督；知识产权局和出版总署有权对与专利和出版业有关的不正当竞争行为进行监督。值得注意的是，依据我国《反不正当竞争法》的规定，只有县级以上的监督检查部门，才可以对不正当竞争行为进行监督检查。

二、监督检查部门的职权

监督检查部门在监督检查不正当竞争行为时，享有四种职权，即询问权、查询复制权、检查权和处罚权。

1. 询问权。监督检查机关有权按照规定程序询问被检查的经营者、利害关系人、证明人，并要求其提供证明材料或者与不正当竞争行为有关的其他材料，被询问人必须如实提供。

2. 查询复制权。监督检查机关在监督不正当竞争行为时，有权查询、复制与不正当竞争行为有关的协议、账册、单据、文件、记录、业务函电和其他资料。

3. 检查权。监督检查机关有权对与上述的假冒名牌行为有关的财物进行检查，必要时可以责令被检查的机关说明该商品的来源和数量，也可责令其暂停销售，听候检查，禁止其转移、隐匿和销毁该财物。

4. 处罚权。监督检查机关有权对不正当竞争行为进行处罚，处罚的具体形式包括责令停止违法行为、消除影响、没收违法所得、吊销营业执照、处以罚款等。

此外，《反不正当竞争法》还规定监督检查机关工作人员监督检查不正当竞争行为时，应当出示检查证件。

项目四 违反《反不正当竞争法》的法律责任

引例

A 单位经过介绍人 B 向 C 服装厂订购工作服 500 套，双方在合同中订明，C 服装厂给 A 单位 10% 的折扣优惠。A 单位依照合同通过银行转账支付了 450 套的货款。C 服装厂提款后 1 个月交货给 A 单位。同时服装厂为了酬谢介绍人 B，支付介绍费 1000 元。

试分析：

（1）C 服装厂与 A 单位的交易行为中有无不合法的？为什么？

（2）介绍人 B 收取服装厂的 1000 元是否合法？

基本理论

法律责任是指由于行为人的违法行为而应当承担的法律后果。根据我国《反不正当竞争法》的规定，不正当竞争行为应承担的法律责任包括民事责任、行政责任和刑事责任等责任形式。

经营者违反《反不正当竞争法》的规定，给被侵害的经营者造成损害的应当承担损害赔偿责任，这是经营者应承担的民事责任。若被侵害的经营者的损失难以计算，则侵权人应支付的赔偿额等于其在侵权期间因侵权所获得的利润。此外，侵权人还应当承担被侵害的经营者因调查该经营者侵害其合法权益的不正当竞争行为所支付的合理费用。

被侵害人的合法权益受到不正当竞争行为损害的，该经营者可以依法向人民法院提起诉讼。

经营者除因致人损害应承担损害赔偿的民事责任外，因其所从事的不正当竞争行为的类型的不同，还应当承担其他的法律责任，这主要体现在以下方面：

1. 假冒名牌的法律责任。经营者假冒他人的注册商标，擅自使用他人的企业名称或者姓名，伪造或者冒用认证标志、名优标志，伪造产地，依照《中华人民共和国商标法》、《中华人民共和国产品质量法》的规定处罚。经营者擅自使用知名商品特有的名称、包装、装潢，或者使用与知名商品近似的名称、包装、装潢，造成和他人的知名商品相混淆，使购买者误认为是该知名商品的，监督检查部门应当责令其停止违法行为，没收违法所得，并可以吊销营业执照；销售伪劣商品，构成犯罪的，依法追究刑事责任。

2. 商业贿赂行为的法律责任。经营者采用财物或者其他手段贿赂以销售或购买商品，构成犯罪的，依法追究刑事责任；不构成犯罪的，监督检查部门可以根据情节处以 1 万元以上 20 万元以下的罚款，有违法所得的，予以没收。

3. 虚假广告的法律责任。经营者利用广告或者其他方法，对商品作引人误解的虚假宣传的，监督检查部门应当责令其停止违法行为，消除影响，并可根据情节轻重，对其处以 1 万元以上 20 万元以下的罚款。对此，1994 年全国人大常委会通过的《广告法》也作了相应的规定。

4. 侵犯商业秘密的法律责任。侵犯他人商业秘密的，监督检查部门应当责令其停止违法行为，并可以视情节轻重，对其处以 1 万元以上 20 万元以下的罚款。

5. 不当有奖销售的法律责任。经营者违反法律规定进行有奖销售的，监督检查部门应当责令其停止违法行为，并可以根据情节轻重处以 1 万元以上 20 万元以下的罚款。

6. 抗拒检查的法律责任。监督检查部门有权依法对不正当竞争行为行使检查权，经营者应当接受检查。经营者有违反被责令暂停销售，不得转移、隐匿、销毁与不正当竞争行为有关的财物的行为的，监督检查部门可以根据情节轻重处以被销售、转移、隐匿、销毁财物价款的 1 倍以上 3 倍以下的罚款。

当事人对上述 6 种情况中监督检查部门所作出的处罚决定不服的，可以自收到处罚决定之日起 15 日内向上一级主管机关申请复议；对复议决定不服的，可以自收到复议决定书之日起 15 日内向人民法院提起诉讼；也可以直接向人民法院提起诉讼。

其他几种限制竞争行为的法律责任可见《反垄断法》。

[引例分析]

（1）C 服装厂与 A 单位之间的交易行为是合法的。我国《反不正当竞争法》规定的商业贿赂的表现形式主要是回扣。回扣是指在商业购销中，卖方从明确标价应支付价款外，暗中向买方退还钱财及其他报偿以争取交易机会和交易条件的行为。回扣的特征之一是从账外秘密给付。由此看 C 服装厂与 A 单位之间没有秘密给付。A 单位和 C 服装厂所签合同中的 10% 的优惠是折扣，折扣是经营者在市场交易中，以明示的方式减扣或送让给对方一部分款额，促成交易的一种促销手段，不属于商业贿赂，是一种合法行为。

（2）介绍人 B 所取的是介绍人劳务报酬也称佣金。佣金也是经营者以明示的方式给付，并明示入账的。所以介绍人 B 收取 1000 元佣金是合法的。

思考题

1. 我国目前存在的不正当竞争行为的表现有哪几种类型？

2. 不正当竞争行为人应当承担的法律责任是什么？

3. 习作案例：

原告中化四平制药厂诉华康药厂及中国电视报社不正当竞争纠纷案，原、被告均为中成药"血栓心脉宁"的生产厂家，原告于 1985 年获准生产该药，华康药厂于 1991 年获准生产，二者均于 1995 年被吉林省人民政府认定为"吉林名牌"产品。被告投产后，在其药品的包装盒及说明书上注明"国内首创，独家生产"等用语，对此，吉林省卫生厅曾于 1994 年 5 月发文以省内有多家企业生产该药为由，要求华康药厂停止使用该药。1995 年华康药厂在《中国电视报》上刊登广告，宣传其生产的"血栓心脉宁"胶囊，其宣称：目前市场上出现非我厂生产的"血栓心脉宁"胶囊，为确保广大患者的经济利益及身体健康不受损害，购买此药时请您认准正宗名牌"圣喜"商标。

试分析上述案件涉及何种不正当竞争行为，并分析虚假宣传行为与商业诋毁行为的异同。

反垄断法律制度

反垄断法律制度的全面阐述，应当涉及反垄断制度的原理、各类垄断行为规制制度和综合性规制体制与程序，本章在反垄断法律制度原理中，突出了垄断和反垄断法的界定及体系，我国反垄断法所规定的四大类典型的垄断行为的界定、特征、具体的行为表现、成因及其利弊分析。除此之外，本章还根据我国反垄断法的相关规定，介绍了我国反垄断的执行主体和执行程序，实施垄断行为所应当承担的法律责任。理解了本章在内容安排上的构思，有助于我们理解本章的反垄断法律制度六个方面内容之间的关系。

项目一　反垄断法概述

引例

2011 年 11 月 9 日，国家发改委价格监督检查反垄断局宣称其正在对中国联合网络通信集团有限公司和中国电信集团公司涉嫌固网互联网宽带接入垄断开展垄断调查。自 2008 年电信业重组至今，在中国固网互联网接入市场上已明显形成中国电信和中国联通两家独大的局面，此次国家发改委反垄断局对中国联通和中国电信垄断行为的指控，主要就是这两家企业在 ISP 介入市场实行歧视定价，向主要竞争对手收取高额费用。由于二线互联网宽带接入服务商没有政府授予的国际互联网及骨干网入口许可证，所以他们不得不向联通和电信批发宽带流量。也就是说，一方面二线宽带接入服务商与中国联通、中国电信互为买卖关系，而另一方面，二线宽带接入服务商将从联通、电信批发来的流量提供给自己的终端客户，这样他们又与联通、电信在固网互联网接入市场构成了竞争关系。中国联通和中国电信在固网互联网接入市场的用户除了家庭用户以及前述二线互联网接入服务商之外，还包括一些企事业单位等大客户，两家企业提供给二线互联网接入服务商的批发价格非常高，而给自己大客户的零售价格却很低廉，有的甚至只有前者价格的一半或更低，一些二线宽带接入服务商不堪重负而停止从联通、电信租用，转向其他大客户购买宽带流量，以降低成本。中国电信得知以后强行清理中国铁通的穿透流量，造成广东省铁通用户大面积断网，影响恶劣。

中国电信和中国联通的行为是否构成垄断？

基本理论

反垄断法的立法目的在于预防和制止垄断行为的同时建立起一个有序的法律框架，并在其运行过程中保护市场公平竞争，维护消费者的合法权益，维护社会公共利益。

一、垄断的概念

（一）垄断的经济学含义

经济学中垄断的本义指一种市场结构。一般认为，依其集中度，市场结构有四种类型：完全竞争、垄断竞争、寡头垄断和垄断（即独占）。完全竞争是指市场上存在许多生产者，生产相同的产品，每个生产者对市场价格都没有控制力。生产者所面临的需求曲线基本上是一条水平线，它可以卖掉任何数量上的商品。垄断是指一个部门只有一个生产者，生产独特的没有代用的商品，生产者对价格市场具有很大的控制力。显然这里对垄断是一个非常狭义的理解。经济学中的垄断，一般包含三个层面的含义：一是最狭义的垄断，是指完全垄断的市场结构，即独占；二是狭义的垄断，是指不完全竞争的市场结构，是除完全竞争之外所有的市场结构，包括垄断竞争、寡占和独占；三是广义的垄断，既指包括垄断竞争、寡占和独占在内的市场结构，又指市场主体的垄断行为（如滥用市场支配地位行为、垄断协议行为、经营者集中行为等）。

（二）垄断的法学含义

垄断是一种十分复杂的经济和法律现象，且发展得非常快，目前学术界的研究还难以达成高度共识。并且，目前世界各国对垄断的法律规定，在角度、方式、层次上也各有不同。因此，虽然在目前的法学和法律文献中，"垄断"一词非常常见，但是要形成无可争议的法学定义，还存在一定的困难。实际上，关于反垄断的全部研究，都是从法学角度揭示垄断的独特属性，都是从不同视角、在不同层次对尚未形成垄断的法学定义所作的努力。

垄断的法学定义不同于垄断的经济学定义，但是垄断的法学定义必须以垄断经济学定义为基础，综合来说，垄断是指经营者或其利益的代表者，滥用已经具备的市场支配地位，或者通过协议、合并或者是其他方式谋求或谋求并滥用市场支配地位，借以排除或限制竞争，牟取超额利益，依法应予规制的行为。

简单来说，垄断就是经营者或其利益代表者排除或限制竞争的行为。该定义包含以下含义：

1. 垄断的客观方面是垄断行为而非垄断结构。虽然广义上的垄断既指市场结构又指市场行为，但是垄断的法学定义只能是指市场行为。法律所规范的直接对象是行为而非状态。世界各国的反垄断法所关注的垄断已经不再是垄断结构，而是居于垄断地位的经营者或者其利益代表者所为的垄断行为。《中华人民共和国反垄断法》第2条规定："中华人民共和国境内经济活动中的垄断行为，适用本法；中华人民共和国境外的垄断行为，对境内市场竞争产生排除、限制影响的，适用本法。"

2. 垄断的主体是经营者或者其利益代表者。经营者是通过提供商品和服务而获取利润的企业、其他组织或个人。《中华人民共和国反垄断法》第12条第1款规定："本法所称经营者，是指从事商品生产、经营或者提供服务的自然人、法人和其他组织。"经营者是市场中最常见的垄断者。在市场运行中，实施垄断行为的，除了经营者之外，还有其利益的代表者，如各种行业协会，特定情形下还包括地方政府和各级政府的主管部门。前者主要体现在垄断协议行为中，后者主要体现在行政性垄断行为中。行业协会、地方政府和各级政府的主管部门，虽然不是经营者，但是它们成为垄断行为的主体时，实际上它们已经演变成经营者利益的代表者。

3. 垄断的主观方面是牟取超额利润。这里所说的超额利润是指超过完全竞争状态下所获得的合理利润以上的利润。就经营者来说，这种超额利润是通过其生产、销售或提供服务的市场行为获得的。就经营者的利益代表者来说，并不一定要通过市场行为，但是其所实施垄断行为的目的仍然是牟取超额利润。

4. 垄断的后果是排除或限制竞争。完全的市场竞争要比不完全竞争给社会整体带来更多的效率、公平和社会福利。但是，就市场主体——经营者而言，在完全竞争的市场结构中所获得的是社会平均利润，每个市场主体为了自身的生存和发展，通过提高产品和服务的质量来提高市场占有率。而在不完全的市场竞争中，居于市场支配地位的经营者仅仅通过滥用其市场支配地位的行为，在局部或整个相关市场中限制或排除竞争机制发挥作用，就可以获得比在完全竞争市场中多得多的利润。正常的市场竞争机制被破坏。

[引例分析]

垄断中国互联网基础网络的中国电信和中国联通对互联网服务提供商实行价格歧视；中国电信以过高价格拒绝中国铁通交易构成垄断。

案例分析

[案情简介]

法国达能公司 1987 年进入中国市场。1996 年，娃哈哈与达能公司、香港百富勤公司共同出资建立了 5 家公司，共同生产以"娃哈哈"为商标的包括纯净水、八宝粥等在内的产品。后来香港百富勤公司将股权转让给了达能公司，致使达能公司的股权达到 51%。后来娃哈哈与达能公司改签了一份商标使用合同，达成如下条款："中方将来可以使用（娃哈哈）商标在其他产品的生产和销售上，而这些产品项目应提交给娃哈哈与其合营企业的董事会进行考虑……" 20 世纪 90 年代中后期，伴随着企业实力的迅速增强，产品营销网络的日益健全和产品形象的深入人心，娃哈哈准备通过规模扩张和跨地区设厂来扩大产能。然而在投资设厂等诸多问题上，达能未能与娃哈哈达成一致意见，双方发生了矛盾。娃哈哈集团董事长、娃哈哈品牌的主要创始人宗庆后和中方决策班子商量决定，建立一批与达能公司没有合资关系的公司，并使用娃哈哈品牌。2007 年，宗庆后现身新浪网，将合资双方的纠纷公之于众，表示对当年签订的商标使用合同追悔莫及，使得娃哈哈的发展陷入了达能精心设计下的圈套，并且指出达能公司欲以 40 亿元人民币的价格收购这些与达能没有合资关系的公司 51% 股权。

[法理评析]

对于达能公司的行为，民间机构曾上书指责其垄断，呼吁有关部委展开反垄断调查。曾庆后也一再表示，达能公司的强行并购行为已构成垄断。在新浪网的一项调查中，大部分网民对曾庆后的行为表示支持，并声称达能的并购行为意在垄断中国的饮料行业。

其实达能公司的市场并购行为是一种正常的市场行为，其行为很难说排除或限制了竞争，我国反垄断法保护的是竞争机制，而不是具体的竞争者利益。达能与娃哈哈之间的争议实质是合同履行的纠纷而非是否构成垄断。

5. 垄断具有违法性。被称为垄断的行为，由于该行为破坏了整个市场的正常竞争机制，损害了市场竞争的效率、公平的原则，因此，世界许多国家把该行为都通过立法加以限制或禁止。

二、反垄断法的概念

（一）反垄断法的语词

反垄断法，有实质意义和形式意义之分，实质意义上的反垄断法是由反垄断法律规范所构成的系统，是部门意义上的反垄断法。形式意义上的反垄断法是指一国规制垄断行为的基本法律。例如，我国的《中华人民共和国反垄断法》

于 2007 年在立法机关通过后，就是我国形式意义上的反垄断法。而在该法通过以前，我国的法律、法规和规章中就已经存在不少反垄断法律规章，这些都是实质意义上的反垄断法。

（二）反垄断法的调整对象

反垄断法的调整对象，即是指它所调整的社会关系。反垄断法的调整对象，是指国家在规制垄断行为的过程中发生的社会关系，简称反垄断关系。

反垄断关系可以分为垄断行为规制关系和反垄断体制关系。垄断行为规制关系是指在规制垄断行为过程中形成的社会关系，包括作为调制主体的市场规制部门和作为调整受体的经营者之间、经营者相互之间因规制垄断行为而发生的社会关系。反垄断体制关系，是指各相关机关因反垄断的权限而发生的社会关系，即反垄断的权力分配关系。

（三）反垄断法的定义

根据反垄断法调整的对象，我们可以认为，反垄断法是指调整国家规制垄断行为的过程中所发生的社会关系的法律规范的总称。

三、反垄断法的地位和体系

（一）反垄断法的地位

从部门法的角度来说，反垄断法是经济法体系中的重要部门法之一。

（二）反垄断法的体系

由于反垄断法所调整的反垄断关系可以分为垄断行为规制关系和反垄断体制关系，反垄断法相应地可以分为垄断行为规制法和反垄断体制法，垄断行为根据我国反垄断法的规定，可以进一步分为滥用市场支配地位行为、垄断协议和经营者集中行为三大类，因此，垄断行为规制法可以分为滥用市场支配地位规制法、垄断协议行为规制法和经营者集中行为规制法。在我国，行政性垄断行为也是一类垄断行为，因此，我国的垄断行为规制法还应包括行政性垄断行为规制法。

四、我国反垄断法的立法宗旨和目的

竞争是市场经济的核心机制，但竞争又是一把双刃剑。在市场经济条件下，市场经营主体通过竞争不仅可以提高自身的科技、管理等水平，还给社会提供了丰富的商品和服务，繁荣了国家经济。但是这种竞争也极有可能会给社会和市场带来消极的后果。这种消极后果主要体现在：一是侵犯了其他经营者的竞争权利。当经营者实施反竞争行为时，尤其是限制竞争行为和垄断行为时，其他经营者的竞争权利势必就会受到不同程度的损害，其后果就是阻碍和窒息了竞争。二是侵犯了消费者的合法利益。市场经营者的反竞争行为会导致消费者在商品和服务的价格、质量、售后服务等围绕商品和服务本身的诸多方面的利益受到侵害。三是损害了社会公共利益。市场经营者的反竞争行为不仅阻碍和破坏了竞争的有序进行，而且阻碍和破坏了国家欲通过竞争所要达到的经济目标。因此，我国的反垄断法的立法宗旨，就是在预防和制止垄断行为的同时，建立起一个有序竞争的法律框架，并在其正常运行过程中实现三大立法目标：一是要保护市场的公平竞争，即保证经营者的竞争行为在法律的框架下有序进行；二是维护消费者利益，即通过法律途径消除和禁止垄断行为，达到维护消费者利益的目的；三是维护社会公共利益。我国《反垄断法》第 1 条就明确规定，为了预防和制止垄断行为，保护市场公平竞争，提高经济的运行效率，维护消费者利益和社会公共利益，促进社会主义市场经济健康发展，制定本法。

项目二　垄断协议行为

引例

2002 年 5 月 16 日，中国电信集团和中国网通集团挂牌成立，其中电信占据南方 21 省市的电信资源，而网通则据守包括北京在内的北方 10 个省市的固定电话业务。在接下来的几年中，为了进入对方的领地，电信和网通之间的竞争不断升级，设备投资不断加大，价格战也屡屡发生。为了避免因竞争给双方带来的损害，2007 年 2 月 16 日，《中国电信集团公司与中国网络通信集团公司合作协议》在北京签订。协议的内容丰富，其中涉及反垄断法的主要内容有：

1. 从 2007 年 3 月 1 日起，双方停止在非主导区域发展新用户。①对于政企客户，如客户需求不涉及跨南北，一律由主导方提供服务，非主导方不得进行投标和提供服务；如客户需求涉及跨南北，由主导方投标，中标后，长途段由中标方提供，本地段南方 21 省由中国电信提供，北方 10 省由中国网通提供。②对于公众客户，自 2007 年 3 月 1 日起，非主导方在各本地网不再增加新的端局号，在各省不再增加新的 IP 地址段；非主导方不再进行针对公众客户的基础电信业务的宣传及促销活动，不再推行新套餐，不再增加代理商。

2. 控制重复建设，加强资源合作。①自 2007 年 3 月 1 日起，双方停止在非主导区域的所有项目投资。②双方在电信基础设施方面开展资源合作。③保证网间互联畅通。④规范通信建设行为。⑤维护对方商誉。⑥进一步加强维护合作。⑦开展其他方面的业务技术合作。

3. 实行投资收入预算调控。2007 年，中国电信北方 10 省区市投资预算不得超过 30 亿元，收入预算不超过 55 亿元；中国网通南方 21 省市区投资预算不得超过 70 亿元，收入预算不超过 105 亿元。双方在非主导区域不得进行预算外投资。

[引例分析]

在上述合作协议中，有不少内容涉及相互之间的"不竞争"或"减少竞争"，因此很可能是一种限制竞争协议，即垄断协议。协议明确规定双方不进入对方"领地"，停止在非主导区域发展新用户，停止在非主导区域的所有项目投资，并且还提出多个具体措施来消除或限制双方之间的竞争，协议的不少内容已经违反了反垄断法的规定，不再属于契约自由的内容。

基本理论

一、垄断协议行为的概念和特征

（一）垄断协议行为的概念

垄断协议行为，是对一类垄断行为的学理概括。一些国家和地区的反垄断立法用其他名词概括此类行为，如德国叫"限制竞争行为"，意大利被称为是"限制竞争自由的协议"，我国的反垄断法称之为垄断协议行为等。所谓垄断协议行为，是指经营者为排除或限制竞争而达成协议、决定或者其他协同一致的行为。其实质上也是一种市场联合行为。

（二）垄断协议行为的特征

垄断协议行为的特征主要有：

1. 垄断协议行为的主体是具有竞争关系的经营者和经营团体。经营者无疑是该类行为的主体。除此之外，经营者团体，如各种行业协会也可能通过决定、决议等形式限制竞争。这时，经营者团体也是垄断协议行为的主体。

2. 垄断协议行为的客观方面是合同、协议、决议或者其他联合的行为。由于垄断协议行为的主体之间彼此独立，相互之间没有隶属关系，如果没有合同、协议或者其他相应的行为，就不可能联合。没有联合，也就不会产生垄断，进而造成闲置、削弱以至于排除参与者之间竞争的后果。

3. 垄断协议行为的目的和后果是限制或排除正常市场竞争。市场经济的效率和优势源于竞争，而竞争优势以经营者之间的优胜劣汰为基础。垄断协议行为则为市场参与者稳定地获得利润提供了市场条件，大大减轻了经营者的生存压力。经营者面对竞争及其结果，存在着限制或排除竞争的天然动力。因此，有无排除或限制竞争的目的或后果，是判断协议行为是否为垄断协议行为的重要标准。我国《反垄断法》第15条就规定了不属于垄断的经营者协议行为。

二、垄断协议行为的类型

从不同的角度、依照不同的标准可以划分出该类行为的不同类型。

（一）不同形式的垄断协议

1. 经营者之间限制竞争的协议。此处的协议为广义，只要经营者之间采用了合同、协议或者其他与约定类似的方式，且具有限制竞争的目的、后果，都可以将之视为垄断协议。同时订立合同或协议的经营者之间是彼此独立，相互之间具有一定的竞争关系。如果经营者之间存在从属关系，则不应视为垄断协议。

2. 经营者团体的决议。经营者团体，是指同行业经营者的联合组织或者同职业人员的联合组织，如经营者联合形成的行会、商会、联合会等联合体。经营者团体的决议，则是指经营者团体所做出的反映团体及其成员意愿的决定。

3. 经营者其他协同一致的经营行为。在既没有经营者之间的合同或协议，也没有经营者团体决定、决议的情况下，经营者以事实上协调一致的共同行为共谋，以限制竞争的各种活动，也是一种事实上的垄断协议行为。

（二）不同内容的垄断协议

各国的反垄断立法都分别将多种不同内容的垄断协议行为作为管理对象。概括各国的立法经验，结合我国市场经济中垄断协议的特点，主要有以下不同内容：

1. 市场价格联合，即统一确定、维持或者变更商品或服务价格的行为。

2. 市场额度联合，即统一确定、维持或者变更商品或服务数量的行为。

3. 市场区域联合，即统一确定、维持或者变更分割销售市场或者原材料采购市场，或者服务的地域范围的行为。

4. 技术联合，即统一确定、维持或者变更限制购买或者开发新技术、新设备的行为。

5. 其他排除、限制竞争的联合限制竞争的行为。

（三）在产业链上不同关系主体的垄断协议

在国民经济产业链中，经营者都处于不同产业链的不同层次。根据参与协议的经营者所处的产业链环节是相同还是相续、是否具有竞争关系，可以分为横向上垄断协议和纵向上垄断协议。该分类是各国立法中最为常见的分类。我国的《反垄断法》第13条、第14条对此分别作了规定。

1. 横向垄断协议。有些经营者为了限制竞争，共同获取垄断利润，与处于产业链同一环节的其他竞争者订立垄断协议。横向垄断协议是指两个或两个以上因生产或销售同一类型产品或提供同一类服务而处于相互竞争中的经营者，通过共谋而限制竞争的行为。如彩电零售商之间的垄断协议行为。由于横向垄断协议排斥了最具有竞争关系经营者之间的竞争，对竞争的危害最为严重。其原因是在于，一是横向垄断协议直接造成产出减少，价格升高，损害消费者利益；二是横向垄断协议保护成员企业不受激烈市场竞争的影响，客观上削弱了这些企业控制成本和创新的动力；三是横向垄断协议会使财富更多地转移到其成员企业手里，损害社会福利，引发社会不公，影响社会稳定。因此，法律对这种垄断协议的管制也最为严厉。根据我国《反垄断法》第13条的规定，横向垄断协议可以表现为：①固定或变更商品价格；②限制商品的生产数量或销售数量；③分割销售市场或原材料采购市场；④限制购买新技术、新设备或限制开发新技术、新产品；⑤联合抵制交易；⑥国务院反垄断执法机构认定的其他垄断协议。

（1）固定或变更商品价格，是指处于产业链同一环节、具有竞争关系的经营者通过协议、决议或其他协同一致的方式确定、维持或改变价格的行为。这种价格协议对市场竞争关系的损害最为严重。一旦商品的价格被人为地固定，价格传递供求信息的功能和调节生产的功能就会丧失殆尽，其结果就是劣质的企业不能被淘汰，优质的企业得不到良好的经济效益。另外，由于这种价格协议使得协议成员企业面临的市场风险被大大地降低，其改善经营管理、降低成本和进行技术创新的压力和动力都会大大地降低，最终会损害该行业的技术发展和经济效益的提高。因此，该种价格协议属于各国的反垄断法首先禁止之列。

2013年7月2日，国家发改委价格监督检查与反垄断局称，正在对合生元、多美滋、美赞臣、惠氏、雅培等奶粉企业进行价格反垄断调查。反垄断局表示，有证据表明，这些企业在中国的产品价格偏高，从2008年以来涨价幅度达30%以上，已经涉嫌价格纵向垄断。自2008年"三聚氰胺"事件以后，国内的消费者越来越青睐洋奶粉，国内乳制品企业的市场份额越来越少，洋奶粉已经占据了国内市场的半壁江山。在高端市场，洋奶粉甚至达到70%的市场份额。有业内人士认为，成本上涨、配方改良、更换包装均不是洋奶粉涨价的真正理由，追求利益的最大化才是其涨价的真正原因。洋奶粉在中国市场的每一次涨价计划，彼此之间都配合默契。根据业内统计，从2005年到现在，洋奶粉每年的提价幅度在15%左右，其高额利润不见下降的趋势。面对洋奶粉的疯狂涨价，消费者却没有多少选择权。由于对国产奶粉的信任感还没有完全恢复，面对中国市场上洋奶粉不断涨价带来的巨大压力，消费者也只能无奈接受。该案的价格反垄断调查仍在进行中。

案例分析

2007年7月下旬以来，我国市场上方便面涨价的消息引起社会各界的广泛关注。国家发改委不断收到群众投诉举报和律师来函，反映"世界拉面协会中国分会"及相关企业涉嫌串通上调方便面价格。国家发改委随即立案调查，并约见有关人员核实了解情况。

经查明，2006年底至2007年7月初，方便面中国分会先后三次召集有关企业参加会议，协商方便面涨价事宜。

2006 年 12 月 26 日，方便面中国分会在北京召开峰会。会议商定，高价面、中价面和低价面涨价的时间和实施步骤。

2007 年 4 月 21 日，方便面中国分会在杭州召开峰会，再次研究方便面调价日程。会议明确了调价的时间和调价的幅度，高价面从每包 1.5 元涨到 1.7 元，计划 6 月 1 日全行业统一上调。

2007 年 7 月 5 日，方便面中国分会又一次在北京召开价格协调会，部分企业决定从 7 月 26 起全面提价。

经过多次协商，各方最终达成一致意见：康师傅、统一、今麦郎等十多家知名企业全部参与本次统一调价，其市场覆盖率达 95% 以上。与此同时，1 元以下的低端面的价格调整，将由各企业为主，按地区分头推进。

7 月 23 日，该会负责人接受媒体采访，公布了涨价的消息，社会反响强烈。

最后，发改委作出以下处理意见：责令方便面中国分会立即改正错误；公开向社会做出正面说明，消除不良影响；宣布撤销三次会议纪要中有关集体涨价的内容。对于方便面中国分会和相关企业的串通涨价行为，将进行深入调查，并依法作出处理。

（2）限制商品的生产数量或销售数量。限制产品数量是指处于产业链同一环节、具有竞争关系的经营者通过协议、决议或其他协同一致的方式限制商品的生产数量或者销售数量。固定或变更商品价格与限制商品的生产数量或销售数量一般是联系在一起的，因为在不限制生产或销售数量的情况下，固定或变更商品价格协议的成员企业会因为单位产品的价格上涨而扩大生产规模和销售的数量，其结果是随着市场供给的增加，产品或服务的垄断高价最终得以持续。因此，企业联合限价的同时往往也限制其生产或销售数量。

在市场实践中的许多案例，固定价格协议、限制数量协议和划分市场协议经常出现在同一个协议中。例如，1992 年世界石墨电极的主要制造商达成协议，内容主要包括：迅速提高价格（价格垄断协议），生产量仍然维持现状（数量垄断协议）。此后 5 年中，这些制造商不断实施划分市场。上述协议最直接的后果就是 1997 年，石墨电极的价格增长了 60% 以上。

（3）划分市场，是指处于产业链同一环节、具有竞争关系的经营者通过协议、决议或其他协同一致的方式划分其产品或服务的地区市场或客户市场的行为。分割市场必然导致两个后果：一是竞争力较差的企业因被分得市场而被片面地保护。竞争力强、效益好的企业因为市场人为地被限制而得不到更好的发展；二是这些人为割裂开来的市场都由垄断企业开展经营活动，由此就会减少消费者在市场上选择商品和服务的机会，严重损害了消费者的合法权益。

（4）限制购买或开发新技术、新设备，是指处于产业链同一环节、具有竞争关系的经营者通过协议、决议或其他协同一致的方式限制购买新技术、新设备或者限制开发新技术、新产品。

（5）联合抵制，是指处于产业链同一环节、具有竞争关系的经营者通过协议、决议或其他协同一致的方式拒绝与特定交易相对人交易的行为。如一些药品生产商对"平价"药房联合抵制供货等。

上述五种情形是现实生活中存在的典型的横向垄断协议，随着市场经济和竞争关系的发展，新类型的横向垄断协议也会不断出现。为了适应反垄断的需要，《反垄断法》第13条采取兜底条款方式，专门规定"国务院反垄断执法机构认定的其他垄断协议"也属于法律禁止的横向垄断协议。如联合制定技术标准、联合限制广告等。

2. 纵向垄断协议。纵向上的垄断协议是指处于同一产业链上下环节（即有供求关系）的两个或两个以上经营者所为的垄断协议。比如，电脑生产商和电脑销售商之间所为的垄断协议。纵向上的垄断协议形式很多，根据我国《反垄断法》第14条的规定，主要有：固定转售价格；限制转售最低价格；国务院反垄断执法机构认定的其他垄断协议，如独家交易、特许协议等。其中纵向价格垄断协议对良性竞争关系的破坏尤重。

案例分析

［案情简介］

中国官方2013年2月22日正式公布了对高端白酒的反垄断调查情况。四川省发改委依据《反垄断法》对宜宾五粮液酒类销售有限责任公司罚款2.02亿元（人民币，下同）；贵州省茅台酒销售有限公司也收到了贵州物价局开出的2.47亿罚单。

国务院反垄断委员会专家咨询组副组长、对外经贸大学竞争法研究中心主任黄勇22日接受中新社记者专访时指出，官方此番对茅台、五粮液的调查，明晰了中国针对纵向垄断所采取的判断规则。中国其他行业中占龙头地位的企业也都应审视现有经销模式，及时进行反垄断合规。特别是对转售价格的固定和最低转售价格的限定，尤其需要慎重。

2012年末，为避免经销商在销售寒冬中竞相低价出货，茅台对12省区市的18家经销商进行处罚；五粮液也对11省市的14家"低价、跨区、跨渠道违规销售"的经销商开出罚单。

由于中国《反垄断法》第14条明确禁止经营者与交易相对人"达成限定向第三人转售商品的最低价格"，国家发改委反垄断局随即介入调查。这也成为中国针对"纵向价格垄断协议"的第一个执法案例。

"从四川省发改委披露的信息来看，执法机构并没有采用本身违法的直接判定，而是选择了基于行业分析、经济分析的'合理分析'方法"，这种判断规则意味着并非所有的对最低转售价格的限定都会被判定为"纵向垄断"。

从已有实践来看，一般行业龙头、拥有市场强势地位、消费者忠诚度较高的企业，所达成"纵向价格垄断协议"的排除、限制竞争效果较大。正因为如此，四川发改委今天发布的公报中特别交代了"五粮液在浓香型白酒中具有重要地位、产品可替代性低"；而茅台在酱香型白酒中的地位也是其受到调查的前提条件之一。

"即便是限定范围内的企业实施了最低限价，也还需要进行进一步的分析评估"，黄勇指出，从四川发改委给出的细节中可以看出，这种分析将主要体现在三个方面：品牌内竞争是否受到影响、品牌间竞争是否被削弱以及消费者利益是否受到损害。

黄勇指出，从限定范围到深度分析，这样的执法思路既符合国外的通常做法，也和司法机构审判分析方法基本一致，从这个意义上讲，本案是中国针对纵向价格垄断协议执法的一个良好开局。

黄勇强调，在茅台和五粮液相继收到罚单后，中国针对纵向垄断协议的判断规则已然明晰。这意味着中国其他行业中的类似企业也都应该审视现有经销模式，及时进行反垄断合规。

[法理评析]

固定转售价格协议。是指供应商和经销商签订协议以固定产品的零售价格。其构成要件是：一是必须存在两个以上的独家交易关系，即"初次销售"和"转售"；二是后一销售的价格被固定。

限制转售最低价格。是指在同一产业链中上一环节经营者，利用其市场支配地位，通过协议确定下一环节经营者销售价格的行为。

纵向价格垄断协议对市场竞争关系的损害具有双重性。一方面，上游企业通过与下游企业订立协议，限制下游企业的经营自主，损害了下游企业总体上的经济活力；另一方面，上游企业通过对下游企业的限制，为自己创造了有力的商业条件，剥夺了上游企业同层次的其他经营者的商业机会，达到了横向限制的目的和效果。

"国务院反垄断执法机构认定的其他垄断协议"，主要包括：

1. 独家分销协议。即销售商在特定区域，只对特定类型的代理人或者特定商品进行排他性销售。

2. 独家交易。即指在同一产业链中上游经营者与下游经营者之间，利用其一方或双方各自的市场支配地位，通过协议约定对方或双方在特定地区不与第三方发生与对方有竞争关系的产品或服务交易的行为。

3. 搭售协议。即在下游经营者购买某种商品时要求必须以购买另一种商品为条件。

三、垄断协议的反垄断法豁免

由于垄断协议对市场竞争具有直接和严重的危害，我国反垄断法一般对此予以禁止。但是，由于经济生活的复杂性、多样性和多变形，有些情况下，经营者达成的垄断协议虽然有限制、排除竞争的效果，但是该协议总体上有利于提高经济效益，推动技术进步，符合社会公共利益。因此对符合一定条件的垄断协议应予以豁免。我国市场经济体制还不健全，市场主体不够成熟，在垄断协议的豁免上应更具灵活性。因此《反垄断法》第 15 条垄断协议的豁免制度，经营者达成的协议如果符合一定的条件，则不适用于禁止垄断协议的规定。按照上述规定，垄断协议的豁免，必须满足三个条件：

1. 协议属于法定情形之一。经营者达成协议，可能具有多个方面的效果，如果达成协议的目的就是为了实现市场垄断，谋求垄断利益，显然就具有违法性，反垄断法必然对其进行否定性评价。如果经营者达成的协议虽然在客观上造成排除、限制竞争的效果，但其目的是为了实现某种积极的社会经济目标，则该协议可能不被禁止。我国《反垄断法》借鉴世界上其他国家关于垄断协议豁免的情形，根据我国实际情况，规定了垄断协议豁免的法定情形包括：为改进技术、研究开发新产品的；为提高产品质量、降低成本、增进效率，统一产品规格、标准或者实行专业化分工的；为提高中小经营者经营效率，增强中小经营者竞争力的；为实现节约能源、保护环境、救灾救助等社会公共利益的；因经济不景气，为缓解销售量严重下降或者生产明显过剩的；为保障对外贸易和对外经济合作中的正当利益的；法律和国务院规定的其他情形。在实践中，经营者达成的垄断协议是否属于上述情形，经营者负有举证责任。

2. 达成的协议不会严重限制相关市场的竞争。经营者达成的协议对市场竞争的影响程度各不相同，如果达成的协议严重限制了相关市场的竞争，虽然符合法定情形，也不应当予以豁免。经营者之间达成的协议可能同时具有反竞争效果和其他积极效果，判断该协议是否具有违法性，应当对该协议的两种不同效果进行权衡。只有当利大于弊时，该协议才不具有违法性。如果经营者的垄断协议严重限制了相关市场的竞争，其对社会的消极影响显而易见，应当予以禁止。因此，经营者必须证明其达成的协议不会严重限制相关市场的竞争。

3. 协议能够使消费者分享由此产生的利益。反垄断法的目的在于维护公平、有序的市场竞争秩序，维护消费者的合法正当利益。经营者达成的协议如果不能使消费者分享由此产生的利益，而仅仅是使经营者获得利益，该协议就丧失了正当性，不应给予豁免。

项目三　滥用市场支配地位行为

引例

1998年5月18日，美国司法部向哥伦比亚地方法院递交诉状，指控微软公司在美国违反反托拉斯法。美国司法部对微软公司的指控包括，微软在win98和win95的销售过程中搭售IE浏览器软件，限制电脑制造商修改和自定义电脑启动程序和电脑屏幕，与互联网服务商、内容服务商确定排他性协议。法院认为，一个应用软件，例如互联网浏览器软件，需要有足够大的客户群才能够吸引软件开发商使用其APs，而不是微软提供的APs。由此，一个专门为浏览器编写的程序才可以在任何计算机操作程序系统中使用，才能不必依赖windows操作系统。这样计算机用户才能拥有更多的选择，挑选到质量、价格更为合适的产品。原始设备供应商与微软达成协议，不大可能在安装计算机操作系统时，为用户提供与微软相竞争的其他浏览器软件，堵塞了竞争者的销售渠道。最终结果就是计算机用户更加依赖windows操作系统，巩固和加强了微软在PC操作系统相关市场的垄断地位。2001年微软和美国司法部达成"庭外和解"。在该案中，微软作为软件市场占支配地位者给予其他竞争者进入相关市场造成的障碍给人留下了深刻影响。

基本理论

一、市场支配地位

垄断对经济的影响具有两面性。首先，垄断具有实现规模经济、推进技术创新的优势。但是，垄断企业滥用市场支配地位擅自提高商品和服务的价格，减少商品的供应量，将会造成消费者福利的减少。此外，垄断企业为了维持或强化其市场支配地位，通过不正当的手段阻碍其他经营者的正当经营活动，通过不正当的交易行为侵害消费者的合法权益。因此，各国普遍制定并实施反垄断法，对具有市场支配地位的企业加强监管，以防止和制止垄断的消极影响。

我国反垄断法借鉴世界上大多数国家的通行做法，不反对经营者具有市场支配地位，但严格禁止经营者滥用市场支配地位实施排除、限制竞争行为。这样做，既不妨碍、不限制大公司、大企业的存在和发展，符合我国鼓励企业做大做强、发展规模经济的政策，又能够有效制止经营者滥用其市场支配地位迫害良性竞争秩序的行为，有利于创作和维护公平竞争的市场环境，保护消费者的合法权益。

（一）市场支配地位

经营者的市场地位，是指经营者在与其有竞争关系的产品和服务市场中的影响力。与经营者的产品和服务有竞争关系的市场就是相关市场。市场支配地位，是欧共体、德国等反垄断法中的重要概念，根据我国反垄断法的规定，就是指经营者在相关市场内具有能够控制商品价格、数量或者其他交易条件，或者能够阻碍、影响其他经营者进入相关市场能力的市场地位。认定市场支配地位的依据，一般以经营者的市场份额为主，兼顾市场行为以及其他相关因素。

（二）市场支配地位的认定依据

为了增强反垄断法的可操作性，《反垄断法》第 18 条规定，认定经营者是否具有市场支配地位，应当依据下列因素：

1. 该经营者在相关市场的市场份额，以及相关市场的竞争状况。认定市场支配地位的第一个步骤就是要界定相关市场，这是确定市场份额并进而确定市场支配地位的重要前提。《反垄断法》第 12 条第 2 款规定："本法所称相关市场，是指经营者在一定时期内就特定商品或者服务（以下统称商品）进行竞争的商品范围和地域范围。"相互竞争的商品范围包括相同商品和相似商品。相互竞争的地域范围是指具有相同商品或相似商品相互竞争的空间范围。相关市场确定以后，经营者在相关市场的市场份额就可以作为认定经营者是否具有市场支配地位的重要因素。相关市场的竞争状况，主要是指该市场上其他企业的规模。例如，即使一家企业在相关市场具有一半以上的市场份额，但如果该市场上其他企业的数量不多，该企业行使市场的力量就会受到抑制。

2. 该经营者控制销售市场或者原材料采购市场的能力。如果一家企业控制着从生产到销售的多个环节，随着纵向一体化的实现，企业会同时处于好几种市场，纵向一体化使企业面对竞争者时更为有利。企业会利用其在某个环节中的优势地位，影响上游或下游市场的竞争。

3. 该经营者的财力和技术条件。经营者所拥有的财力和知识产权等会带来竞争中的优势。

4. 其他经营者对该经营者在交易上的依赖程度。依赖性是指经营者在市场份额方面并不处于显著优势，而在与交易对方进行交易时才表现出一定的市场优势。

5. 其他经营者进入相关市场的难易程度。是否存在进入相关市场障碍是认定市场支配地位的一个重要因素。一个经营者虽拥有较大的市场份额，但是其他竞争者仍然很容易进入该市场，这个市场就会存在潜在的竞争，该经营者支配控制市场、排除限制竞争的能力就受到限制。

除此之外，我国《反垄断法》第19条还规定，有下列情形之一的，可以推定经营者具有市场支配地位：①一个经营者在相关市场的市场份额达到1/2的；②两个经营者在相关市场的市场份额合计达到2/3的；③三个经营者在相关市场的市场份额合计达到3/4的。有前款第②项、第③项规定的情形，其中有的经营者市场份额不足1/10的，不应当推定该经营者具有市场支配地位。

被推定具有市场支配地位的经营者，有证据证明不具有市场支配地位的，不应当认定其具有市场支配地位。

二、滥用市场支配地位的行为

（一）滥用市场支配地位行为含义和基本特征

"滥用市场支配地位行为"是一个约定俗成的术语，为许多国家的反垄断法律所采用。概括来说，滥用市场支配地位行为是指具有市场支配地位的经营者利用其市场支配地位所实施的妨碍竞争的行为。该行为的基本特征体现在以下几个方面：

1. 行为主体是具有市场支配地位的经营者。由于对具有市场支配地位的经营者反垄断政策有所不同，世界各国的反垄断法对该行为的主体是否应当是特殊主体，即是否是具有支配地位的经营者，态度不一。但是，如果从反垄断法维护和促进竞争的宗旨来看，应当将该主体界定为具有市场支配地位的经营者。

2. 行为的目的在于维持或提高市场地位，获取超额利润。在市场竞争中，尽管滥用行为的表现方式多种多样，但是其终极目标无不是为了维持或提高市场地位，以获取超额利润。

3. 行为的后果是对市场竞争造成实质性损害或损害的可能。

（二）滥用市场支配地位的分类

对于滥用市场支配地位行为的表现，一些国家和地区的反垄断立法都作了初步分类，如德国《反限制竞争法》第22条规定了三类：阻碍行为；滥用价格和条件行为；歧视行为。英国《公平交易法》第48条规定了三类：掠夺行为；维持垄断地位行为；服务行业的限制竞争行为。我国《反垄断法》第17条也规定了七大类滥用市场支配地位的行为。要想对该类行为形成体系化的认识，仅仅有这些法律规定上的分类还不够，还需要从法理上对滥用市场支配行为进行进一步的分类，如从行为的直接目的的角度，该类行为可以分阻碍性滥用和剥削性滥用。

（三）阻碍性滥用

阻碍性滥用实质上是具有市场支配地位的经营者，利用其市场支配地位实施的，以限制和排除同业竞争、维护和提高自身市场地位为直接目的的市场行为。阻碍性滥用是阻碍性滥用市场支配地位行为的简称。

阻碍性滥用最突出的特征在于其行为的直接目的和主要效果是控制和降低竞争对手的市场地位、维护和提高自身的市场地位。它在市场中的表现方式花样繁多，列举如下：

1. 掠夺性定价。掠夺性定价是指具有市场支配地位的经营者，为了扩大自身的市场份额或降低竞争对手的市场份额而以低于成本价的价格销售商品和提供服务的行为。低于成本价，主要是指居于市场支配地位的经营者为了阻碍竞争对手进入市场，往往将价格确定在可以获得利润以下的区间。这样既可以提高其市场份额，又可以有效吓阻竞争者的进入。掠夺性定价行为的构成要件包括以下几个方面：①行为人应当具有市场支配地位。没有市场支配地位，其实施的低于成本销售的行为，不可能达到排除、限制竞争的效果。②销售价格低于成本价。销售价格低于成本价是掠夺性定价的基本特征。③行为人实施该行为没有正当理由。在实践中，企业经常低于成本价进行商品促销，如果只是在短时间内偶尔进行，不宜简单认定是掠夺性定价。我国的《反不正当竞争法》和《价格法》规定了合理情形下的低于成本价销售行为。《反垄断法》第 17 条第 1 款第 2 项规定，具有市场支配地位的经营者没有正当理由，不得以低于成本的价格销售商品。

2. 拒绝交易。拒绝交易是指具有市场支配地位的经营者没有正当理由，拒绝向购买者销售商品的行为。典型的拒绝交易就是拒绝供货。拒绝交易能够阻碍市场进入，限制上下游企业的经营活动，通过拒绝交易，经营者可以将其市场支配地位延伸到相邻市场。

3. 强制交易。强制交易是指具有市场支配地位的经营者，以胁迫等方法强制他人与自己进行交易，借以排除或者限制其他经营者公平竞争的行为。强制交易的实质是滥用市场支配地位，对交易相对人限定交易条件的行为。其中限定交易相对人只能与其进行交易，也被称为独家交易。我国反垄断法中的强制交易包括了独家交易。对于具有市场支配地位的经营者的强制交易行为，其他法律也有一些规定。《反不正当竞争法》就规定了公用企业和其他依法具有独占地位的经营者，不得限定他人购买其指定的商品，以排除其他经营者的公平竞争。在行为主体的适用上，反垄断法规定得更加宽泛，不仅包括自然垄断或者依法垄断产生的具有市场支配地位的经营者，还包括其他具有市场支配地位的经营者。

4. 搭售或者附加不合理的条件，有作为阻碍性滥用的搭售和作为剥削性搭售之分。作为阻碍性滥用的搭售，是指具有市场支配地位的经营者，在销售其市场份额高的商品和服务时，搭配销售其市场份额低的商品和服务，或者就商品的销售区域、销售对象等交易条件进行不合理限制的行为。微软公司垄断案，就是其滥用在个人电脑操作系统软件市场的支配地位，将其生产的网络浏览器软件、媒体播放器软件与操作系统捆绑在一起销售的垄断行为。《反垄断法》第17条规定，没有正当理由，拒绝与交易相对人进行交易；没有正当理由搭售商品，或者在交易时附加其他不合理的交易条件均为滥用市场支配地位的行为。

5. 差别待遇。差别待遇是指具有市场支配地位的经营者，在提供相同商品和服务时，对条件相同的交易对象确定不同的交易价格或者是其他交易条件，从而增加被给予较低待遇的交易对象的利润率，排挤竞争对手的行为。在实践中最严重、最普遍的差别待遇就是价格歧视。即卖方对购买相同等级、相同数量的货物的买方要求支付不同的价款，或者买方对于提供相同等级、相同数量货物的卖方支付不同的价款，从而使相同产品的卖方因销售价格不同或者买方因进货价格不同而获得不同的交易机会，直接影响到他们之间的公平竞争。而且，同一产品不同的批发价会直接影响到零售价，不同的零售价又会影响到消费者的利益。一般来说，在市场中受到歧视的一般是经营规模较小和财力有限的小企业。因此，在差别待遇下，这些小企业极易被逐出市场，最终损害相关市场的良性竞争。《反垄断法》第17条规定，没有正当理由，对条件相同的交易相对人在交易价格等交易条件上实行差别待遇的行为为滥用市场支配地位的行为。

案例分析

2003年11月12日，青海省某市工商局接到群众举报，该市中油燃气有限责任公司所属的加气站在加气时，对于相同条件的经营者采取不同的加气价格。经过调查，工商局得知，中油燃气有限责任公司利用自己的市场支配地位与市公交公司签订协议，约定加气价格为每立方米1.37元；同市起重运输公司约定加气价格为每立方米1.55元；在为出租车用户加气时则采用每立方米1.8元的价格。工商局认为，中油燃气有限责任公司的行为违反了《反不正当竞争法》第6条规定和《关于禁止公用企业限制竞争行为的若干规定》第3条规定，给予相应的处罚。

6. 其他滥用市场支配地位的行为。经济生活是多种多样、复杂多变的，企业滥用市场支配地位的行为类型在立法上也难以穷尽。因此，我国反垄断法规定了滥用市场支配地位行为的一般性条款，并明确规定其他滥用市场支配地位行为由国务院反垄断执法机构认定。

（四）剥削性滥用

剥削性滥用是指具有市场支配地位的经营者利用其市场支配地位实施的、

以获取超额利润为直接目的的市场行为。

剥削性滥用的主要特征在于行为的直接目的和主要效果是为了获取超额利润。所谓超额利润是指远远超过同行业社会平均利润率的利润。经营者的利润率大多在社会平均利润率下一定幅度内，但居于市场支配地位的经营者所期望的是稳定地高于社会平均利润率且超过正常的幅度。剥削性滥用的主要表现有：

1. 垄断高价。垄断高价是指具有市场支配地位的经营者，利用其市场支配地位，以远高于社会平均利润率的幅度确定其销售价格销售商品和提供服务的行为。这是绝大多数具有市场支配地位的经营者都可能实施的行为，如依托独占的网络优势，提供电信、邮政、电力、交通、城市自来水、管道燃气等商品和服务的，易于实施垄断高价行为。

垄断高价还有一种变相的形式，就是作为剥削性滥用的搭售。作为剥削性滥用的搭售，就是指因为所销售的商品和提供的服务严重供不应求而具有市场支配地位的经营者，在销售和提供其供不应求的商品和服务时，搭配销售或提供其库存积压、质次价高或者是供过于求的商品或服务的行为。经营者通过搭售质次价高、库存积压或供过于求的商品或服务，既可以减少积压成本，又可以通过过高的售价牟取暴利。

2. 垄断低价。垄断低价是指具有市场支配地位的经营者，利用其市场支配地位，以远低于社会平均利润率的幅度确定其购买价格购买商品和服务的行为。能够实施垄断低价的经营者往往是居于买方市场的买方，或者是根据法律的规定有独家收购权的市场主体。

阻碍性滥用和剥削性滥用相互之间存在一个互为目的和手段的关系：通过阻碍性滥用，维护和提高市场支配地位，有助于剥削性滥用的实施；通过剥削性滥用，获得越来越多的超额垄断利润，又有助于提升市场支配地位，为阻碍性滥用行为的实施提供经济实力上的基础。《反垄断法》第17条规定，具有市场支配地位的经营者没有正当理由，不得以不公平的高价销售商品或者以不公平的低价购买商品。

三、滥用市场支配地位的危害

滥用市场支配地位的危害性突出地表现在以下几个方面：

（一）掠夺社会资财，侵犯其他经营者和消费者的利益

具有市场支配地位的经营者，滥用市场支配地位行为的根本目的在于通过交易的方式，谋取远远高于社会平均利润率的利润。在没有反垄断法调整的情况下，具有市场支配地位的经营者往往以形式上"合法"、"合理"的交易方式，恣意侵占其他经营者和广大消费者的利益，对社会资财巧取豪夺。阻碍性滥用市场支配地位行为只是其掠夺的手段，剥削性滥用市场支配地位行为才是其根

本目的。

（二）践踏平等交易规则，破坏公平竞争秩序

具有市场支配地位的经营者与其交易相对人的交易行为，从交易的外表看，似乎是一个坚守平等自愿的合同行为。但究其实质，具有市场支配地位的经营者很难将其得来不易的市场支配地位弃之不用，甘于与交易相对方进行实质平等的市场交易。常见的情形是此类经营者利用其市场支配地位，限制交易对方的合同意思自由度，包括强制交易对方接受不合理的价格条款，强制对方与己方甚至仅与己方订立合同，强制交易对方接受己方随意附加的义务等，严重破坏公平竞争的市场秩序。

（三）效率低下，损失社会福利，阻碍社会进步

具有市场支配的经营者，由于其仅仅凭借其市场支配地位就可以轻松地攫取垄断利润，因此，这些经营者往往会失去或者大大降低其通过平等竞争改善管理、推进技术进步的内在动力。一些独占经营者即使有了一项新技术成果，但是为了维护其市场支配地位和利润，也往往长期搁置不用。这样会最终损害社会进步。

项目四　经营者集中行为

引例

苏泊尔公司成立于 1994 年，创立伊始就率先退出符合国家新标准的压力锅产品，并独创"安全到家"的品牌诉求，使得苏泊尔牌压力锅一举成为国内压力锅市场上的领头羊。SEB 集团是一家用电器和炊具业务领域内享有盛誉的国际集团，是全球最大的小型家用电器和炊具生产商之一。2006 年 8 月，苏泊尔与法国同行 SEB 集团签署了战略合作的框架协议：通过"协议股权转让"、"定向增发"和"部分要约"三种方式，引进 SEB 集团的战略投资。同时，双方在市场、技术、生产和管理等方面开展全面合作。SEB 集团将取得苏泊尔最高不超过 13 177.22 万股的股份，约占公司总股本的 61%。据悉，双方约定，SEB 不进入中国市场，也不与中国其他生产商合作，在中国使用苏泊尔品牌；苏泊尔进军全球市场，其产品可用自有品牌；SEB 在中国的产品使用苏泊尔网络销售；双方技术共享。

法国 SEB 集团并购苏泊尔一案引起国内炊具行业的普遍担忧。8 月 29 日，其竞争对手爱仕达、双喜、顺发等 6 家炊具企业因担心垄断带来的生存危机，紧急聚首北京，联合对外发布集体反对苏泊尔并购案的《关于反对法国 SEB 集

团绝对控股苏泊尔的紧急联合声明》，该声明中，该6家企业向国家有关部门提出三项请求：一是高度关注此次并购行为的严重后果；二是尽快、果断地叫停此次并购；三是对此次并购根据即将生效的《外国投资者并购中国境内企业规定》开展反垄断调查。该声明还罗列了此次并购可能会产生的不利影响：并购致使SEB占据绝对市场垄断地位，破坏目前行业良性的竞争环境；与此同时，并购带来的直接后果就是民族品牌消失。由于相关市场被垄断，最终导致消费者自由选择权利丧失、产品难以更新换代、产品的安全性和质量无法保证、产品的售后服务的承诺无法兑现等不良后果。

[引例分析]

由于当时我国的《反垄断法》还没有出台，商务部和国家工商行政管理总局依据《外国投资者并购中国境内企业规定》开展反垄断调查。根据爱仕达、双喜、顺发等6家炊具企业的请示，两部委举行了多次听证会，听取了行业协会和竞争对手的意见，并要求苏泊尔公司就并购材料中的有关数据提供详细的说明。2007年4月11日，苏泊尔收到商务部下发的《商务部关于原则同意浙江苏泊尔股份有限公司引进境外战略投资者的批复》。该并购案最终得到了国家有关部门的批准。

基本理论

随着世界经济一体化趋势的加速和全球资本流动的普遍化，经营者集中的现象成为当今世界经济的主旋律之一。经营者集中可以在最短的时间内，实现不同经营者之间的资金、物质、人员、技术和销售渠道的集中，以此来扩大经营规模、提高经营者的行业地位和经营能力，增强在国际市场上的竞争力。另外，经营者集中还可以迅速提供经营者进入新市场的经营条件，拯救濒临破产和处于重整中的企业。

经营者集中一方面导致效率的提高，增加了社会福利，另一方面也导致了市场经营者的减少。这样，就可能会增强集中之后的经营者的市场势力，增加经营者滥用市场支配地位的危险；同时，竞争者数量的减少也容易导致竞争者之间的串通和共谋，从而损害市场竞争。因此，当前世界各国的反垄断法均对经营者集中实行必要的控制。

一、经营者集中行为的概念和特征

（一）经营者集中行为的概念

所谓经营者集中行为，是指经营者合并、经营者通过取得其他经营者的股份、资产以及通过合同等方式取得对其他经营者的控制权，或者能够对其他经营者施加影响的情形。

（二）经营者集中行为的特征

经营者集中行为的特征主要体现在以下几个方面：

1. 经营者集中行为的主体是经营者；

2. 经营者集中行为的目的和后果就是迅速集合经济力，提高市场份额，提升市场地位；

3. 经营者集中行为的行为方式包括合并和不形成新经营者的股份或资产收购、委托经营或联营、业务或人事控制等。

二、经营者集中行为的类型

在市场经济中，经营者集中行为的方式很多，根据我国反垄断法的规定，典型的经营者集中行为包括经营者合并和经营者控制两大类。

（一）经营者合并

1. 经营者合并的含义。经营者合并就是指两个或两个以上经营者合并为一个经营者，从而导致经营者集中的行为。经营者合并是形式上最具有经营者集中行为特色的，因此，世界各国的反垄断法都把该类行为作为经营者集中行为的典型。我国的反垄断法也是如此。

2. 经营者合并的类型。根据合并后原经营者主体资格是否还存在，经营者合并可以分为新设合并和吸收合并。新设合并是指两个或两个以上的经营者合并为一个新的经营者，原来经营者主体资格均消失的合并行为。吸收合并是指两个或两个以上的经营者合并为一个经营者，其中一个经营者主体资格存续下来，其他经营者主体消失的合并行为。除此之外，还可以根据参与合并的经营者在产业链上的关系将经营者合并分为横向合并、纵向合并和混合合并等。

（二）经营者控制

1. 经营者控制的含义。经营者控制是指经营者通过收购、委托经营、联营和其他经营方式而控制其他经营者，从而导致经营者集中的行为。

2. 经营者控制的类型。依据经营者获得控制权的途径可以分为两类：一是经营者通过取得股权或者资产的方式取得对其他经营者的控制权；二是经营者通过合同等方式取得对其他经营者的控制权或者能够对其他经营者施加决定性影响。

三、经营者集中行为的利弊

（一）经营者集中行为的合理性

经济学研究表明，经营者集中可以为经营者带来下列利益：①经营者集中可以带来生产、销售上的规模经济效益，降低经营者的经营成本；②可以减少竞争对手，提高市场份额；③能够尽快提高国内经营者的国际竞争力；④可以通过交易内部降低交易成本；⑤可能有助于国家调整和完善产业结构等。

经营者集中可以为经营者带来上述利益，成为经营者集中行为的动因，也是经营者集中行为的合理性体现。

（二）经营者集中行为的弊端

不言而喻，经营者集中行为会迅速提高经营者的市场地位，并可能利用其市场支配地位对外排除或限制市场竞争，阻碍所在行业、产业区域的经济发展，损害消费者的合法利益。在法律对垄断协议行为进行严格管理的情况下，经营者的集中行为成为规避反垄断的一种方式。如果放任经营者集中，势必会降低其他反垄断法律制度的经济社会效益。

四、经营者集中申报许可制度

由于经营者集中虽然存在许多弊端，但是在特定情形之下又有一定合理性，因此，反垄断法对经营者集中既不能放任，也不能一概禁止。我国反垄断法对经营者集中的管理方式是采用前置性的申报许可制度。《反垄断法》第21条规定，经营者集中达到国务院规定的申报标准的，经营者应当事先向国务院反垄断执法机构申报，未申报的不得实施集中。对于资产、销售额、市场占有率等达到一定数量的经营者集中行为，应当向反垄断主管部门申报。如果经营者集中行为对市场公平竞争不会产生损害，反垄断部门应当许可，否则将不被许可。

经营者向国务院反垄断执法机构申报集中，应当提交的文件、资料有：申报书；集中对相关市场竞争状况影响的说明；集中协议；参与集中的经营者经会计师事务所审计的上一会计年度财务会计报告；国务院反垄断执法机构规定的其他文件、资料。

申报书应当载明参与集中的经营者的名称、住所、经营范围、预定实施集中的日期和国务院反垄断执法机构规定的其他事项。

经营者提交的文件、资料不完备的，应当在国务院反垄断执法机构规定的期限内补交文件、资料。经营者逾期未补交文件、资料的，视为未申报。

国务院反垄断执法机构应当自收到经营者提交的符合本法规定的文件、资料之日起30日内，对申报的经营者集中进行初步审查，作出是否实施进一步审查的决定，并书面通知经营者。国务院反垄断执法机构作出决定前，经营者不得实施集中。

国务院反垄断执法机构作出不实施进一步审查的决定或者逾期未作出决定的，经营者可以实施集中。

国务院反垄断执法机构决定实施进一步审查的，应当自决定之日起90日内审查完毕，作出是否禁止经营者集中的决定，并书面通知经营者。作出禁止经营者集中的决定，应当说明理由。审查期间，经营者不得实施集中。如果有下列情形之一的，国务院反垄断执法机构经书面通知经营者，可以延长前款规定的审查期限，但最长不得超过 60 日：①经营者同意延长审查期限的；②经营者提交的文件、资料不准确，需要进一步核实的；③经营者申报后有关情况发生重大变化的。

国务院反垄断执法机构逾期未作出决定的，经营者可以实施集中。

国务院反垄断执法机构审查经营者集中，应当考虑的因素有：参与集中的经营者在相关市场的市场份额及其对市场的控制力；相关市场的市场集中度；经营者集中对市场进入、技术进步的影响；经营者集中对消费者和其他有关经营者的影响；经营者集中对国民经济发展的影响；国务院反垄断执法机构认为应当考虑的影响市场竞争的其他因素。

经营者集中具有或者可能具有排除、限制竞争效果的，国务院反垄断执法机构应当作出禁止经营者集中的决定。但是，经营者能够证明该集中对竞争产生的有利影响明显大于不利影响，或者符合社会公共利益的，国务院反垄断执法机构可以作出对经营者集中不予禁止的决定。对不予禁止的经营者集中，国务院反垄断执法机构可以决定附加减少集中对竞争产生不利影响的限制性条件。

国务院反垄断执法机构应当将禁止经营者集中的决定或者对经营者集中附加限制性条件的决定，及时向社会公布。

项目五　行政性垄断

引例

2001 年 4 月 11 日，安徽省某县委县政府召开县内复合肥经营专题会议，并形成了《县内复合肥经营专题会议纪要》。《会议纪要》第 2 条规定："县工商局要按照有关批文的要求，严格规范各化肥经销店的经营范围，对超越规定、扩大审批经营范围的证照要立予以变更。""有关批文"是指安徽省化肥联合开发公司 2001 年 11 月 13 日下发的《关于公布第五批化肥生产企业直销点的通知》。按照该通知，县外化肥在该县只能销售尿素和磷复肥，不准销售碳胺等各类产品。《会议纪要》第 3 条规定："符合条件并经上级批准的外县化肥生产企业在我县设立化肥直销点、代销点，由县化肥经营公司统一办理相关手续。"同年 4 月 13 日，县商品流通整顿办公室根据《会议纪要》，责成县工商局收回了合肥一家化肥企业在该县四个直销点的营业执照正、副本。该县政府的行为即构成行政性垄断。

基本理论

一、行政性垄断的概念、形成原因和危害

对滥用行政权力排除、限制竞争行为的规制是我国《反垄断法》的一个特色。经济转型国家如俄罗斯、匈牙利、保加利亚等国的反垄断法都规定了禁止地方政府及部门滥用行政权力排除、限制竞争行为。我国正处在建立完善社会主义市场经济体制的过程中，一些行政机关和法律、法规授权的具有管理社会事务职能的组织滥用行政权力，排除、限制竞争的现象还不同程度地存在，这是影响经济发展和社会进步的一个重要制约因素，它妨碍了全国统一大市场的形成，破坏了公平竞争的市场秩序，侵害了消费者的合法权益，必须加以规制。在反垄断法出台之前，我国先后制定了一些法律法规对该类行为加以禁止，如1993 年颁布实施的《反不正当竞争法》第 7 条规定，"政府及其所属部门不得滥用行政权力，限定他人购买其指定的经营者的商品，限制其他经营者正当的经营活动。政府及其所属部门不得滥用行政权力，限制外地商品进入本地市场……"2000 年 9 月实施的《产品质量法》第 11 条规定，"任何单位和个人不得排斥非本地区或者非本系统企业生产的质量合格产品进入本地区、本系统"。

根据我国的反垄断法的规定，行政性垄断是指行政机关和法律、法规授权的具有管理公共事务职能的组织滥用行政权力，限定或者变相限定单位或者个人经营、购买、使用其指定的经营者提供的商品。

我国行政性垄断产生的原因是多方面的，有着其深刻的历史背景和现实原因。目前的经济体制改革只是打破了全局性的国家垄断，它只是使依靠行政权力实施的垄断不再具有全局性，它还没有使该种垄断全部绝迹；政府和市场还尚未形成成熟稳定的关系，以市场为导向的政府与市场的关系格局正在局部形成，但还需要一个过程；当前有些地方政府和部门还不能正确处理眼前利益与长远利益、局部利益和整体利益、地方利益和国家利益存在的冲突，可能为了局部利益和地方利益而损害整体利益和国家利益；另外我国有关法律、法规不健全，违法成本低廉也是行政性垄断难以绝迹的原因之一。

行政性垄断的危害显而易见：一是妨碍了自由竞争的市场机制的形成和发展，扰乱了市场竞争秩序；二是妨碍了竞争有序、统一开放市场的形成；三是严重损害了经营者和消费者的合法权利；四是不利于我国企业提高其在国际市场上的竞争力；同时行政性垄断也是滋生腐败的温床，严重损害政府形象。

二、行政性垄断行为的构成要件

我国《反垄断法》规定的滥用行政权力排除、限制竞争行为不同于一般经济性垄断的特点，其构成要件有：

（一）主体要件

我国《反垄断法》第 8 条明确规定：行政机关和法律法规授权的具有管理公共事务职能的组织不得滥用行政权力，排除、限制竞争。由此可见，行政性垄断的行为主体有二：一是行政机关，是指国家为推行政务而组织的依法行使国家权利、管理国家行政公务的执行机关，包括各部委及直属局、省、地、市、县各级政府及其职能部门；二是法律法规授权的具有管理公共事务职能的组织。其中第二类是指具有法律法规授权而行使特定行政职能的非国家机关组织，包括被授权的事业组织、社会团体、基层群众性自治组织、企业组织和各种技术检验、鉴定机构等。

（二）主观要件

滥用行政权力排除、限制竞争的主观要件是行政权的滥用。行政权力由各级行政机关行使，这是我国宪法和相关组织法所规定的。但是，政府依法行政，也是社会主义法治的根本要求。政府及其职能部门干预经济生活的行为违反法定权限和法定程序，就构成行政权力的滥用。

（三）客观要件

滥用行政权力排除、限制竞争的客观要件是实施了排除、限制竞争的行为。根据《反垄断法》第 33 条的规定，该行为可以分为三大类：①支配行为，即对经营者的行为加以制约，直接或间接地剥夺该经营者在经营活动中自主作出决定的权利；②妨碍行为，即行政机关和法律、法规授权的具有管理公共事务职能的组织对公平竞争设置附加条件，对交易行为带来直接或间接影响；③排除行为，即在一定交易的领域内，使某些经营者的经营活动难以继续进行。

三、行政性垄断行为的方式

根据《中华人民共和国反垄断法》第 32 ~ 37 条的规定，行政性垄断行为的方式主要有：

（一）强制交易

指行政机关和法律、法规授权的具有管理公共事务职能的组织滥用行政权力，限定或者变相限定单位或者个人经营、购买、使用其指定的经营者提供的商品的行为。

"限定和变相限定"的方式很多，如强行要求、设置服务障碍、拒绝行政许可等，其实质就是强制交易。"指定的经营者"既包括本地经营者，也包括外地经营者。

现实中，行政机关和公共组织滥用行政权力，限定或者变相限定单位或个人经营、购买、使用其指定的经营者提供的商品和服务的行为，主要表现在以下两个方面：

第一，以政府文件、会议纪要、规定等形式，限定或者变相限定单位或个人经营、购买、使用其指定的经营者提供的商品和服务。2004年3月21日，重庆市某区开发区党工委、管委会联合下发了《关于将"雄鹰"矿泉水作为指定饮用水的通知》，要求辖区乡、镇、街道、部门采取切实可行措施，及时改饮"雄鹰"牌矿泉水。党工委、管委会办公室督查科对乡镇街道部门推广该矿泉水情况进行督查。同时，该区其他部门也下发文件，要求"积极配合，遵照执行"；要求凡是财政拨款的单位要带头饮用该牌矿泉水，各机关、事业单位和个人要充分利用各种渠道，加大该矿泉水在该区的促销力度，并对成绩显著的单位给予奖励。该区行为即属典型的"限定或变相限定"行为。

第二，以拒绝给予行政许可、强制推荐的方式限定或者变相限定单位或个人经营、购买、使用其指定的经营者提供的商品和服务。这种行为主要发生在政府的职能部门和公共组织身上。如民政部门利用办理结婚登记的职权，限定办证人到其指定的结婚照相点照相并强制办证人购买书籍、纪念币等；教育主管部门与企业联手，限定学校购买其指定的经营者的商品和教学用品；卫生防疫部门滥用检查权或发证权，以其他经营者的商品卫生不合格为由，强行要求购买其指定的经营者的消毒用品。

现实生活中，由于地方利益、部门利益的驱使，有的地方政府和公共组织采取或明或暗、或公开或隐蔽的手段，阻碍或限制外地商品进入本地市场，或者本地商品流向外地市场，实行地区封锁和地方保护。实行地区封锁和地方保护的商品除了烟、酒等能给地方带来高利税的商品外，还涉及化肥、汽车、医药、煤炭等商品。我国《反垄断法》除了对滥用行政权力妨碍商品在地区之间自由流通的行为作了一般禁止规定以外，还列举了五种具体行为表现：

1. 对外地商品设定歧视性收费项目、实行歧视性收费标准，或者规定歧视性价格。该行为主要指行政机关和公共组织对外地商品采取与本地商品不同的收费标准和价格，直接抬高外地商品进入本地市场的经营费用，使其处于不利的竞争地位，以限制外地商品在本地销售。例如，2003年河北省某县政府规定，本地用户必须到指定的县农机公司购买拖拉机才能上牌。从外地购买的质量合格的拖拉机在上牌时，需加收300~500元不等的费用，以限制外地商品在本地销售。

2. 对外地商品规定与本地同类商品不同的技术要求、检验标准，或者对外地商品采取重复检验、重复认证等歧视性技术措施，限制外地商品进入本地市场。该种行为不同于直接收取歧视性费用，而是指通过设置歧视性的技术措施，设置外地商品进入本地市场的技术壁垒，间接提高外地商品进入本地市场的销售价格和经营费用，以达到限制和妨碍外地商品进入本地市场销售。例如，

2004 年某省质量监督部门根据省政府的意见，下发文件规定，对外地白酒进入本省销售的，必须到有关部门进行批次抽查检验，加贴新的合格标志后才能在当地销售，抽查检验费用和合格标志费用由外地企业负担。这无形增加了企业的经营成本和销售费用。

3. 采取专门针对外地商品的行政许可，限制外地商品进入本地市场。行政许可作为一项重要的行政权力，是行政机关和公共组织依法管理社会政治、经济、文化等各方面事物的一种事前控制手段。设立和实施行政许可应当严格按照法律法规规定的权限范围，不得越权和滥用权力。根据行政许可法的规定，在设定行政许可时，不能对个人或组织因为地位、规模、经济条件、来自不同地区而规定不同的条件。在实施行政许可时，不能对符合法定条件和标准的个人或组织歧视待遇，要做到一视同仁。

现实经济生活中，有的地方政府和公共组织从本地和本部门利益出发，利用法律法规赋予的行政许可权，对外地商品采取同本地商品不同的待遇，通过设置行政许可障碍、拒绝给予行政许可等方式，排除或限制外地商品进入本地市场，扰乱正常的市场竞争秩序。《行政许可法》颁布实施后，政府部门依法行政的意识有所提高，但是还存在一些不尽如人意的地方。

4. 设置关卡或者采取其他手段，阻碍外地商品进入或者本地商品运出。该条主要禁止公安、交通等职能部门根据地方政府授意，违背法律法规的规定，拦路设卡，阻碍商品自由流通的行为。

5. 妨碍商品在地区之间自由流通的其他行为。

（二）排斥、限制外地经营者参与本地的招标投标活动

指行政机关和法律、法规授权的具有管理公共事务职能的组织滥用行政权力，以设定歧视性资质要求、评审标准或者不依法发布信息等方式，排斥或者限制外地经营者参加本地的招标投标活动的垄断行为。

（三）排斥、限制外地经营者投资或者设立分支机构

指行政机关和法律、法规授权的具有管理公共事务职能的组织滥用行政权力，采取与本地经营者不平等待遇等方式，排斥或者限制外地经营者在本地投资或者设立分支机构的垄断行为。

（四）强制经营者从事垄断行为

指行政机关和法律、法规授权的具有管理公共事务职能的组织滥用行政权力，强制经营者从事本法规定的垄断行为。也即是禁止行政机关和公共组织滥用行政权力，违背市场管理规律，违背企业意愿，干涉企业的经营管理权、决策权的行为。上述行为主要表现在：强制生产同一产品的本地企业固定或共同提高、降低产品的销售价格；强制企业采取统一行动联合抵制交易外地产品；

强制企业进行合并重组等。

（五）行政机关抽象垄断行为

行政机关滥用行政权力，制定含有排除、限制竞争内容的规定的垄断行为。各级政府机关及其职能部门从本部门、本行业和地区利益出发，制定含有排除、限制竞争内容的规章、文件，破坏公平竞争的市场经济秩序，妨碍全国统一、竞争有序的市场体系建立和完善的行为，其实质是滥用行政权力、违法行政的行为。

项目六   反垄断法的执行与法律责任

基本理论

一、反垄断法的执行主体

（一）反垄断法执行主体的概念

反垄断法的执行主体是指具有反垄断法执行职责的承担者和相应权利的享有者。如美国的联邦贸易委员会、司法部反托拉斯局，日本的公正交易委员会等，这些机构都承担着执行本国反垄断法的职责，是本国反垄断法的执行主体。我国《反垄断法》规定，国务院设立反垄断委员会，负责组织、协调、指导反垄断工作，履行相关的职责。国务院反垄断执法机构根据工作需要，可以授权省、自治区、直辖市人民政府相应的机构，依照本法规定负责有关反垄断执法工作。非省级以上的相关执法机构不承担反垄断执法责任。我国目前反垄断执法机构呈现多元化、多极化的状态，客观上需要国务院反垄断执法机构予以协调。

关于国务院三大反垄断执法机构的调查权，目前的基本情况如下：

国家工商行政管理总局公平交易局负责研究拟订制止垄断和反不正当竞争的规章制度及其具体措施办法并负责组织实施；组织查处市场交易中的垄断、不正当竞争及其他经济违法行为案件，负责外资并购中的反垄断审查。

国家发改委内设价格监督司，负责查处中央各部门、省级人民政府及中央企事业单位的价格、收费违法案件；组织调查、认定和处理重大的不正当价格行为和案件，协调处理省级间的价格、违法收费案件，会同省级政府的价格主管部门查处重大价格、收费违法案件。

商务部设条法司，承担国内外贸易和国际经济合作领域中的反垄断调查和听证。

三大反垄断执法机构在反垄断调查职责上存在交叉，在将来的国务院机构改革中应予以解决。

（二）反垄断法执行主体的类型

由于各国的政治体制、政治传统不同，反垄断法执行主体各具特色，并呈现不同的类型。

1. 按其职责的不同可以分为主管机构和顾问机构。主管机构承担着本国反垄断执法的主要职责，如美国的联邦贸易委员会。顾问机构一般没有决策权，只是接受主管机构的委托进行相关的调查、咨询、鉴定，并提出建议，如德国的联邦垄断委员会。

2. 按其地位或层次的不同可以分为隶属于政府首脑和隶属于政府部长。前者如美国联邦贸易委员会就是隶属于总统。后者如德国的反垄断执法主管机构就是隶属于德国的经济部长。

3. 按其内部领导体制的不同可分为委员会制和首长制。美国的联邦贸易委员会实行委员会制，而德国则采用首长制。

（三）我国反垄断法执法主体的职责

1. 研究拟订有关竞争政策；

2. 组织调查、评估市场总体竞争状况，发布评估报告；

3. 制定、发布反垄断指南；

4. 协调反垄断行政执法工作；

5. 国务院规定的其他职责。

国务院反垄断委员会的组成和工作规则由国务院规定。

（四）反垄断法执行主体的权力

反垄断法执行主体的权力主要有：

1. 调查权。这是世界各国和地区反垄断法执行主体都享有的权力。为了履行反垄断职责，查清涉嫌垄断行为的真实情况以获取相关证据，反垄断执法机构享有调查权。反垄断法执行主体调查的事项主要有：经营者的垄断协议行为、经营者滥用市场支配地位的行为、经营者集中行为、产业结构组织和市场竞争状态及其他需要调查的事项。在我国，还包括对行政性垄断行为的调查。为此，反垄断执法主体就必须有对经营者的住所、营业场所或者其他场所进行实地调查以获取一切必要证据的权力，包括采取必要的强制性调查手段的权力。《反垄断法》第39条第1款规定："反垄断执法机构调查涉嫌垄断行为，可以采取下列措施：①进入被调查的经营者的营业场所或者其他有关场所进行检查；②询问被调查的经营者、利害关系人或者其他有关单位或者个人，要求其说明有关情况；③查阅、复制被调查的经营者、利害关系人或者其他有关单位或者个人的有关单证、协议、会计账簿、业务函电、电子数据等文件、资料；④查封、扣押相关证据；⑤查询经营者的银行账户。"

2. 许可权。许可权也就是对经营者集中行为的申报行使许可权。我国《反垄断法》第 21 条规定，经营者集中达到国务院规定的申报标准的，经营者应当事先向国务院反垄断执法机构申报，未申报的不得实施集中。

3. 制裁权。这是反垄断法执行主体对违反反垄断法强行规范的经营者行使特定制裁的权力。我国《反垄断法》第 46 条第 1 款规定："经营者违反本法规定，达成并实施垄断协议的，由反垄断执法机构责令停止违法行为，没收违法所得，并处上一年度销售额 1% 以上 10% 以下的罚款；尚未实施所达成的垄断协议的，可以处 50 万元以下的罚款。"该法第 47、48 条都作了类似的规定。

4. 一般调研权。一般调研权是指为明确产业结构、产业组织、市场竞争状态而进行调查研究的权力。

除此之外，有些国家的反垄断法还规定，反垄断法的执行主体还有规则的制定权和就特定经营者垄断行为向法院提起诉讼的权利等。

二、反垄断法执行的一般程序

反垄断法的执行程序是执行主体全面履行法定职责的程序。执行主体在履行对特定行为的许可、对违法行为的查处、对竞争状态的监控等法定职责时，都必须依据相应的法定程序。考虑到对违法主体行为查处程序的代表性，根据我国《反垄断法》的规定，下面着重介绍该行为的一般程序。

（一）启动

启动对违法行为的查处程序，必须给予法定原因，一般来说，有以下几种：

1. 垄断行为受害人的申诉和控告；

2. 一般人的举报；

3. 主管机构自行启动。当主管机构在其日常工作中发现垄断和限制竞争行为，认为应当启动反垄断查处程序时，可以自行启动。

（二）调查

主管机构依法受理并启动查处程序后，应运用其所享有的调查权展开调查。调查对象包括与经营者垄断或限制竞争行为有关的情形。

反垄断主管机构决定展开调查的，应当向被调查的经营者发出开始调查程序的书面通知，载明被调查的经营者涉嫌违反的有关法律。反垄断执法机构调查涉嫌垄断行为，可以采取下列措施：

1. 进入被调查的经营者的营业场所或者其他有关场所进行检查；

2. 询问被调查的经营者、利害关系人或者其他有关单位或者个人，要求其说明有关情况；

3. 查阅、复制被调查的经营者、利害关系人或者其他有关单位或者个人的有关单证、协议、会计账簿、业务函电、电子数据等文件、资料；

4. 查封、扣押相关证据;

5. 查询经营者的银行账户。

采取上述规定的措施,应当向反垄断执法机构主要负责人书面报告,并经批准。

反垄断执法机构调查涉嫌垄断行为,执法人员不得少于 2 人,并应当出示执法证件。执法人员进行询问和调查,应当制作笔录,并由被询问人或者被调查人签字。反垄断执法机构及其工作人员对执法过程中知悉的商业秘密负有保密义务。被调查的经营者、利害关系人或者其他有关单位或者个人应当配合反垄断执法机构依法履行职责,不得拒绝、阻碍反垄断执法机构的调查。

被调查的经营者、利害关系人有权陈述意见。反垄断执法机构应当对被调查的经营者、利害关系人提出的事实、理由和证据进行核实。

反垄断执法机构对涉嫌垄断行为调查核实后,认为构成垄断行为的,应当依法作出处理决定,并可以向社会公布。

对反垄断执法机构调查的涉嫌垄断行为,被调查的经营者承诺在反垄断执法机构认可的期限内采取具体措施消除该行为后果的,反垄断执法机构可以决定中止调查。中止调查的决定应当载明被调查的经营者承诺的具体内容。

反垄断执法机构决定中止调查的,应当对经营者履行承诺的情况进行监督。经营者履行承诺的,反垄断执法机构可以决定终止调查。

有下列情形之一的,反垄断执法机构应当恢复调查:

1. 经营者未履行承诺的;

2. 作出中止调查决定所依据的事实发生重大变化的;

3. 中止调查的决定是基于经营者提供的不完整或者不真实的信息作出的。

(三)审议

在调查取证的基础上,由主管机构组织审议。

在审议的过程中,一般会给予被调查的经营者陈述意见和提出申辩的机会,被调查者提出的事实、理由和证据成立的,主管机构应当采纳。

(四)决定

通过上述程序,主管机构应当作出相应的决定,包括:

1. 违法与否的认定;

2. 如果属于违法行为,则提出制裁措施:宣布行为违法、无效;责令行为人停止违法行为;给予受害人赔偿;给予罚款等;

3. 如果不属于违法行为,也应当作出相关的决定,认可或许可其行为等。

(五)执行

经宣布后,即进入执行程序。被制裁人不服该决定的,可以依照法律的规定提起行政复议或者行政诉讼。

三、法律责任

根据我国《反垄断法》的相关规定，违反反垄断法的违法行为及其法律责任主要有：

（一）垄断协议行为的法律责任

经营者违反反垄断法规定而达成垄断协议是一种严重危害市场竞争的行为，应当给予严厉处罚。因此《反垄断法》第46条规定，经营者违反《反垄断法》的规定，达成并实施垄断协议的，由反垄断执法机构责令停止违法行为，没收违法所得，并处上一年度销售额1%以上10%以下的罚款；尚未实施所达成的垄断协议的，可以处50万元以下的罚款。

由于可能面临严厉处罚，经营者往往采取极为隐蔽的方式制定实施垄断协议，因此反垄断执法机构的调查取证成本非常高昂，而且早期的调查取证很有可能影响经营者的正常经营活动并且造成损失。考虑到反垄断调查工作的实际需要，经营者主动向反垄断执法机构报告达成垄断协议的有关情况并提供重要证据的，反垄断执法机构可以酌情减轻或者免除对该经营者的处罚。

法律的规定主要是针对经营者，行业协会不属于《反垄断法》第12条规定的经营者，本来不属于反垄断法规制的对象。但是由于行业协会可能出面组织经营者从事这种垄断协议，其危害性往往比经营者自己达成垄断协议更严重。因此，《反垄断法》第46条第3款规定，行业协会违反《反垄断法》的规定，组织本行业的经营者达成垄断协议的，反垄断执法机构可以处50万元以下的罚款；情节严重的，社会团体登记管理机关可以依法撤销登记。

（二）滥用市场支配地位行为的法律责任

《反垄断法》第47条规定，具有市场支配地位的经营者违反《反垄断法》规定，滥用市场支配地位，即本法第17条规定的垄断行为，由反垄断执法机构责令停止违法行为，没收违法所得，并处上一年度销售额1%以上10%以下的罚款。

（三）经营者集中行为的法律责任

《反垄断法》第48条规定，经营者违反《反垄断法》规定实施集中的，由国务院反垄断执法机构责令停止实施集中、限期处分股份或者资产、限期转让营业以及采取其他必要措施恢复到集中前的状态，可以处50万元以下的罚款。具体如下：

1. 经营者违反《反垄断法》规定实施集中，还没有完成的，由国务院反垄断执法机构责令停止继续实施集中；已经完成集中的，或者部分完成集中的，由国务院反垄断执法机构依据经营者实施集中的具体方式，责令经营者限期处分股权、资产或转让营业。

2. 国务院反垄断执法机构采取上述措施仍不能恢复到集中前的状态的，可以采取其认为可以采取的其他必要措施。

3. 国务院反垄断执法机构可以对违反《反垄断法》规定实施集中的经营者处以 50 万元以下的罚款，具体数额由国务院反垄断执法机构依据经营者违法实施集中的性质、程度和持续的时间等因素确定。

（四）行政性垄断行为的法律责任

《反垄断法》第 51 条规定，行政机关和法律、法规授权的具有管理公共事务职能的组织滥用行政权力，实施排除、限制竞争行为的，由上级机关责令改正；对直接负责的主管人员和其他直接责任人员依法给予处分。反垄断执法机构可以向有关上级机关提出依法处理的建议。

法律、行政法规对行政机关和法律、法规授权的具有管理公共事务职能的组织滥用行政权力实施排除、限制竞争行为的处理另有规定的，依照其规定。

（五）违法者的损害赔偿责任

根据《反垄断法》第 50 条的规定，经营者实施垄断行为，给他人造成损失的，依法承担民事责任。赔偿额为受害人的实际损失和可预期的利益。受害人的损失难以计算的，赔偿额为侵权人在侵权期间因侵权所获得的利益。侵权人还应当承担受害人因调查及诉讼所支付的合理费用。

（六）拒绝调查的法律责任

《反垄断法》第 52 条规定，对反垄断执法机构依法实施的审查和调查，拒绝提供有关材料、信息，或者提供虚假材料、信息，或者隐匿、销毁、转移证据，或者有其他拒绝、阻碍调查行为的，由反垄断执法机构责令改正，对个人可以处 2 万元以下的罚款，对单位可以处 20 万元以下的罚款；情节严重的，对个人处 2 万元以上 10 万元以下的罚款，对单位处 20 万元以上 100 万元以下的罚款；构成犯罪的，依法追究刑事责任。

（七）执法人员的违法责任

《反垄断法》第 54 条规定，反垄断执法机构工作人员滥用职权、玩忽职守、徇私舞弊或者泄露执法过程中知悉的商业秘密，构成犯罪的，依法追究刑事责任；尚不构成犯罪的，依法给予处分。

思考题

1. 垄断的含义是什么？

2. 我国《反垄断法》规定的垄断行为有哪些？

3. 滥用市场支配地位的行为有哪些类型？

4. 垄断协议行为有哪些特征?

5. 习作案例:

20世纪90年代,美国微软公司（Microsoft）为了扩大当时市场份额较低的网络浏览器软件IE（Internet Explorer）的市场份额,挤压其竞争性产品Netscape公司的Netscape Navigator浏览器软件的市场空间,借用其市场份额为95%以上的Windows操作系统,通过强行捆绑、无偿配送和强行要求电脑硬件厂商安装等方式搭售。仅仅从1998年~1999年初,IE在美国的装机数就增加了1倍,其市场份额从50%提高到52%,Netscape市场份额从54%下降到47%。而在IE推出之初,Netscape的市场份额曾高达75%。

请根据我国《反垄断法》的相关规定,分析美国微软公司该市场行为。

第四单元

产品质量法律制度

项目一 产品质量法概述

引例

2005 年 4 月下旬，浙江省工商局在全省范围内对儿童食品进行了一次质量抽查。检测中发现，批次为 20040921 的雀巢金牌成长 3 + 奶粉碘含量达到 191.6 微克，超过其产品标签上标明的上限值 41.6 微克。浙江省有关部门迅速与雀巢中国有限公司取得联系，要求公司在 15 天内予以答复。

5 月 9 日雀巢方面作出答复，承认检测站检验结果。

5 月 25 日浙江省工商局依据法律程序对外发布：雀巢金牌成长 3 + 奶粉为不合格产品。

5 月 26 日，雀巢中国有限公司表示不接受任何媒体采访。

5 月 27 日，雀巢中国有限公司发布声明，称雀巢金牌成长 3 + 奶粉"是安全的"。

5 月 29 日，CCTV2《经济半小时》栏目播出《雀巢早知其奶粉有问题》节目。

6 月 1 日中国消费者协会公开指责雀巢公司不能自圆其说。

6 月 5 日雀巢中国有限公司大中华区总裁穆立先生向消费者道歉。

6 月 6 日雀巢中国有限公司宣布，问题奶粉只换不退。

6 月 8 日雀巢中国有限公司表示可以退货。

6 月 13 日雀巢事件再起波澜，出现不同批次碘超标奶粉。

6 月 14 日，雀巢承认其他产品可能存在碘超标，仍对无辜者保持沉默。

6 月 15 日，雀巢退换所有金牌 3 + 奶粉，已开始接受超市退换货。

此后，有消费者将雀巢公司告上法庭，要求公开道歉并双倍返还购物款。

基本理论

一、产品

(一) 产品的概念

从一般意义上来说，"产品"系指具有价值和使用价值的物质商品，既包括有形产品，也包括无形产品；既包括动产，也包括不动产；既包括天然产品，也包括人工制作、加工而成的产品；既包括工业产品，也包括农产品等。但法律上规定的产品，其范围小于一般意义上的产品。我国的《产品质量法》着眼于物品的加工性和商业流通性，以此为标准界定产品的范围。《产品质量法》第 2 条第 2 款规定："本法所称产品是指经过加工、制作，用于销售的产品。"第 3 款规定："建设工程不适用本法规定；但是，建设工程使用的建筑材料、建筑构配件和设备，属于前款规定的产品范围的，适用本法规定。"此外，该法第 73 条进一步规定："军工产品质量监督管理办法，由国务院、中央军事委员会另行制定。因核设施、核产品造成损害的赔偿责任，法律、行政法规另有规定的，依照其规定。"从上述规定来看，我国《产品质量法》对"产品"采用了概括式规定，并将初级农产品、建设工程、军工产品排除在外。

(二) 产品的特征

1. 必须经过加工、制作。指经过工业和手工业加工制作的工业产品、工艺品以及经过加工的农副产品。排除未经加工的天然品、初级农产品。

2. 必须用于销售。排除自产自用的和禁止销售的物品。

[拓展思考]

无偿赠送的产品能否排除？

从字面上理解"用于销售的产品"是指通过销售而交付的物品。实际上，"销售"以外的其他以有偿方式提供给他人使用的产品以及一些生产经营者为了营销目的而无偿赠送或作为福利分发给他人使用的产品也不少见。这些有偿的或看似无偿实则有偿的商业活动，其目的指向都是某种经济利益，应当说它们与"销售"方式在本质上是一致的，也应按"销售"对待。所以，"用于销售的产品"应作扩大解释。

3. 其他法定除外：建设工程、核设施和核产品以及军工产品。但建设工程所使用的建筑材料、建筑构配件和设备不包括在内。

二、产品质量

产品质量是指由国家的法律、法规、质量标准等所确定的或由当事人的合同所约定的有关产品适用、安全、外观等诸种特性的综合。

产品质量的内容随经济、科技的发展以及人们需要的变化，也在不断丰富和发展。

大体来说，产品质量包括使用价值和价值、适用性和安全性等方面。具体来说包括：①性能；②适用性；③安全性；④可靠性；⑤经济性；⑥卫生性等。

产品质量问题大体上也可分为两类：①产品不适用；②产品不安全。前者多由于产品瑕疵而形成；后者则由于产品缺陷而发生。瑕疵与缺陷是两个不同的有关产品质量的概念。

三、产品质量法

产品质量法是调整产品生产、流通和消费过程中以及对产品质量进行监督管理过程中所形成的社会关系的法律规范的总称。广义上的产品质量法包括所有调整这一部分社会关系的法律、法规，即除《产品质量法》外，还包括《标准化法》、《计量法》、《食品安全法》、《药品管理法》、《消费者权益保护法》以及民事、刑事等法律、法规中有关产品质量关系的规范。我们通常所说的产品质量法是指狭义的产品质量法，即1993年2月22日第七届全国人民代表大会常务委员会第三十次会议通过的，2000年7月8日第九届全国人民代表大会常务委员会第十六次会议第一次修正的，2009年8月27日第十一届全国人民代表大会常务委员会第十次会议第二次修正的《中华人民共和国产品质量法》。《产品质量法》的修订，标志着我国初步建立了适应社会主义市场经济发展需要的、比较完善的产品质量法律体系。其调整对象有二：一是在生产、流通消费过程中生产者、销售者与用户、消费者之间所产生的产品质量责任关系；二是行政机关执行产品质量管理职能而发生的产品质量监督管理关系。

项目二　产品质量的监督与管理

基本理论

一、产品质量监督管理体制

（一）组织体制

我国《产品质量法》第8条规定："国务院产品质量监督部门主管全国产品质量监督工作。国务院有关部门在各自的职责范围内负责产品质量监督工作。县级以上地方产品质量监督部门主管本行政区域内的产品质量监督工作。县级以上地方人民政府有关部门在各自的职权范围内负责产品质量监督工作。法律对产品质量的监督部门另有规定的，依照有关法律的规定执行。"它包含以下四层含义：

1. 国务院产品质量监督部门主管全国产品质量监督工作。其职责是负责全国的产品质量监督工作。

2. 县级以上地方产品质量监督部门主管本行政区内的产品质量监督工作。

3. 国务院有关部门和县级以上地方人民政府设置的有关产业部门和经济综合管理部门，管理本行业、本部门的质量监督工作。

4. 根据《食品卫生法》、《药品管理法》和《计量法》等法律的规定，由卫生行政部门、药品监督部门、计量行政部门负责产品质量监督，具体工作应依照有关法律的规定执行。

（二）权限与职责

国家质量监督检验检疫总局（简称国家质检总局）对全国产品质量工作的监督管理，是宏观上的、政策性的、指导性的和组织协调性的。地方质量技术监督部门具体进行监督管理工作，其中包括依法查处生产、销售伪劣商品等质量违法行为。

在依法进行查处时，可以行使下列职权：

1. 对当事人涉嫌从事违反本法的生产、销售活动的场所实施现场检查；

2. 向当事人的法定代表人、主要负责人和其他有关人员调查、了解与涉嫌从事违反本法的生产、销售活动有关的情况；

3. 查阅、复制当事人有关的合同、发票、账簿以及其他有关资料；

4. 对有根据认为不符合保障人体健康和人身、财产安全的国家标准、行业标准的产品或者有其他严重质量问题的产品，以及直接用于生产、销售该项产品的原辅材料、包装物、生产工具，予以查封或者扣押。

县级以上工商行政管理部门按照国务院规定的职责范围，对涉嫌违反《产品质量法》规定的行为进行查处时，可以行使上述职权。质量技术监督局负责组织查处生产和流通领域中的产品质量违法行为，需要工商行政管理局协助的，应予配合；工商行政管理局负责组织查处市场管理中发现的经销掺假及冒牌产品等违法行为，需要质量技术监督局协助的，应予配合；在打击生产和经销伪劣商品违法活动中，两部门应按照上述分工，密切配合。同一问题，不得重复检查、重复处理。

[拓展思考]

质量技术监督局和工商行政管理局如何分工？

一般情况下，生产领域的产品质量问题，由质监局负责，工商局予以协助；而销售领域的产品质量问题，由工商局负责，质监局予以协助。但一个案子可能既涉及生产领域又涉及销售领域，如阜阳"大头娃娃"奶粉案。职能交叉、职责不清容易导致部门之间相互推诿，出现监管空白。

[地方探索]

深圳取消工商局、质监局和知识产权局，组建市场监督管理局。

二、产品监督管理制度的主要内容

(一) 产品质量检验制度

产品质量应当检验合格，不得以不合格产品冒充合格产品。产品或者其包装上的标识，要有产品质量合格证明。

1. 企业自我检验。产品在出厂前，都应当经过生产者的内部质量检验部门或者检验人员的检验，未经检验及检验不合格的产品，不得出厂销售。

合格标准：符合强制性国家标准、行业标准、地方标准；符合企业标准（与国家标准不抵触）；符合合同约定的质量标准。

2. 第三方检验。产品质量检验机构必须具备相应的监测条件和能力，经有权考核的部门考核合格后，方可承担产品质量检验工作。

(二) 产品质量标准制度

产品质量标准是指对产品的结构、规格、质量、检验方法所作的技术规定。

对产品质量实行标准化管理，是我国对产品质量进行管理的一项重要制度。1988 年，我国制定了《中华人民共和国标准化法》，明确了国家标准、行业标准和地方标准，并引进一些国际标准，以此作为企业生产产品的技术指标，也作为监管部门监管和判断产品合格与否的最重要的依据。

1. 按照制定标准的主体可分为：国家标准、行业标准、地方标准、企业标准。

国家标准：指由国家标准化行政主管部门制定（国家标准化管理委员会），在全国范围内统一适用的技术标准。

行业标准：由国务院有关行政主管部门制定，如工信部、农业部、卫生部、环境保护部等制定的适用于全国的标准。须报国家标准化管理委员会备案。

地方标准：没有国家标准、行业标准时，省级质监部门制定的适用于本辖区内的标准。须报国家标准化管理委员会和国家有关行政主管部门备案。

企业标准：企业自行制定的适用于本企业的标准，可高于而不得低于国家标准、行业标准、地方标准。

2. 按强制与否分为：强制性标准（GB）、推荐性标准（GB/T）。

国家标准和行业标准中分强制性标准和推荐性标准。强制性标准是指保障人体健康、人身、财产安全的标准和法律、行政法规规定强制执行的标准，其他标准就是推荐性标准。地方标准中，有关工业产品的安全、卫生要求的标准属于强制性标准。强制性的国家标准，必须执行，不符合强制性国家标准的产品，禁止生产、销售和进口。对于推荐性标准，国家鼓励企业采用，但不具有强制性。

3. 其他分类：国际标准，国际标准化组织（ISO）和国际电工委员会（IEC）等国际组织制定的适用于全球的标准。约定标准，企业自己标明采用的标准和条件。除强制性标准外，企业自己在产品或者产品包装上标明采用一定的标准。这样的标明构成一种有效约定，如果产品未达此标准，企业就要承担产品责任。

（三）产品生产许可证制度

生产许可证，是指国家对于具备生产条件并对其产品检验合格的工业企业，发给其许可生产该项产品的凭证。

延伸阅读

《中华人民共和国工业产品生产许可证管理条例》规定实行生产许可证制度的产品

第一，乳制品、肉制品、饮料、米、面、食用油、酒类等直接关系人体健康的加工食品；

第二，电热毯、压力锅、燃气热水器等可能危及人身、财产安全的产品；

第三，税控收款机、防伪验钞仪、卫星电视广播地面接收设备、无线广播电视发射设备等关系金融安全和通信质量安全的产品；

第四，安全网、安全帽、建筑扣件等保障劳动安全的产品；

第五，电力铁塔、桥梁支座、铁路工业产品、水工金属结构、危险化学品及其包装物、容器等影响生产安全、公共安全的产品；

第六，法律、行政法规要求依照本条例的规定实行生产许可证管理的其他产品。

（四）企业质量体系认证和产品质量认证制度

1. 企业质量体系认证。企业质量体系认证是指依据国家质量管理和质量保证系列标准，由国家认可的认证机构，对自愿申请认证的企业的质量体系进行检查、确认、颁发认证证书，以证明该企业质量体系和质量保证能力符合相应标准要求的活动。

《产品质量法》第14条规定，国家根据国际通用的质量管理标准，推行企业质量体系认证制度。企业质量体系认证实行企业自愿申请制度，由企业向经认证认可委员会认可或者授权的认证机构提出申请，经认证合格的，由认证机构颁发质量体系认证证书。

目前最流行的是申请ISO9001质量管理体系认证和ISO14000环境管理体系认证。

注意，获得企业质量体系认证的企业，并不等于获得产品质量认证，因而不得在产品上使用产品质量认证标志。但在申请产品质量认证时可免除对企业质量体系认证的检查。

2. 产品质量认证。产品质量认证是依据产品标准和相应技术要求，经认证机构确认并通过颁发证书和认证标志，以证明企业某一产品符合相应标准和相应技术要求的活动。

我国产品实行强制认证和自愿认证相结合的认证制度。

认证形式为安全认证和合格认证。安全认证是指以安全标准为依据进行的认证，或只对产品中有关安全的项目进行的认证。合格认证是指对产品的全部性能、要求依据标准或相应技术要求进行的认证。

延伸阅读

《中华人民共和国认证认可条例》第28条规定："为了保护国家安全、防止欺诈行为、保护人体健康或者安全、保护动植物生命或者健康、保护环境，国家规定相关产品必须经过认证的，应当经过认证并标注认证标志后，方可出厂、销售、进口或者在其他经营活动中使用。"除建设工程、军工产品外，凡有国家、行业强制性标准的产品，均属强制认证的范围。

第29条第1款规定："国家对必须经过认证的产品，统一产品目录，统一技术规范的强制性要求、标准和合格评定程序，统一标志，统一收费标准。"

新的强制性产品认证制度于2002年5月1日起实施。根据中国入世承诺和体现国民待遇的原则，国家对强制性产品认证使用统一的标志。新的国家强制性认证标志名称为"中国强制认证"，英文名称为"China Compulsory Certification"，英文缩写为"CCC"。中国强制认证标志实施以后，将逐步取代原来实行的"长城"标志和"CCIB"标志。

三、产品质量监督检查制度

产品质量监督，从广义上讲，是指国家、社会、用户、消费者以及企业自身等，对产品质量和产品质量认证体系所做的检验、检查、评价、措施等一系列活动的总称。

因此，产品质量监督可分为三种基本形式和途径：

1. 企业监督。指企业内部自检和互检。包括劳动者自检、生产过程自检、专职检查。

2. 社会监督。包括用户、消费者监督；社会组织监督；新闻媒介监督等。

3. 国家监督。包括专职监督、综合监督。国家监督的重要形式之一是国家监督抽查制度，《产品质量法》第15条对此作了规定。具体内容如下：

（1）国家监督抽查的目的。通过监督抽查，掌握产品质量状况，了解产品质量信息，为政府对产品质量实施宏观调控，调整产业结构提供决策依据。同时，促使企业对其生产、销售的产品的质量负责，明确产品质量责任，从而保护用户、消费者合法权益，维护社会经济秩序。

（2）国家监督抽查的范围、方式和性质。监督抽查的范围：可能危及人体健康和人身、财产安全的产品；影响国计民生的重要工业品；用户、消费者反映问题较多的产品。监督抽查的方式：由国家质检总局直接组织国家质量监督中心进行抽查，包括按季抽查和不定期抽查。监督抽查的性质：产品质量监督抽查制度是国家质量监督部门履行职责、执行公务，对企业的产品质量实施监督管理的一种主动的行政行为。它既是一项强制性的行政措施，同时又是一项有效的法律手段。

项目三　生产者和销售者的产品质量责任和义务

引例

2009 年 1 月 3 日，李某到一家商场购买了一台新款冰箱。运回家后，发现只有产品质量检验合格报告，而没有产品合格证，遂找到商场要求退货。商场拒绝退货，理由是有质检合格报告表明质量合格，没有产品合格证不等于冰箱质量不合格。

质量检验合格报告能否替代产品合格证？

基本理论

一、生产者产品质量责任与义务

（一）作为的义务

《产品质量法》第 26 ~ 28 条明确规定了生产者应当对其生产的产品质量所负的积极义务。具体要求包括：

1. 产品质量应当符合下列要求：①不存在危及人体健康及人身、财产安全的不合理危险；有保障人体健康、人身财产安全的国家标准、行业标准的，应当符合该标准。这是要求生产者不得生产"缺陷产品"。缺陷产品是指具有"不合理危险"或不符合保障安全的国家标准、行业标准的产品。②具有产品应当具备的使用性能；但是，对产品存在使用性能的瑕疵作出说明的除外。这是要求生产者应当尽合同义务、担保义务。保证产品使用性能，是最一般、最基本的义务要求。应注意的是，对"瑕疵产品"说明即可除外，但不包括"缺陷产品"。③符合在产品或者其包装上注明采用的产品标准，符合以产品说明、实物样品等方式表明的质量状况。

前两项为默示担保义务，后一项为明示担保义务。三项义务必须同时做到，不可或缺。它也是《产品质量法》对生产者生产产品内在质量的要求。

2. 产品标识应当符合要求：①有产品质量检验合格证明；②有中文标明的产品名称、生产厂厂名和厂址；③根据产品的特点和使用要求，需要标明产品规格、等级、所含主要成分的名称和含量的，用中文相应予以标明；需要事先让消费者知晓的，应当在外包装上标明，或者预先向消费者提供有关资料；④限期使用的产品，应当在显著位置清晰地标明生产日期和安全使用期或失效日期；⑤使用不当，容易造成产品本身损坏或者可能危及人身、财产安全的产品，应当有警示标志或者中文警示说明。

以上是对所有产品的包装标识的要求，违者可能构成瑕疵产品，也可能构成缺陷产品。但并非所有产品的包装均须同时符合以上五项要求。裸装的食品和其他根据产品的特点难以附加标识的裸装产品，可以不附加产品标识。

3. 特殊产品的包装必须符合要求。特殊产品是指易碎、易燃、易爆、有毒、有腐蚀性、有放射性等危险物品以及储运中不能倒置和其他有特殊要求的产品。其包装质量必须符合相应要求，依照国家有关规定作出警示标志或者中文警示说明，标明储运注意事项。

[引例分析]

根据《产品质量法》第 27 条第 1 款第 1 项明确规定，产品或者其包装上的标识应当符合下列要求："有产品质量检验合理证明"，而质量检验报告，不能替代合格证。因此，商场应当退货。

（二）不作为的义务

《产品质量法》第 29 ~ 32 条对生产者所负的消极义务作了以下规定：

1. 不得生产国家明令淘汰的产品；

2. 不得伪造产地，不得伪造或者冒用他人的厂名、厂址，如在甲地生产产品，产品标识上标注乙地的地名，编造或捏造厂名等；

3. 不得伪造或者冒用认证标志等质量标志，如产品质量认证标志、检验机构检验合格证书及封记、产品合格证明等；

4. 不得掺杂、掺假，不得以假充真、以次充好，不得以不合格产品冒充合格产品。

对以上作为、不作为的要求，《产品质量法》统称为"生产者的产品质量责任和义务"。这种责任与义务的统一，应理解为生产者、销售者对用户、消费者的义务，也是他们对国家、对社会的责任。

二、销售者的产品质量义务

销售者的产品质量义务也分为作为的义务与不作为的义务。《产品质量法》

第 33 ~ 39 条对此作了具体的规定。

（一）作为的义务

1. 进货检查验收义务。包括产品标识检验、感官检验、必要的产品内在质量检验。

2. 采取措施，保持销售产品的质量。生产者生产的产品通过销售者到达用户、消费者那里，中间常有一段"时间差"。销售者应当根据产品的特点，采取必要的防雨、防晒、防霉变措施，对某些特殊产品采取控制湿度、温度等措施，以保持产品进货时的质量状态。

上述两项义务本属销售者基于自身利益而必须做的、必然做的行为。法律之所以将之上升为法律规范，是为了加重销售者的注意义务。

3. 销售产品标识必须符合法律规定。检查产品的标识是否符合法律的规定，对于标识符合法律规定的产品可以验收进货，对于标识不符合法律规定的产品则应拒收。

不得擅自将产品的标识加以涂改，特别是限期使用的产品；不能为了经济利益而改变产品的安全使用期或者失效日期。

（二）不作为的义务

1. 不得销售失效变质的产品；

2. 不得伪造产地，伪造或者冒用他人的厂名、厂址；

3. 不得冒用认证标志、名优标志等质量标志；

4. 不得掺杂、掺假，以假充真、以次充好，以不合格产品冒充合格产品。

第 2 ~ 4 项义务与生产者的第 2 ~ 4 项不作为的义务内容完全相同，只是主体有别。

案例分析

[案情简介]

2001 年 4 月，北京市某质量监督管理部门在对一家商场的商品进行检查时，怀疑该商场经销的 18K 金镶嵌黄晶宝石戒指含有杂质。该商场经理称，这种 18K 金镶嵌黄晶宝石戒指共有 24 枚，是北京宏兴实业有限公司从湖南顺发首饰厂购进的。北京宏兴实业有限公司告诉商场，购货时商品附有产品检验合格证书，只是在中途运输时丢失了。商场相信并以每枚 700 元价格销售，目前已卖出 4 枚，还剩下 20 枚戒指。于是，技术监督管理部门将剩下的 20 枚戒指送国家地矿部宝石监测中心进行技术鉴定。鉴定结果证明该黄晶的折射率不合格，中间掺杂有玻璃物质，属不合格产品。

［法理评析］

本案涉及对产品质量的监督以及处理。

《产品质量法》第 12 条规定："产品质量应当检验合格，不得以不合格产品冒充合格产品。"第 33 条规定："销售者应当建立并执行进货检查验收制度，验明产品合格证明和其他标识。"产品是否合格主要看它是不是符合产品标准，即对产品结构、规格、质量和检验方法所作的技术规定。

项目四　违反产品质量法的法律责任

引例

2001 年 12 月，北京海淀区一位老人过 70 大寿时，儿孙们买了一条安徽省桐城某家电厂生产的电热毯，送给老人祝寿。正巧当晚大雪纷飞，气温骤然降至零下。晚 11 时，大儿子为老人铺好电热毯，安顿老人安然入梦。第二天，大儿子起床后闻到老人屋里传出刺鼻的焦味，他急忙叫醒众人，撞开门，只见满屋浓烟滚滚，老人躺在床上已死去，全身烧焦，屋内物品均化为灰烬。案发后，海淀区技术监督部门对电热毯进行了质量监督检验。检验发现电热毯有 7 项技术指标不符合国家有关标准的要求，属劣质品。老人的后辈多次找家电厂协商未果，一纸诉状把家电厂告上法院。当地人民法院根据该检验结论，作出判决：责令桐城某家电厂和商场停止生产、销售该类电热毯，赔偿受害人家属丧葬费、死亡赔偿金、财产损失等共计 15 万多元，没收违法生产、销售该电热毯的违法所得，并处罚款。

基本理论

一、产品质量责任概念及分类

（一）产品质量责任概念

产品质量责任制度是指生产者、销售者以及对产品质量负有直接责任者，因违反产品质量法规定的产品质量义务所应承担的法律后果。

（二）产品质量责任分类

产品质量责任是一种综合责任，包括有关产品质量的民事责任、产品质量的行政责任和刑事责任。民事责任又分为因产品瑕疵而发生的合同违约责任、因产品缺陷而发生的产品侵权责任以及违约责任与侵权责任的竞合。

二、产品违约责任

（一）产品违约责任的概念

产品违约责任又称产品瑕疵担保责任，指生产者、销售者违反产品质量要求而依合同法原理应承担的违约责任，通常为交付产品不符合法律规定或合同约定的质量条件。

（二）产品违约的主要形式

1. 不具备产品应当具备的使用性能而事先未作说明；

2. 不符合在产品或者其包装上注明采用的产品标准；

3. 不符合以产品说明、实物样品等方式表明的质量状况。

只要存在上述情形，不论是否造成损失后果，都应当承担损害赔偿责任。

（三）承担产品违约责任的形式

1. 修理、更换、退货。

2. 赔偿损失，如用户、消费者在要求销售者进行修理、更换、退货过程中，所发生的运输费、交通费、误工费等损失。

3. 销售者对生产者、供货者的追偿权。用户、消费者可直接要求销售者承担责任。销售者依照上述要求负责修理、更换、赔偿损失后，属于生产者的责任或者属于向销售者提供产品的其他销售者（供货者）的责任的，销售者有权向生产者、供货者追偿。有约定的，按约定执行。

三、产品侵权责任

（一）产品侵权责任概念

产品侵权责任又称产品责任，是指因产品存在可能危及人身、财产的缺陷造成消费者或第三人的人身、缺陷产品之外的财产损害时，生产者和销售者应承担的民事赔偿责任。

注意，产品违约责任与产品侵权责任的区别。产品侵权责任不以存在合同关系为前提，主体不限于合同当事人；违约责任赔偿缺陷产品本身，侵权责任赔偿人身和缺陷产品之外的财产损失。

（二）承担产品侵权责任的条件

1. 产品存在缺陷；

2. 造成了他人人身、财产损害；

3. 缺陷与损害之间存在因果关系。

（三）生产者产品侵权责任承担

1. 归责原则。《产品质量法》第41条第1款规定："因产品存在缺陷造成人身、缺陷产品以外的其他财产（以下简称他人财产）损害的，生产者应当承担赔偿责任。"可见生产者产品侵权责任归责原则是无过错责任原则。

2. 生产者免责条件。生产者能够证明有下列情形之一的，不承担赔偿责任：①未将产品投入流通的；②产品投入流通时，引起损害的缺陷尚不存在的；③将产品投入流通时的科学技术水平尚不能发现缺陷存在的。

（四）销售者产品侵权责任承担

1. 归责原则。《产品质量法》第42条第1款规定："由于销售者的过错使产品存在缺陷，造成人身、他人财产损害的，销售者应当承担赔偿责任。"第2款规定："销售者不能指明缺陷产品的生产者也不能指明缺陷产品的供货者的，销售者应当承担赔偿责任。"可见销售者产品侵权责任承担原则是过错责任原则。

2. 无过错时的责任承担。缺陷产品不是因为销售者的原因产生，但受害人索赔时，销售者不能指明缺陷产品的生产者、供货者时，销售者应最终承担民事赔偿责任。

（五）产品侵权损害赔偿中受害人的求偿选择权

1. 受害人有选择权：产品侵权发生后，受害人既可以向生产者也可以向销售者提出索赔。

2. 生产者、销售者之间的追偿权：因产品存在缺陷造成人身、他人财产损害的，受害人可以向产品的生产者要求赔偿，也可以向产品的销售者要求赔偿。属于产品的生产者的责任，产品的销售者赔偿的，产品的销售者有权向产品的生产者追偿。属于产品的销售者的责任，产品的生产者赔偿的，产品的生产者有权向产品的销售者追偿。这与《消费者权益保护法》第35条第2款的规定一致。

（六）侵权责任赔偿方式与赔偿标准

因产品存在缺陷造成受害人人身伤害的，侵害人应当赔偿医疗费、治疗期间的护理费、因误工减少的收入等费用；造成残疾的，还应当支付残疾者生活辅助具费、生活补助费、残疾赔偿金以及由其扶养的人所必需的生活费；造成受害人死亡的，并应当支付丧葬费、死亡赔偿金以及由死者生前扶养的人所必需的生活费等费用。造成受害人财产损失的，侵害人应当恢复原状或者折价赔偿。受害人因此遭受其他重大损失的，侵害人应当赔偿损失。

关于对受害人由此受到的精神损害的赔偿问题，《产品质量法》未作规定。但在司法实践中得到了确认。

（七）诉讼时效与请求权

因产品缺陷造成损害要求赔偿的诉讼时效期间为2年，自当事人知道或者应当知道其权益受到损害时起计算。因产品存在缺陷造成损害要求赔偿的请求权，在造成损害的缺陷产品交付最初用户、消费者满10年丧失；但尚未超过明示的安全使用期的除外。

四、违约与侵权的竞合

所谓责任竞合是指由于某种法律事实的出现而导致两种或两种以上的责任产生，这些责任彼此之间是相互冲突的。在民法中责任竞合主要表现在违约责任与侵权责任的竞合。根据《合同法》第 122 条规定，因经营者的违约行为，侵害了用户、消费者的人身、财产权益的，受损害方有权选择依照《合同法》要求其承担违约责任或者依照《产品质量法》要求其承担侵权责任。

五、行政责任与刑事责任

（一）生产者、销售者的行政责任与刑事责任

1. 生产不符合保障人体健康和人身、财产安全的国家标准、行业标准的产品的，责令停止生产、销售，没收违法生产、销售的产品，并处违法生产、销售产品（包括已售出和未售出的产品，下同）货值金额等值以上 3 倍以下的罚款；有违法所得的，并处没收违法所得；情节严重的，吊销营业执照；构成犯罪的，依法追究刑事责任。

2. 在产品中掺杂、掺假，以假充真，以次充好，或者以不合格产品冒充合格产品的，责令停止生产、销售，没收违法生产、销售的产品，并处违法生产、销售产品货值金额 50% 以上 3 倍以下的罚款；有违法所得的，并处没收违法所得；情节严重的，吊销营业执照。

3. 生产国家明令淘汰的产品的，销售国家明令淘汰并停止销售的产品的，责令停止生产、销售，没收违法生产、销售的产品，并处违法销售产品货值金额等值以下的罚款；有违法所得的，并处没收违法所得；情节严重的，吊销营业执照；构成犯罪的，依法追究刑事责任。

4. 销售失效、变质的产品的，责令停止销售，没收违法销售的产品，并处违法销售产品货值金额 2 倍以下的罚款；有违法所得，并处没收违法所得；情节严重的，吊销营业执照。

5. 产品标识不符合《产品质量法》第 27 条规定的，责令改正；有包装的产品标识不符合《产品质量法》第 27 条第 4 项、第 5 项规定，情节严重的，责令停止生产、销售，并处违法生产、销售产品货值金额 30% 以下的罚款；有违法所得的，并处没收违法所得。

6. 拒绝接受依法进行的产品质量监督检查的，给予警告，责令改正；拒不改正的，责令停业整顿；情节特别严重的，吊销营业执照。

7. 隐匿、转移、变卖、损毁被产品质量监督部门或者工商行政管理部门查封、扣押的物品的，处被隐匿、转移、变卖、损毁物品货值金额等值以上 3 倍以下的罚款；有违法所得的，并处没收违法所得。

（二）其他相关人的违法行为及责任

1. 知道或者应当知道是禁止生产、销售的产品而为其提供运输、保管、仓储等便利条件的，或者为以假充真的产品提供制假生产技术的，没收全部运输、保管、仓储或者提供制假生产技术的收入，并处违法收入 50% 以上 3 倍以下的

罚款；构成犯罪的，追究刑事责任。

2. 服务业的经营者将禁止销售的产品用于经营性服务的，责令停止使用；对知道或者应当知道所使用的产品是禁止销售的产品的，按照违法使用的产品（包括已使用和尚未使用的产品）的货值金额依照对销售者的处罚规定处罚。

（三）社会团体、社会中介机构的法律责任

1. 检验机构及认证机构的法律责任。①产品质量检验机构、认证机构伪造检验结果出具虚假证明的，责令改正，对单位处 5 万元以上 10 万元以下的罚款，对直接负责的主管人员和其他直接责任人员处 1 万元以上 5 万元以下的罚款；有违法所得的，并处没收违法所得；情节严重的，取消其检验资格、认证资格。②出具的检验结果或者证明不实，造成损失的，应当承担相应的赔偿责任；造成重大损失的，撤销其检验资格、认证资格。③不履行产品认证后的跟踪检查义务，对不符合认证标准而使用认证标志的产品，未依法要求其改正或者取消其使用认证标志资格的，对因产品不符合认证标准给消费者造成的损失，与产品的生产者、销售者承担连带责任；情节严重的，撤销其认证资格。

2. 社会团体、社会中介机构的承诺、保证责任。社会团体、社会中介机构对产品质量作出承诺、保证的质量要求，给消费者造成损失的，与生产者、销售者承担连带责任。

《刑法修正案（八）》新增了生产、销售不符合安全标准的食品罪，以及食品监管渎职罪；《最高人民法院、最高人民检察院关于办理危害食品安全刑事案件适用法律若干问题的解释》已于 2013 年 5 月 4 日起施行。

［引例分析］

本案涉及生产者、销售者的产品质量责任和义务以及损害赔偿责任等问题。

《产品质量法》第 13 条规定："可能危及人体健康和人身、财产安全的工业产品，必须符合保障人体健康和人身、财产安全的国家标准、行业标准；未制定国家标准、行业标准的，必须符合保障人体健康和人身、财产安全的要求。禁止生产、销售不符合保障人体健康和人身、财产安全的标准和要求的工业产品……"第 26 条第 1 款规定："生产者应当对其生产的产品质量负责。"

电热毯属于可能危及人身、财产安全的产品，我国对其有专门的国家标准。在本案中，桐城某家电厂生产的电热毯有 7 项技术指标不符合有关国家标准的要求，违反了强制性产品标准，属于有缺陷的劣质品。

《产品质量法》第 44 条规定，因产品缺陷造成受害人死亡的应支付丧葬费、死亡赔偿金以及由死者生前扶养的人所必需的生活费等费用。造成受害人财产损失的，侵害人应当赔偿损失。本案中法院作出让家电厂和商场赔偿损失的判决是正确的。另外《产品质量法》第 49 条规定："生产、销售不符合保障人体健康和人身、财产安全的国家标准、行业标准的产品的，责令停止生产、销售，没收违法生产、销售的产品，并处违法生产、销售产品（包括已售出和未售出的产品，下同）货值金额等值以上3倍以下的罚款；有违法所得的，并处没收违法所得；情节严重的，吊销营业执照；构成犯罪的，依法追究刑事责任。"所以责令桐城某家电厂和商场停止生产、销售该类电热毯，没收违法生产、销售该电热毯的违法所得，并处罚款的处罚的法律适用是正确的，但处罚显得有点轻，应该吊销电热毯厂的营业执照。

延伸阅读

《中华人民共和国农产品质量安全法》已由中华人民共和国第十届全国人民代表大会常务委员会第二十一次会议于2006年4月29日通过，自2006年11月1日起施行；《中华人民共和国食品安全法》已由中华人民共和国第十一届全国人民代表大会常务委员会第七次会议于2009年2月28日通过，自2009年6月1日起施行。如何解决三法的法律适用？

《中华人民共和国农产品质量安全法》规定：供食用的源于农业的初级产品，遵守《农产品质量安全法》的规定。《食品安全法》实施后，凡是涉及食品的质量违法问题，《食品安全法》有规定的，应适用《食品安全法》；在《食品安全法》没有规定，且《产品质量法》有规定的，可以适用《产品质量法》。

思考题

1. 生产者、销售者的产品质量责任和义务有哪些？
2. 产品合同责任与产品侵权责任有何区别？
3. 示范案例：

2013年2月2日，发生在河南省三门峡的义昌大桥烟花炸桥事件，造成至少11人死亡，10人受伤，25辆车坠毁，财产损失共计数百万元。据相关部门报道，此次事件烟花制造商陕西蒲城县宏盛花炮有限公司超许可范围非法生产烟花爆竹，违规使用蛇皮袋进行包装，委托不具备危险货物运输资质的企业承运，且未取得《烟花爆竹道路运输许可证》，没有警示标志、冒充百货进行运输。同时为了减少生产成本，以不符合国家标准的火药做药剂，爆炸威力极大。

问题：

（1）烟花、桥属于《产品质量法》规定的产品吗？为什么？

（2）国家对哪些产品的生产实行许可证管理？

（3）根据《产品质量法》的规定，分析烟花生产者不符合《产品质量法》的哪些规定？

分析：

（1）烟花属于《产品质量法》规定的产品。桥不属于本法所规定的产品。

根据《产品质量法》第2条第2款、第3款的规定，"产品是指经过加工、制作，用于销售的产品。但建筑工程不适用于本法"。

（2）《中华人民共和国工业产品生产许可证管理条例》规定实行生产许可证管理的产品有：直接关系人体健康的加工食品；有可能危及人身、财产安全的产品；关系金融安全和通信质量安全的产品；保障劳动安全的产品以及影响生产安全、公共安全的产品。本案中的产品烟花既属于危及人身、财产安全的产品，又属于影响生产安全、公共安全的产品。

（3）违反了《产品质量法》第5条的规定：禁止在生产、销售的产品中掺杂、掺假，以假充真，以次充好；第28条的规定：易碎、易燃、易爆、有毒、有腐蚀性、有放射性等危险物品以及储存中不能倒置和其他有特殊要求的产品，其包装质量必须符合相应要求，依照国家有关规定作出警示标志或者中文警示说明，标明储运注意事项。

4. 习作案例：

1999年9月，岳阳市岳阳楼区工商分局接到群众举报，反映本市金鸡村鱼光组有人在制造并销售"三假"月饼（假厂址、假厂名、质量掺假），该局立即组织人员进行调查，当场查获大量冒充桂林市叠彩区民政食品厂和深圳深海食品厂及广州天海大酒店厂名制作的包装盒、合格证和用不卫生的果仁、黑芝麻、巴壳蛋等做成的月饼5000多个，已装盒2000多盒。该分局立即对这些"三假"月饼予以没收并立案调查。调查结果显示，制造并销售"三假"月饼的案犯是广东汕头的陈某。他自1997年来岳阳从事糕点加工，当年8月份开始制造月饼。据陈某交代：他生产月饼，用的包装盒分别是通过熟人在深圳、广州等地购买的，产品合格证是他自己在印刷厂印刷的，月饼有的是从自由市场上买的，有的是他本人用发霉变质的果仁、黑芝麻、巴壳蛋为原料制作的。他将这些月饼买来或做好，雇用了4个小姑娘在一间租用的偏僻房子里进行装盒加工，贴上冒用他人的厂名、厂址及伪造的合格证书，然后以6.50~88元/盒不等的价格在市场上出售牟取暴利。

问题：

（1）经营者的行为违反了《产品质量法》的哪些规定？

（2）执法部门应如何处理？

第五单元

消费者权益保护法律制度

项目一　消费者权益保护法概述

[引言]

2013 年 4 月，第十二届全国人大常委会第二次会议初次审议了《中华人民共和国消费者权益保护法修正案（草案）》。2013 年 4 月 28 日~5 月 31 日，修正案草案在中国人大网公布，向社会公开征求意见。之后，根据全国人大常委会组成人员和社会各方面的意见，对修正案草案作出了修改，形成了《中华人民共和国消费者权益保护法修正案（草案第二稿）》。2013 年 8 月，第十二届全国人大常委会第四次会议对修正案草案第二次审议稿进行了审议，2013 年 10 月 25 日第十二届全国人大常委会第五次会议通过了《中华人民共和国消费者权益保护法（修正案）》，并于 2014 年 3 月 15 日生效。

基本理论

一、消费者权益保护法的概念和特征

（一）消费者的涵义

消费分为生产消费和生活消费，国际社会和各国一般将生产消费关系适用民商合同法来调整，而基于生活消费的特殊性，尤其是自然人个人消费行为均具有社会弱势之特点而以消费者权益保护法律来加以特殊调整和保护。因此，被消费者权益保护法保护的消费者仅限生活消费范围。

现代社会虽然人人都是消费者，但由于各人的社会角色的多重性，只有在消费的时候才具有消费者的身份。消费是由需要引起的，消费者购买商品和接受服务的目的是为了满足自己的各种需要，购买商品和接受服务本身体现着消费者一定的经济利益的追求。任何人只要其购买商品和接受服务的目的不是将商品或者服务再次转手，不是专门从事商品交易活动，便是消费者。如购买住房，并不是用于自己居住，而是等价格上涨时出售，如果一旦转售，就不是消

费者，而成为经营者。可见，要成为消费者必须具备一定的条件，即消费者的消费性质必须是生活消费，包括商品的消费，服务的消费；消费者的消费对象、消费客体是进入流通领域与生活消费有关的商品和服务；消费者的消费方式，包括购买、使用和接受；消费者主体只限于公民个人。国际标准化组织消费者政策委员会将消费者法律概念定义为："为了个人目的购买或者使用商品和接受服务的个体社会成员。"当今世界多数国家依照这个标准来定义其消费者的法律概念，我国也是如此。我国《消费者权益保护法》规定消费者是为了生活消费需要购买、使用商品或者接受服务的个人。消费者既可能是亲自购买商品的个人，也可能是使用和消费他人购买的商品的人；它不仅包括为自己生活需要购买物品的人，也包括为了收藏、保存、送人等需要而购买商品的人，以及替家人、朋友购买物品，代理他人购买生活用品的人；也可能是旅馆、运输、酒店、食品、劳务等各种服务中接受服务的一方当事人。不包括用于生产目的的消费，因为生产消费的结果是生产出新的产品，社会成员以生产消费为目的而消费，其本身就成了生产经营者，而不是消费者。

（二）消费者权益的涵义

消费者权益是指消费者在消费过程中所享有的权利和应得到的利益。它包括消费者在购买、使用商品时应享有的权益，也包括消费者在接受服务时应享有的权益。消费者权益的核心是消费者的权利，而对消费者权利的实现直接提供法律保障的，则是消费者权益保护法。由于消费者所购买和使用的商品或者所接受的服务是由经营者提供的，因此，在保护消费者权益方面经营者首先负有直接的义务。此外，国家和社会也负有相应的义务。

（三）消费者权益保护法的概念和特征

消费者权益保护法，是调整在保护消费者权益的过程中发生的经济关系的法律规范的总称。其特征如下：

1. 该法侧重于保护消费者，对生产经营者给予一定限制。体现在法律上，只规定了消费者的权利和经营者的义务；并专章规定了国家对消费者权利的保护；创设了惩罚性赔偿金制度。

2. 消费者权益保护法多为强制性规范，对"契约自由"进行了适当限制。其目的是为了使处于弱者地位的消费者的利益得到保障。例如，《消费者权益保护法》规定经营者不得以格式合同、通知、声明、店堂告示等方式作出对消费者不公平、不合理的规定，或者减轻、免除其损害消费者合法权益应当承担的民事责任。若格式合同、通知、声明、店堂告示等含有前述内容的，则其内容无效。

3. 消费者权益保护法设立相应的保护机构，并充分发挥社会团体的作用，以促进消费者权利的实现。例如,《消费者权益保护法》规定各级人民政府工商行政管理部门和其他有关行政部门应当依照法律、法规的规定,在各自的职责范围内,采取措施,保护消费者的合法权益。

4. 消费者权益保护法在一定程度上采取"无过错责任"。即产品如有缺陷并使消费者受到损失时,即使生产者在制造产品时已尽到了一切可能的注意,仍需对此负责,而消费者无需承担举证责任。

二、消费者权益保护法的历史沿革

消费者的权利源于消费者运动和法律对消费者的保护。同传统的民事权利相比较,它是一个新事物,是进入 20 世纪 60 年代才诞生的。早期的消费者权益保护方面的法律规范主要体现在饮食和服装方面,但在 19 世纪以前消费者权益保护法律制度的发展是极为缓慢的。19 世纪以后,在现代商品经济条件下,消费者地位的恶化,引发了消费者保护自己的权益,改善自己地位的消费者运动,并提出了"消费者主权"和"消费者权利"的主张,这对消费者权益保护法律制度的发展起了巨大的推动作用。1962 年 3 月 15 日美国总统肯尼迪向国会提出的《关于保护消费者利益的国情咨文》中提出了消费者有获得安全商品的权利、知悉商品真实情况的权利、自由选择商品的权利和意见被尊重的权利。1969 年美国总统尼克松又提出了消费者具有索赔权,这五项权利被公认为消费者的五项权利。由于《国情咨文》首次表达了消费者权利的思想,对消费者运动具有重大意义,也就是从这个时候开始,才有消费者权益问题,世界各国为了纪念肯尼迪,把每年 3 月 15 日定为世界消费者权益日。此后,各国在立法中对消费者权利都作出了具体的规定。

20 世纪 80 年代消费者权益问题在我国才日渐得到重视,并很快成立了消费者组织,并陆续出台了一批地方性法规。1993 年 10 月 31 日,第八届全国人大常委会第四次会议通过了《中华人民共和国消费者权益保护法》,这是我国第一部保护消费者权益的专门法律。2013 年 10 月对其进行了修改。

三、消费者权益保护法的立法宗旨、适用范围和原则

(一)消费者权益保护法的立法宗旨

《消费者权益保护法》明确规定了该法的立法宗旨是保护消费者的合法权益,维护社会经济秩序,促进社会主义市场经济健康发展。

(二)消费者权益保护法的适用范围

消费者权益保护法的适用范围是指该法在时间、空间和主体范围的效力。从消费者角度来讲,即消费者为生活消费需要购买、使用商品或者接受服务,其权益受该法保护;从经营者角度来讲,即经营者为消费者提供其生产、销售的商品或者提供服务,应当遵守消费者权益保护法;对于上述情况消费者权益

保护法未作规定的，应当遵守其他有关法律、法规。此外《消费者权益保护法》还规定："农民购买、使用直接用于农业生产的生产资料，参照本法执行。"这是消费者权益保护法的特殊的适用范围，虽然这里所指的消费只是生活消费，不包括生产消费，但是一部分因生产消费而产生的社会关系也为消费者权益保护法调整，但它限定了有限的范围，即首先主体必须是农民，而且必须是购买、使用直接用于农业生产的生产资料而产生的社会关系才受消费者权益保护法的调整，如农民购买直接用于农业生产使用的种子、农机、化肥、农膜等，才适用消费者权益保护法。

（三）消费者权益保护法的基本原则

1. 经营者应当依法提供商品或服务的原则；

2. 经营者与消费者进行交易，应当遵循自愿、平等、公平、诚实信用的原则；

3. 国家保护消费者的合法权益不受侵害；

4. 对损害消费者合法权益的行为进行社会监督的原则。

保护消费者的合法权益是全社会的共同责任。国家鼓励、支持一切组织和个人对损害消费者合法权益的行为进行社会监督。因而，大众传播媒介应当做好维护消费者合法权益的宣传，对损害消费者合法权益的行为进行舆论监督。

项目二　消费者的权利

引例

某日，严某邀了几个朋友在新开的一家火锅店涮火锅，大家吃得正欢时，突然严某大叫一声，表情痛苦，原来，严某在涮火锅时吃下混在食物中的异物，卡在喉咙处，朋友赶紧将严某送到医院检查，医生从严某的咽喉部位取出一根近2厘米的钢丝。为此，严某花了31元医药费。第二天，严某投诉到当地工商局，工商部门组织火锅店老板与严某调解，火锅店老板承认严某在其店里就餐时受到伤害，双方最后达成调解协议：火锅店老板赔偿严某医药费31元，免去就餐费139元，赔偿精神损失费500元。

基本理论

一、消费者权利概述

消费者的权利就是消费者在消费过程中依法享有的权能，消费者的权利是保护消费者的权益的核心问题，是切实维护消费者权益的重要组成部分。为了保障消费者的各项权利的实现，也为了充分体现法律保护消费者的利益的立场，现代国家将这些权利法定化。我国消费者权益保护法不仅对消费者权利有明确、具体的规定，同时还从总体上规定了，消费者为生活消费需要购买、使用商品或接受服务，其权益受法律保护。

二、消费者的权利

（一）保障安全权

保障安全权是消费者最基本的权利，是其他一切权利的前提。它是消费者在购买、使用商品和接受服务时享有的人身、财产安全不受损害的权利。消费者有权要求经营者提供的商品和服务，符合保障人身、财产安全的要求。可见，消费者的安全保障权包括了人身安全权和财产安全权。消费者人身安全权只限于消费者的生命健康权，也就是说消费者在购买、使用商品或接受服务过程中享有保证身体各器官及其机能的完整，及其生命不受危害的权利；财产安全权包括消费者购买、使用商品本身的财产安全和消费者购买、使用商品之外的财产安全两个方面。消费者的人身、财产安全不受侵害的权利，直接涉及消费者的生存和健康利益。如果这一权利得不到保障，其他权利也无从谈起。因此该权利是消费者的最重要的权利。上述引例中，火锅店就是侵犯了消费者严某的该项权利，因此承担了赔偿责任。

（二）知悉真情权

知悉真情权是消费者享有的知悉其购买、使用的商品或者接受的服务的真实情况的权利。这一权利是消费者进行消费的前提。

消费者产生购买、使用某种商品或接受某种服务的愿望，都是建立在对有关情况有一定认识和了解的基础上的。尤其在当今社会，商品和服务品种繁多、技术含量高、功能各异，消费者对商品和服务的真实情况没有真正了解，加上经营者故意隐瞒、歪曲真实情况，往往会使消费者的利益受到损害。因此《消费者权益保护法》规定消费者享有知悉其购买、使用的商品或者接受的服务的真实情况的权利。消费者有权根据商品或者服务的不同情况，要求经营者提供商品的价格、产地、生产者、用途、性能、规格、等级、主要成分、生产日期、有效期限、检验合格证明、使用方法说明书、售后服务，或者服务的内容、规格、费用等有关情况。消费者对这些情况中任何一种的了解，都是在行使知情权，凡与消费者正确判断、选择、使用商品或服务有关的所有情况，消费者都有了解和询问权，经营者除了法律保护的商业秘密外，无论是商品和服务的优点还是缺点，均应真实地向消费者介绍。消费者如果不主动行使这些权利，作为经营者应该主动向消费者提供这些方面的信息，提供了就是保证了消费者的知情权；没提供，如果消费者发现了，可以以侵害知情权来主张自己的权利。

只有这样才能使消费者在购买商品和接受服务时做到知己知彼，并且能够表达自己的真实意思。新《消费者权益保护法》第28条还新增了网络等非现场购物信息披露制度，该制度的核心就是保障消费者的知情权。

（三）自主选择权

自主选择权是消费者享有自主选择商品或者服务的权利。包括消费者有权自主选择提供商品或者服务的经营者；自主选择商品品种或者服务方式，自由选择满意的商品和服务；自主决定购买或者不购买任何一种商品、接受或者不接受任何一项服务；消费者在自主选择商品或者服务时，有权进行比较、鉴别和挑选。但自主选择权必须具备一定条件，消费者权益保护法才予以保护，即自主选择的行为必须是自愿的，不受任何强制和胁迫；自主选择行为必须是合法的；自主选择行为必须限定在购买商品中，不能扩大到使用商品领域。

（四）公平交易权

公平交易是市场经济的一项准则，消费者在购买商品或者接受服务时，有权获得质量保障、价格合理、计量准确等公平交易条件，有权拒绝经营者的强制交易行为。这一权利包括了消费者有权享有质量保障、价格合理、计量准确等公平交易条件和有权拒绝强制交易行为两部分。消费者享有公平交易权是消费交易活动的内在要求。法律赋予消费者这一权利，意味着消费者可以通过适当的措施和途径，达到公平交易，排除任何有碍公平交易的行为。这也是市场交易中平等、自愿、公平、等价有偿和诚实信用等原则的要求和具体体现。

（五）依法求偿权

依法求偿权是消费者因购买、使用商品或者接受服务受到人身、财产损害的，享有依法获得赔偿的权利。依法求偿权是实现消费者其他权利特别是安全权的保障。消费者在这里应理解为商品的购买者、使用者。使用者是服务的接受者和购买者之外的因某种原因在事故发生现场而受到损害的第三人。

（六）依法结社权

依法结社权是指消费者享有依法成立维护自身合法权益的社会团体的权利。成立消费者社会团体是公民行使结社自由的体现。在消费领域，消费者是商品交易中的弱势群体，作为个人，消费者往往势单力薄；与经营者相比较，不仅经济实力差距很大，而且由于科技的发展、分工的细化使消费者独立判断所选购商品的能力降低；包装技术的发展，新材料、新原料的不断发展和运用又很大程度上掩盖了商品的瑕疵，为消费者增加了许多潜在的危险；又因其不是专门从事商品买卖的人，通常欠缺交易的经验、缺乏足够的交易信息和交易的能力。因此，孤立的消费者和有组织的经营者是无法抗衡的，加之消费者对商品和服务的了解大都依赖于经营者采用的各种推销、宣传、广告等手段，使消费者实际上处于盲目的被支配状态。双方这种在实践中的不平等地位，显然对消费者是极为不利的。为了实现真正的平等，消费者除了通过国家和社会的帮助外，还可以设立自己的组织进行自我保护。

（七）求教获知权

求教获知权是指消费者享有获得有关消费和消费者权益保护方面的知识的权利。这是从知悉真情权中引申出来的一种权利，是公民受教育的权利和义务。这里的知识包含几个方面的内容：①有关消费的知识，比如树立良好正确的消费观；②有关商品服务的基本知识；③有关市场基本知识，如市场占有率；④有关消费者权益保护方面的知识。只有保障消费者的求教获知权，消费者才能接受教育，努力掌握所需商品或者服务的知识和使用技能，正确使用商品，提高自我保护意识。这项权利的行使对象既包括经营者，又包括国家的立法机关、行政机关以及社会团体。

（八）维护尊严权

维护尊严权是指消费者在购买、使用商品和接受服务时，享有其人格尊严、民族风俗习惯得到尊重的权利。这也是宪法中有关公民人格尊严、人身自由不受侵犯权利在消费领域的具体体现。它包括消费者的人格尊严受到尊重的权利和民族风俗受到尊重的权利两个方面。这不仅包括经营者在向消费者提供商品和服务时，使消费者的姓名、荣誉、名誉、肖像及生命健康等不受侵犯，同时在消费活动中，经营者又要切实尊重少数民族的特殊风俗习惯，加强适应少数民族风俗习惯的商品的生产和供应；而且经营者在商品包装、商标及广告宣传中不得使用有损少数民族的文字、语言和图形等；经营者也不得强迫少数民族的消费者接受该民族禁忌的商品或服务等。

（九）监督批评权

监督批评权是指消费者享有对商品和服务以及保护消费者权益工作进行监督的权利。消费者的监督批评属于社会监督的范畴，这也是实现社会监督的重要途径。由于商品和服务的好坏与消费者的利益息息相关，因而消费者的监督批评也最积极、最切实的。我国《消费者权益保护法》也规定消费者有权对经营者进行监督，在权利受到侵害时有权提出检举和控告；有权对国家机关及工作人员在保护消费者权益工作中的违法失职行为进行检举、控告；有权对保护消费者权益工作提出批评、建议。

2014年3月15日实施的新《消费者权益保护法》还赋予消费者7日反悔权：第25条第1款、第2款为新增法条，内容为："经营者采用网络、电视、电话、邮购等方式销售商品，消费者有权自收到商品之日起7日内退货，且无需说明理由，但下列商品除外：①消费者定作的；②鲜活易腐的；③在线下载或者消费者拆封的音像制品、计算机软件等数字化商品；④交付的报纸、期刊。除前款所列商品外，其他根据商品性质并经消费者在购买时确认不宜退货的商品，不适用无理由退货。"

项目三　经营者的义务

引例

2009 年 4 月刘某在安徽某市一商场购买了 1 件标明 "100% 羊绒" 的大衣，商场出具的发票上写明了货品是 "羊绒大衣"，而事实上该大衣经有关部门鉴定其羊绒含量为 0，而羊毛为 100%。随后，刘某以大衣不是全羊绒、商场有欺诈为由要求商场依照《消费者权益保护法》第 55 条的规定支付双倍的赔偿。

基本理论

经营者是指从事商品经营和营利性服务的法人、其他经济组织和自然人。从经营形态来看，经营者应包括生产者、销售者和服务提供者。在消费法律关系中，经营者是为消费者提供商品和服务的另一方，消费者的权利在很大程度上是通过经营者的义务来实现的。要有效地保护消费者的权利，就必须使经营者能够全面地履行其相应的义务，因此，经营者义务的履行对于确保消费者权利的实现具有重要作用。我国《消费者权益保护法》较全面地规定了经营者在保护消费者权利方面所负有下列义务：

一、依法定或约定履行义务

法律要求经营者要合法经营和诚实经商，这也是经营者的首要义务。经营者向消费者提供商品或者服务，除要遵守消费者权益保护法外，还应当依照产品质量法和其他有关法律、法规的规定履行义务。经营者和消费者有约定的，应当按照约定履行义务，但双方的约定不得违背法律、法规的规定。经营者提供商品或者服务，按照国家规定或者与消费者的约定，承担包修、包换、包退或者其他责任的，应当按照国家规定或者约定履行，不得故意拖延或者无理拒绝。法定义务是生产经营者最基本的要求，生产经营者和消费者的约定义务，不得减轻或免除生产经营者的法定义务。在市场经济条件下，约定义务在很大程度上是生产经营者义务的扩大化。

新《消费者权益保护法》第 29 条新增对消费者的个人信息保护制度，该条第 1 款规定："经营者收集、使用消费者个人信息，应当遵循合法、正当、必要的原则，明示收集、使用信息的目的、方式和范围，并经消费者同意。经营者收集、使用消费者个人信息，应当公开其收集、使用规则，不得违反法律、法规的规定和双方的约定收集、使用信息。"经营者应当采取技术措施和其他必要手段，确保信息安全，防止消费者个人信息泄露、丢失，在发生或可能发生信息泄露、丢失的情况时，应当立即采取补救措施。

二、听取意见和接受监督

经营者应当听取消费者对其提供的商品或者服务的意见，接受消费者的监督。这一义务与消费者的监督批评权相对应。消费者监督权的真正实现，有赖于经营者自觉地接受消费者的监督，并为消费者行使监督权提供方便。

三、保障人身和财产安全

经营者应当保证其提供的商品或者服务符合保障人身、财产安全的要求。对可能危及人身、财产安全的商品和服务，应当向消费者作出真实的说明和明确的警示，并说明和标明正确使用商品或者接受服务的方法以及防止危害发生的方法。经营者发现其提供的商品或者服务存在严重缺陷，即使正确使用商品或者接受服务仍然可能对人身、财产安全造成危害的，应当立即向有关行政部门报告和告知消费者，并采取防止危害发生的措施。这是和保障安全权相对应的义务。

这一义务首先，要求经营者提供的商品或服务必须符合安全要求，即符合国家标准、行业标准和社会普遍公认的安全标准之一；其次，对可能危及人身、财产安全的商品和服务应明确说明和警示，并说明或标明正确使用商品或接受服务的方法以及防止危害发生的方法；最后，经营者发现其提供的商品或服务存在严重缺陷，即使正确使用商品或接受服务也可能发生损害，那么经营者要做到报告、告知和积极采取措施，防止危害的发生。也就是说经营者提供的商品必须是安全可靠的商品，不可提供有可能对消费者人身及财产造成损害的不安全、不卫生的产品；经营者的经营场所和向消费者提供的服务必须具有可靠的安全保障。

四、提供商品和服务的真实信息

多种形式的商品和服务宣传已成为现今社会中经营者促销的重要手段，而消费者大都依靠经营者提供的各种信息来判断商品的质量。为了保证消费者知悉真情权的实现，能够获得商品和服务的真实信息，同时遏制经营者作引人误解的宣传的现象，《消费者权益保护法》规定，经营者应当向消费者提供有关商品或者服务的真实信息，不得作引人误解的虚假宣传。经营者对消费者就其提供的商品或者服务的质量和使用方法等问题提出的询问，应当作出真实、明确的答复。商店提供商品应当明码标价。要对消费者提供真实的信息，则要求经营者：①不得作引人误解的虚假宣传；②对于商品和服务质量提出的询问，应该作真实明确的答复，不能欺骗；③商店销售商品应明码标价，标价的内容必须真实准确、齐全完整、一货一签、字迹清楚。此外，商品和服务的名称是消费者判断商品生产者和质量的最基本的依据，同样商品经营者名称不同，价格、质量也都不一样，标记也是如此。经营者应当标明其真实名称和标记。租赁他人柜台或者场地的经营者，应当标明其真实名称和标记。

五、出具相应的购货凭证或服务单据

经营者提供商品或者服务，应当按照国家有关规定或者商业惯例向消费者出具购货凭证或者服务单据；消费者索要购货凭证或者服务单据的，经营者必须出具。购货凭证和单据证明是经营者合同履行完毕的一种证明文件，按照法律规定和商业惯例应当提供的，经营者在和消费者进行交易时必须提供；按照商业惯例和国家规定都不提供购货凭证和服务单据的，只要消费者索要，经营者也应当提供。同时在相关的凭证中标明经营者的身份，既有利于消费者知情权和选择权的落实，使其明确商品的来源和服务的提供者，避免上当，又便于确定赔偿主体。

六、提供符合要求的商品或服务

经营者应当保证在正常使用商品或者接受服务的情况下，其提供的商品或者服务应当具有的质量、性能、用途和有效期限；但消费者在购买该商品或者接受该服务前已经知道其存在瑕疵的除外。经营者以广告、产品说明、实物样品或者其他方式表明商品或者服务的质量状况的，应当保证其提供的商品或者服务的实际质量与表明的质量状况相符。由此可见，经营者一方面应当保证其所提供的商品和服务具有该商品和服务应当具有的一般质量；另一方面，其通过广告、产品说明、实物演示等方式表明商品、服务的质量的，应当保证实际质量与表明的质量状况相符。

七、不得从事不公平、不合理的交易

在消费领域中，商品和服务的方式不断增多，其规格和项目也逐渐定型，为了缩短交易过程，经营者常常单方拟定合同条款与消费者订立合同。公平合理的格式合同有利于保护双方当事人的合法权益，但利用格式合同减轻、免除损害消费者权益应承担的民事责任，显然损害了消费者的权益，也不利于市场的稳定。因此《消费者权益保护法》规定，经营者不得以格式合同、通知、声明、店堂告示等方式作出对消费者不公平、不合理的规定，或者减轻、免除其损害消费者合法权益应当承担的民事责任。格式合同、通知、声明、店堂告示等含有前述内容的，其内容无效。

八、不得侵犯消费者的人身权

经营者不得对消费者进行侮辱、诽谤，不得搜查消费者的身体及其携带的

物品，不得侵犯消费者的人身自由。诽谤消费者的行为是通过捏造并散布虚假事实的方式进行的行为；侮辱消费者的行为是运用暴力、言词和文字、图形等方法公然贬低和破坏消费者的人格和名誉的行为；而这些行为和侵犯消费者的人身自由都是违宪行为。我国宪法规定，中华人民共和国公民的人身自由和人格尊严不受侵犯。宪法禁止非法拘禁和以其他方法非法剥夺或者限制公民的人身自由；禁止非法搜查公民的身体；禁止用任何方法对公民进行侮辱诽谤和诬告陷害。宪法是国家的根本法，任何单位和个人必须遵守。

项目四　国家与社会对消费者合法权益的保护

引例

李某夫妇于 2011 年 3 月在某市一大型超市购买一台"桃花"牌电暖风扇，一个月后，该风扇连续多次出现自动断电的故障，李某拿出购物发票、保修单等材料再次来到该超市要求换货，但超市负责人认为李某的暖风扇已经使用了一个月，不属于超市规定的换货范畴，只能帮李某免费维修，于是，李某只得将暖风扇留在超市维修，3 天后，李某取回修好的风扇，不料一天后又出现故障，李某又一次来到超市坚决要求换货或退货，但超市负责人以同样的理由坚决拒绝，双方发生争议，李某投诉至当地消费者协会。

基本理论

一、国家对消费者合法权益的保护

在消费者权益的保护方面，国家同经营者一样也应负有相应的义务。依据我国《消费者权益保护法》的规定，国家对消费者合法权益的保护主要有：国家制定有关消费者权益的法律、法规和政策时，应当听取消费者的意见和要求；各级人民政府应当加强领导，组织、协调、督促有关行政部门做好保护消费者合法权益的工作。各级人民政府应当加强监督，预防危害消费者人身、财产安全行为的发生，及时制止危害消费者人身、财产安全的行为；各级人民政府工商行政管理部门和其他有关行政部门应当依照法律、法规的规定，在各自的职责范围内，采取措施，保护消费者的合法权益。有关行政部门应当听取消费者及其社会团体对经营者交易行为、商品和服务质量问题的意见，及时调查处理；有关国家机关应当依照法律、法规的规定，惩处经营者在提供商品和服务中侵害消费者合法权益的违法犯罪行为；人民法院应当采取措施，方便消费者提起诉讼。对符合《民事诉讼法》起诉条件的消费者权益争议，必须受理，及时审理。

二、社会对消费者合法权益的保护

保护消费者合法权益是全社会的共同责任，国家鼓励、支持一切组织和个人对损害消费者合法权益的行为进行社会监督。因此，我国《消费者权益保护法》规定，消费者协会和其他消费者组织是依法成立的对商品和服务进行社会监督的保护消费者合法权益的社会团体。这就明确了在我国消费者组织主要有消费者协会和除消费者协会以外由消费者依法成立的维护自身合法权益的社会团体，他们通过对侵害消费者权益的行为公开批评、组织评议商品和服务质量、监督经营者、协助消费者解决争议等方式达到保护消费者的目的。其中消费者协会是消费者组织的最主要力量。它是由政府有关部门发起，由有关行政管理部门、社会团体、新闻单位、企业主管部门及消费者的代表组成，经国务院或各级人民政府批准，依法成立的社会团体，承担的是党和政府交办的任务，依据法律赋予的七项职能，专门从事消费者权益保护工作的公益性组织。各级人民政府对消费者协会履行职能应当予以支持。

消费者协会不得从事商品经营和营利性服务，不得以牟利为目的向社会推荐商品和服务。这一社会团体具有权威性、公正性。消费者协会的主要职能如下：

（一）向消费者提供消费信息和咨询服务

消费者协会向消费者提供商品和服务在市场中的现状、发展趋势及商品和服务的提供者等一系列资料，使消费者教育权得以实现；并针对消费者询问的有关消费及消费者权益保护方面的问题依据事实予以解答，以保护消费者的合法权益。消费者协会通过事前保护，达到引导消费者科学合理消费，避免或减少经济损失、人身伤害的目的。

（二）参与有关行政部门对商品和服务的监督、检查

行政部门在对与消费者权益密切相关的商品和服务履行监督、检查职权时，应吸收消费者协会参加，共同进行。消费者协会也可以依据本法主动要求参加有关行政部门的监督检查，目的在于充分发挥消费者协会的社会监督职能，及时反馈消费者反映的商品及服务中存在的问题，促使经营者守法经营。

（三）就有关消费者合法权益的问题，向有关行政部门反映、查询、提出建议

反映、查询、提建议是对行政机关最主要、最有力的监督。赋予消费者协会向执法监督、行业主管等部门反映、查询、建议职能，有利于消费者协会对消费者合法权益的保护，同时，在政府与消费者之间又起到了桥梁作用。消费者协会反映有关问题应真实、客观；查询应针对有关消费者合法权益问题，向有关行政部门调查询问相关情况及反映的具体问题处理情况。

（四）受理消费者的投诉，并对投诉事项进行调查、调解

在消费者和经营者自愿的基础上，消费者协会通过查明事实，进行调解，达成一致，解决争议。赋予消费者协会受理消费者的投诉，并对投诉事项进行调查、调解的职能，无论是降低投诉成本、改善消费者的弱者地位，还是简化程序，都对消费者更有利。同时，到消费者协会处理消费纠纷的实质属民间调解，对经营者而言也比较容易接受。

（五）投诉事项涉及商品和服务质量问题的，可以提请鉴定部门鉴定，鉴定部门应当告知鉴定结论

消费者协会在受理投诉中，涉及判断有关商品和服务质量问题时，应提请鉴定部门依法取得鉴定结论，避免判断的随意性，从而严肃、公正地解决消费者权益纠纷。鉴定部门对消费者协会提请鉴定的事项，应及时予以鉴定，并有义务将鉴定结论如实告知消费者协会。

（六）就损害消费者合法权益的行为，支持受损害的消费者提起诉讼

这是保护弱者原则的又一鲜明体现。由于在日常受理的消费者投诉中，并非都可以通过消费者协会调解得到解决，有的尽管双方达成了和解意向书，但往往由于经营者拒不履行和解协议或反悔，从而导致调解失败。法律允许消费者协会支持消费者提起诉讼，既可以作为消费者的委托代理人直接参加诉讼，也可以给消费者以道义上及有关法律知识方面的支持。对经营者也是一种无形的压力。

（七）对损害消费者合法权益的行为，通过大众传播媒介予以揭露、批评

消费者协会针对损害消费者合法权益的行为，可以公开在大众传播媒介上予以登载、播放，进行曝光、批评，以充分发挥舆论监督在社会监督中的作用，强化消费者协会在保护消费者权益方面的职能，同时增强社会免疫力，促使经营者尊重消费者的合法权益。

新《消费者权益保护法》第37条第1款规定，消费者协会应当履行公益性职责，就损害消费者合法权益的行为，支持受损害的消费者提起诉讼或依照本法提起诉讼。近几年来，我国不断出现侵犯消费者权益的群体性消费事件，对于消费纠纷数额较小的事件，相当多的消费者衡量维权成本后，出于各种原因不愿意维权。在诸如三鹿奶粉、问题胶囊等群体性消费事件中，消费者往往势单力薄，举证困难，消费维权常常陷入尴尬境地。修改后的《消费者权益保护法》明确了消费者协会的诉讼主体地位，对于群体性消费事件，消费者可以请求消协提起公益诉讼。

项目五　争议的解决和法律责任的确定

引例

王某于 2012 年在某市一家具展览会上购买了一套标明是"意大利进口"的家具，回家后没几天偶遇一朋友对其"进口"家具的真实性提出疑问，于是，王某自费请有关专业机构检测，结果是：该家具是用一种进口的"意大利油漆"漆的，而家具本身是在当地用当地的木材生产制作的。王某非常气愤地去当初购买家具的展览会要求退货并赔偿，但被告知展览会已经结束了。于是，王某将展览会的举办者告上法院。

基本理论

一、争议的解决

（一）争议的解决途径

消费者和经营者发生消费者权益争议的，可以通过下列途径解决：

1. 与经营者协商和解。一般争议均可由双方在平等自愿的基础上进行，重大纠纷或双方无法协商解决的，可寻求其他解决方式。

2. 请求消费者协会调解。其调解结果由双方自愿接受和执行。

3. 向有关行政部门申诉。主要是根据具体情况，向工商部门、物价部门、质量监督部门等提出申诉，寻求救济。

4. 根据与经营者达成的仲裁协议提请仲裁机构仲裁。但需有双方事先订立的书面仲裁协议或条款。

5. 向人民法院提起诉讼。

6. 举证责任。新《消费者权益保护法》第 23 条增加了一款作为第 3 款，内容为："经营者提供的机动车、计算机、电视机、电冰箱、空调器、洗衣机等耐用商品或者装饰装修等服务，消费者自接受商品或者服务之日起 6 个月内发现瑕疵，发生争议的，由经营者承担有关瑕疵的举证责任。""谁主张，谁举证"是我国《民事诉讼法》规定的一般证据规则。消费者要想证明某个商品是否存在瑕疵就必须拿出证据来，但因为不掌握相关技术等信息，消费者举证往往非常困难。此次《消费者权益保护法》修改，将消费者"拿证据维权"转换为经营者"自证清白"，实行举证责任倒置，破解了消费者举证难问题。根据修改后的《消费者权益保护法》，一些商品有无质量问题，应由商家来举证。

（二）根据不同情况，赔偿责任的承担主体

1. 生产者、销售者、服务者责任。

（1）消费者在购买、使用商品时，其合法权益受到损害的，可以向销售者要求赔偿。销售者赔偿后，属于生产者的责任或者属于向销售者提供商品的其他销售者的责任的，销售者有权向生产者或者其他销售者追偿。

（2）消费者或者其他受害人因商品缺陷遭受人身、财产损害的，可以向销售者要求赔偿，也可以向生产者要求赔偿。属于生产者责任的，销售者赔偿后，有权向生产者追偿；属于销售者责任的，生产者赔偿后，有权向销售者追偿。

（3）消费者在接受服务时，其合法权益受到损害的，可以向服务者要求赔偿。

（4）消费者在展销会、租赁柜台购买商品或者接受服务，其合法权益受到损害的，可以向销售者或者服务者要求赔偿。展销会结束或者柜台租赁期满后，也可以向展销会的举办者、柜台的出租者要求赔偿。展销会的举办者、柜台的出租者赔偿后，有权向销售者或者服务者追偿。

（5）新《消费者权益保护法》44 条新增了"定位网购平台责任"，即"消费者通过网络交易平台购买商品或接受服务，其合法权益受到损害的，可以向销售者或服务者要求赔偿。网络交易平台提供者不能提供销售者或服务者的真实名称、地址和有效联系方式的，消费者也可以向网络交易平台提供者要求赔偿；网络交易平台提供者作出更有利于消费者承诺的，应当履行承诺。网络交易平台提供者赔偿后，有权向销售者或服务者追偿"。

2. 营业执照持有人或使用人责任。使用他人营业执照的违法经营者提供商品或者服务，损害消费者合法权益的，消费者可以向其要求赔偿，也可以向营业执照的持有人要求赔偿。

3. 变更后的企业责任。消费者在购买、使用商品或者接受服务时，其合法权益受到损害，因原企业分立、合并的，可以向变更后承受其权利义务的企业要求赔偿。

4. 从事虚假广告行为的经营者和广告的经营者责任。消费者因经营者利用虚假广告提供商品或者服务，其合法权益受到损害的，可以向经营者要求赔偿。广告的经营者发布虚假广告的，消费者可以请求行政主管部门予以惩处。广告的经营者不能提供经营者的真实名称、地址的，应当承担赔偿责任。

新《消费者权益保护法》第 45 条增加了两款作为第 2 款、第 3 款，内容为："广告经营者、发布者设计、制作、发布关系消费者生命健康商品或者服务的虚假广告，造成消费者损害的，应当与提供该商品或者服务的经营者承担连带责任。

社会团体或者其他组织、个人在关系消费者生命健康商品或者服务的虚假广告或者其他虚假宣传中向消费者推荐商品或者服务，造成消费者损害的，应当与提供该商品或者服务的经营者承担连带责任。"

二、法律责任的确定

（一）民事责任

1. 一般的民事责任。经营者提供商品或者服务有下列情形之一的，除消费者权益保护法另有规定外，应当依照产品质量法和其他有关法律、法规的规定，承担民事责任：

（1）商品存在缺陷的；

（2）不具备商品应当具备的使用性能而出售时未作说明的；

（3）不符合在商品或者其包装上注明采用的商品标准的；

（4）不符合商品说明、实物样品等方式表明的质量状况的；

（5）生产国家明令淘汰的商品或者销售失效、变质的商品的；

（6）销售的商品数量不足的；

（7）服务的内容和费用违反约定的；

（8）对消费者提出的修理、重作、更换、退货、补足商品数量、退还货款和服务费用或者赔偿损失的要求，故意拖延或者无理拒绝的；

（9）法律、法规规定的其他损害消费者权益的情形。

2. 侵犯人身权的民事责任。

（1）一般伤害的责任。经营者提供商品或者服务，造成消费者或者其他受害人人身伤害的，应当支付医疗费、治疗期间的护理费、因误工减少的收入等费用。

（2）致残的责任。经营者提供商品或者服务，造成消费者残疾的，还应当支付残疾者生活辅助具费、生活补助费、残疾赔偿金以及由其扶养的人所必需的生活费等费用。

（3）致死的责任。经营者提供商品或者服务，造成消费者或者其他受害人死亡的，应当支付丧葬费、死亡赔偿金以及由死者生前扶养的人所必需的生活费等费用。

（4）侵犯人格权的责任。经营者侵害消费者的人格尊严或者侵犯消费者人身自由的，应当停止侵害、恢复名誉、消除影响、赔礼道歉，并赔偿损失。

3. 财产损害的民事责任。

（1）经营者提供商品或者服务，造成消费者财产损害的，应当按照消费者的要求，以修理、重作、更换、退货、补足商品数量、退还货款和服务费用或者赔偿损失等方式承担民事责任。消费者与经营者另有约定的，按照约定履行。

（2）对国家规定或者经营者与消费者约定包修、包换、包退的商品，经营者应当负责修理、更换或者退货。在保修期内两次修理仍不能正常使用的，经营者应当负责更换或者退货。对包修、包换、包退的大件商品，消费者要求经营者修理、更换、退货的，经营者应当承担运输等合理费用。

（3）经营者以邮购方式提供商品的，应当按照约定提供。未按照约定提供的，应当按照消费者的要求履行约定或者退回货款；并应当承担消费者必须支付的合理费用。

（4）经营者以预收款方式提供商品或者服务的，应当按照约定提供。未按照约定提供的，应当按照消费者的要求履行约定或者退回预付款；并应当承担预付款的利息、消费者必须支付的合理费用。

（5）依法经有关行政部门认定为不合格的商品，消费者要求退货的，经营者应当负责退货。

（6）经营者提供商品或者服务有欺诈行为的，应当按照消费者的要求增加赔偿其受到的损失，增加赔偿的金额为消费者购买商品的价款或者接受服务的费用的3倍。

我们一般把对经营者从事欺诈行为应承担的民事责任称为惩罚性赔偿金，《消费者权益保护法》对于传统民法的赔偿实际损失原则的首次突破，主要适用于假冒等恶意侵权领域。新《消费者权益保护法》第55条第1款修正为："经营者提供商品或者服务有欺诈行为的，应当按照消费者的要求增加赔偿其受到的损失，增加赔偿的金额为消费者购买商品的价款或者接受服务的费用的3倍；增加赔偿的金额不足500元的，为500元。法律另有规定的，依照其规定。"

（二）行政责任

我国《消费者权益保护法》规定，经营者有下列情形之一，除承担相应的民事责任外，其他有关法律、法规对处罚机关和处罚方式有规定的，依照法律、法规的规定执行；法律、法规未作规定的，由工商行政管理部门责令改正，可以根据情节单处或者并处警告、没收违法所得、处以违法所得1倍以上10倍以下的罚款，没有违法所得的，处以50万元以下的罚款；情节严重的，责令停业整顿、吊销营业执照：

1. 提供的商品或者服务不符合保障人身、财产安全要求的；

2. 在商品中掺杂、掺假，以假充真，以次充好，或者以不合格商品冒充合格商品的；

3. 生产国家明令淘汰的商品或者销售失效、变质的商品的；

4. 伪造商品的产地，伪造或者冒用他人的厂名、厂址，篡改生产日期，伪造或者冒用认证标志等质量标志的；

5. 销售的商品应当检验、检疫而未检验、检疫或者伪造检验、检疫结果的；

6. 对商品或者服务作虚假或者引人误解的宣传的；

7. 拒绝或者拖延有关行政部门责令对缺陷商品或者服务采取停止销售、警示召回、无害化处理、销毁、停止生产或者服务等措施的；

8. 对消费者提出的修理、重作、更换、退货、补足商品数量、退还货款和服务费用或者赔偿损失的要求，故意拖延或者无理拒绝的；

9. 侵害消费者人格尊严或者侵犯消费者人身自由的或者侵害消费者个人信息依法得到保护的权利的；

10. 法律、法规规定的对损害消费者权益应当予以处罚的其他情形。

经营者对行政处罚决定不服的，可以自收到处罚决定书之日起 15 日内向上一级机关申请复议，对复议决定不服的，可以自收到复议决定书之日起 15 日内向人民法院提起诉讼；也可以直接向人民法院提起诉讼。

（三）刑事责任

我国《消费者权益保护法》规定的刑事责任有以下几种：

1. 经营者提供商品或者服务，造成消费者或者其他受害人人身伤害的，构成犯罪的，依法追究刑事责任。

2. 经营者提供商品或者服务，造成消费者或者其他受害人死亡的，构成犯罪的，依法追究刑事责任。

3. 以暴力、威胁等方法阻碍有关行政部门工作人员依法执行职务的，依法追究刑事责任；拒绝、阻碍有关行政部门工作人员依法执行职务，未使用暴力、威胁方法的，由公安机关依照《治安管理处罚法》的规定处罚。

4. 国家机关工作人员玩忽职守或者包庇经营者侵害消费者合法权益的行为的，由其所在单位或者上级机关给予行政处分；情节严重，构成犯罪的，依法追究刑事责任。

思考题

1. 试述消费者的权利。

2. 试述经营者的义务。

3. 国家与社会是如何保护消费者合法权益的？

4. 消费者和经营者争议解决的途径有哪些？

5. 习作案例：

2003 年 8 月 8 日，消费者李某将拍摄自己结婚婚礼活动的一卷胶卷交给某彩色扩印中心冲洗，并预交冲印费 20 元，彩色扩印中心开出一张有"如遇意外损坏或者遗失，本中心赔偿同类同号胶卷一卷或相当价值的现金"字样的印单，交给李某。后彩扩中心不慎将该卷胶卷遗失。李某要求赔偿经济损失和精神损失，而彩扩中心只同意赔偿一卷同类同号彩色胶卷的钱。

问题：

（1）彩扩中心开出的印单上的说明有效否？

（2）你认为应该如何处理？

证券法律制度

　　社会上一部分人有余钱闲置而需要投资，另一部分人由于从事生产经营缺少资金，需要取得他人提供的资金使用权，即筹集资金。这种投资者与筹资者之间的联结，通过证券的形式来实现，也就是运用证券作为工具，体现这种投资与筹资的关系，确定双方的权利义务。投资者与筹资者之间，投资者相互之间，以及与他们发生联系的许多中介机构、服务机构、监督管理机构之间，就形成了错综复杂的权利义务关系。上述这些证券发行和交易行为，以及由此而产生的权利义务关系，都应当是有规则的，不能是无秩序的。为了规范证券发行和交易行为，保护投资者的合法权益，维护社会经济秩序和社会公共利益，促进社会主义市场经济的发展，制定《证券法》，证券市场是社会主义市场经济的重要组成部分，该法是规范证券市场的基本法律，因此，也可以说《证券法》是适应社会主义市场经济需要的重要法律，为证券的发行和交易确立具有普遍约束力的行为规则，从而使证券市场得以在法治轨道上规范有序地运行。

项目一　证券与证券法的概述

引例

　　2002 年成都医药物流中心建设指挥部办公室与四川某药业股份有限公司子公司某医药公司、四川某药房连锁有限公司签订了《供地协议》，并支付了价款。该《供地协议》的行为属于联合投资的关联交易，药业公司在 2002 年年报中没有如实披露为关联交易。2004 年药业公司与成都某投资有限公司签订《借款协议》，约定药业公司向投资公司借款 2000 万元，并向投资公司出具一份《指定账户说明》，要求投资公司将 2000 万元借款划入某集团账户。同日，投资公司按协议约定将 2000 万元划入某集团账户。药业公司上述变相将资金拆借给大股东的行为属关联交易，药业公司未进行临时公告，在 2004 年年度报告、2005 年中期报告和 2005 年年度报告中均未予以披露。某集团于 2004 年 9 月 6

日至 2005 年 12 月 31 日归还共计 1100 万元给投资公司。2006 年 9 月 19 日，投资公司向成都市中级人民法院起诉药业公司。法院立案并进行了审理。对上述重大诉讼，药业公司未进行临时公告，也未在 2006 年年度报告中予以披露。

四川某药业股份有限公司未履行信息披露遭处罚案义务是否违反了证券法的基本原则？

[引例分析]

未履行信息披露义务违反了公开原则。公开原则是指有关证券发行和交易的信息要依法披露，让投资者充分了解真实情况，从而自行作出投资选择的行为准则。证券发行和交易信息的公开是证券法信息公开制度的基石，是防止虚假信息导致的证券欺诈和操纵市场的行为。

基本理论

一、证券的概念及种类

（一）证券的含义

证券是用以表明各类财产所有权和债权的凭证。证券持有人有权按其券面所载内容取得应有权益的书面证明。

（二）证券的特征

由于证券是资本所有权或债权的书面证明，它表明持有人拥有与证券相对应的经济权利，同时证券是主要的融资工具，还可以在市场上不断转让和变现，给投资者提供了通过投资或投机活动盈利的机会，但有时由于证券市场的变化或发行人的原因，也有发生损失的可能性，因此它具有权益性、流通性、机会性、风险性的特性。

（三）证券的分类

证券按其性质不同可以分为两大类：一类是无价证券，是指不能使持有人或第三者取得一定收入的证券，如收据、借据、提单、保险单、供应证和商品供应券等；另一类是有价证券，是指具有一定的票面金额，证明持有人对某种资产有权按期取得一定收入的所有权或债权书面凭证。有价证券是一种表示具有财产价值的民事权利的证券，权利的发生、转移和行使均以持有证券为必要。有价证券包括货币证券和资本证券，货币证券是对一定量的货币拥有索取权的凭证，如支票、汇票、期票、本票等，它们适用票据法；资本证券是对一定量的资本拥有所有权和对一定的收益分配拥有索取权的凭证，具有融资和获取收益的双重职能，是有价证券的主要形式，如债券、股票等，它们适用证券法。

二、证券法的概念和基本原则

（一）证券法的概念

证券法有广义和狭义之分。广义的证券法是指调整证券发行和交易过程中发生的经济关系的法律规范的总称。狭义的证券法是指证券法典，即专门调整和规范证券发行、证券交易、证券监督管理关系及其他与证券相关关系的法律规范，在我国是指《中华人民共和国证券法》。

证券市场是各种有价证券发行和流通的场所，它是现代金融市场的重要组成部分。证券市场由发行市场和流通市场构成。发行市场（又称一级市场、初级市场），是证券发行人发行证券以筹集资金的市场。流通市场（又称二级市场、交易市场），是对已发行的证券进行交易的市场。

我国自发展证券市场伊始，就注重对其进行统一管理，为了规范证券发行和交易行为，保护投资者的合法权益，维护社会经济秩序和社会公共利益，促进社会主义市场经济的发展，我国于 1998 年 12 月 29 日在第九届全国人大常委会第六次会议上通过了《中华人民共和国证券法》，根据新时期我国证券规范发展的需要，在 2005 年 10 月 27 日第十届全国人民代表大会常务委员会第十八次会议上又审议通过了重新修订的证券法，自 2006 年 1 月 1 日起施行。在我国，证券法是我国社会主义市场经济法体系的重要组成部分，主要调整证券发行、交易关系和证券监督管理关系，适用于股票、公司债券和国务院依法认定的其他证券。

（二）证券法的调整对象

任何一个法律部门都有其特定社会关系作为调整对象。证券法也不例外。就证券法理论而言，证券法的调整对象是证券关系，一般包括证券发行、证券交易、证券服务、证券监管和证券司法等法律关系。需注意的是，实践中，各国证券法的调整对象与范围是有所差异的。

我国证券法的调整对象，根据《证券法》第 2 条规定："在中华人民共和国境内，股票、公司债券和国务院依法认定的其他证券的发行和交易，适用本法；本法未规定的，适用《中华人民共和国公司法》和其他法律、行政法规的规定。政府债券、证券投资基金份额的上市交易，适用本法；其他法律、行政法规有特别规定的，适用其规定。证券衍生品种发行、交易的管理方法，由国务院依照本法的原则规定。"这一规定表明，我国《证券法》以调整证券交易关系为主，同时也调整与证券交易有关的发行关系。这一规定还明确了我国《证券法》与《公司法》以及其他法律、行政法规的关系，确立了《证券法》作为特别法优先适用的法律地位。

（三）证券法的基本原则

证券法的基本原则是指证券法所规定的，广泛适用于调整各种证券发行和证券交易活动的基本行为准则。证券法的基本原则是证券法基本精神的体现，贯穿于证券发行、交易、管理以及证券立法、执法和司法的始终。从证券市场的基本性质和运行特点出发，我国证券法规定在证券的发行、交易活动中，所有的市场参与者必须遵循这些原则，只有这样，才能创造一个保护投资者权益，鼓励公平竞争，适合社会主义市场经济需要的投资环境。

1. 公开、公平、公正原则。公开原则是指有关证券发行、交易的信息要依法如实、充分、持续披露，为投资者提供证券发行人的基本情况、经营情况、财务情况，管理情况，让投资者在了解真实情况的基础上做出决策。公开是实现市场管理的有效手段，是最核心的原则，有三层含义：一是发行要公开；二是交易要公开；三是与发行和交易有关的信息要公开。信息公开制度是公开原则的最主要方面。

贯彻公开原则的基本要求是，公开的信息必须充分，依法应当公开的内容要尽量满足投资者的需要；公开的信息必须真实，具有客观性、一致性和规范性，不得作虚假陈述；公开的信息必须准确无误，不得以模糊不清的语言使公众对其公布的信息产生误解，不得有误导性陈述，不得有虚假内容；公开的信息必须完整，不应当有重大遗漏或者误导行为；公开信息要及时，不得有迟延，公开的信息要有实际的使用价值。在证券市场中，除了信息公开外，还应当依法公开程序、公开办事规则。公开原则是"公开、公平、公正原则"的基础，是"公平、公正"原则实现的保障。没有"公开"原则的保障，"公平、公正"便失去了衡量的客观标准，也失去了得以维持的坚实后盾。实行公开原则有利于约束证券发行人的行为，改善其经营管理；有利于证券市场上发行与交易价格的合理形成；有利于维护广大投资者的合法权益；有利于进行证券监管，提高证券市场效率。

公平原则是指证券市场的参与者在法律上地位平等，在市场中机会平等，公平地开展竞争，合法权益均应受到公平保护，任何单位或个人不得享有特权。公平原则在证券活动中主要体现为：公平的市场准入和市场交易规则，平等的主体法律地位等。比如，投资者持有的股票应当是同股同权、同股同利，在证券交易中无论交易额的大小，都应有同等的获利机会和承担同等的风险。

公正原则是指证券的发行、交易活动执行统一的规则，适用统一的规范。在证券市场中，立法者制定的公正的规则，对一切被监管者给予公正待遇。即在证券市场中，公正地对待各方当事人，证券市场参与者的合法权益受到同等的保护，在享有权利和承担责任方面是公正的。证券市场是一个风险集中的市场，只有实行统一、公正的行为规则，公正地处理市场中产生的争执，公正地确定风险责任，公正地调整利益关系，才能保证证券市场正常有效地运行。与公平原则不同之处在于：公正原则主要是强调对证券市场的立法者、司法者和管理者的行为进行约束，它要求证券监管机关，司法机关和其他有权机关在公开、公平的基础上，依法履行职责，并依照法律法规的规定对一切被监管对象给予公正待遇，对证券违法行为的处罚、对证券纠纷和争议的处理都应当依法公正进行，做到法律面前人人平等。

2. 平等、自愿、有偿和诚实信用原则。在证券交易活动中，买者与卖者都是投资者，他们的法律地位平等。这是市场主体参与市场活动的基本条件。

自愿原则是指民事活动当事人法律地位平等，他们参与民事活动完全出于意思自治，任何机构、组织或个人不得非法干预。就是说投资者认购证券的行为，筹资者发行证券的行为，证券持有人相互转让证券的行为，都应出于自愿，由其自主决定，不应当进行强制，除在法律中做出特别规定的，其买卖行为不受限制。

有偿原则是指民事活动当事人权利义务对等，他们从事交易活动应当支付对价。证券的转让是一种财产权利的转让，让出证券就是转让财产权利，让出方应当取得一定的代价，受让证券的一方得到了财产权利，所以应当是有偿进行的，这也是市场经济中通行的原则。

诚实信用原则是指民事活动当事人参与民事活动要诚实守信，不违约，不弄虚作假。相关主体从事证券发行、证券交易活动时都应本着诚实、善意的态度，即讲求信誉，恪守信用，意思表示真实，行为合法等。诚实信用原则反映了市场经济秩序的要求，是保障市场有规则有秩序运行的重要法则，同时也是社会主义道德规范在法律上的表现。这是市场经济中一条通行的重要原则，在市场经济中，市场主体之间相互进行交换时，均应当有诚意，向对方提供情况应当是真实的。

3. 遵守法律，反欺诈原则。证券的发行、交易活动是市场经济的产物，关系到社会各方面的利益，牵动到若干个经济领域，由此形成多方面的经济和法律关系，必须遵守国家法律，行政法规的规定。这是建立社会主义法治国家的必然要求。

证券的发行、交易活动是市场经济活动，应当遵守诚实信用原则，禁止欺诈、内幕交易和操纵证券市场的行为。这些行为破坏了公平竞争，扭曲了证券市场正常的供求关系，对证券市场秩序具有极大的破坏性，必须予以禁止。

4. 分业经营、管理原则。证券业和银行业、信托业、保险业实行分业经营、分业管理，证券公司与银行、信托、保险业务机构分别设立，国家另有规定的除外。分业经营、分业管理有利于提高经营水平，加强监督管理，化解金融风险。

项目二　证券市场的参与者

引例

经查明，某证券公司存在以下违法行为：①违规开展委托理财业务。某证券公司未取得证监会批准的客户资产管理业务资格，即于 2006 年 7 月与某（集团）有限公司签订国债托管协议，托管该公司持有的国债，用于国债回购。②违规拆借资金。某证券公司和某纺织公司分别于 2006 年 12 月 17 日和 2006 年 12 月 23 日签订两份资金拆借协议，金额分别为 700 万元和 1200 万元。某证券公司作为资金的拆出方。另外，某证券公司于 2007 年 2 月 7 日以沈阳一处自有房产作抵押，融资 1200 万元拆借给辽宁某药业开发有限公司。

本案涉及的主要问题是，什么是证券公司？设立、变更、终止证券公司需具备什么条件？经过什么程序？是否未经批准就可以开展理财业务？

基本理论

一、证券投资者

证券投资者是指根据证券发行人的招募要约，已认购或购买证券或者将认购或购买证券的个人或组织。投资者是最重要的市场主体，他们既是证券市场的资金供给者，也是证券的需求者和购买者。证券投资者可分为多种类型。按照投资者身份，证券投资者分为个人投资者和机构投资者。个人投资者是指从事证券买卖的居民个人，其目的是对其剩余、闲置的货币资金加以运用，实现保值和增值的目的。目前，我国个人投资者数量相当庞大，他们多数直接参与证券市场交易。机构投资者是指从事证券买卖的法人单位，主要有非金融企业、金融机构和政府部门等。根据《证券法》的规定，银行、信托和保险机构不得从事证券认购和交易，不得成为证券投资者。国家公务员及其他依法被禁止人员或机构以及证券监管机构及其工作人员也不得成为证券投资者。

我国证券法规定投资者申请开立账户，必须持有证明中国公民身份或者中国法人资格的合法证件。法律、行政法规规定禁止参与股票交易的人员，直接或者以化名、借他人名义持有、买卖股票。

投资者应当与证券公司签订证券交易委托协议，并在证券公司开立证券交易账户，以书面、电话以及其他方式，委托该证券公司代其买卖证券。

二、证券公司

（一）证券公司的概念及业务范围

证券公司是指依照公司法和证券法有关规定设立的并经国务院证券监督管

理机构审查批准可以从事证券经营业务的有限责任公司或股份有限公司。

经国务院证券监督管理机构批准，证券公司可以经营下列部分或者全部业务：

1. 证券经纪，是指证券公司通过收取证券买卖佣金，促成买卖双方证券交易的中介业务活动。

2. 证券投资咨询，是指取得监管部门颁发的相关资格的机构及其咨询人员为投资人或客户提供证券投资分析、预测或建议等直接或间接有偿咨询服务的活动。

3. 与证券交易、证券投资活动有关的财务顾问，是指证券公司根据客户需求，为客户的证券投资、资本运作、证券资产管理等活动提供咨询、分析、方案设计等服务。

4. 证券承销与保荐，是指证券公司通过与证券发行人签订证券承销协议，在规定的证券发行期限内协助证券发行人推销其所发行的证券的业务活动。

5. 证券自营，是指证券公司以自己的名义和资金进行证券买卖，并从中获取收益的业务活动。

6. 证券资产管理，是指证券公司依照与客户签订的资产管理合同，根据合同约定的方式、条件及要求，运用客户资产进行证券投资的业务活动。从事此项业务的证券公司应当依照规定取得中国证监会客户资产管理业务资格。

7. 其他证券业务。我国这一规定为今后证券业的发展预留足够的法律空间。

证券公司又称券商，是证券市场中的一个重要的参与主体，是连接证券发行人与证券投资者、证券投资者与证券投资者之间关系的中介机构。在证券交易过程中，证券公司既可充当证券投资者，即以其自有资金直接进行证券买卖，具有证券投资者的一般职能，以自己的资金和风险承担证券买卖后果；也可依法充当证券买卖的中介机构。由于依照现行规定，证券投资者无法进入证券交易所直接买卖证券，必须委托证券公司办理证券交易事宜。所以，在获得证券投资者委托后，证券公司又成为证券投资者买卖证券的受托人，以委托人名义并为其利益买卖证券。

（二）证券公司的设立条件

设立证券公司，应当具备下列条件：有符合法律、行政法规规定的公司章程；主要股东具有持续盈利能力，信誉良好，最近3年无重大违法违规记录，净资产不低于人民币2亿元；有符合《证券法》规定的注册资本；董事、监事、高级管理人员具备任职资格，从业人员具有证券从业资格；有完善的风险管理与内部控制制度；有合格的经营场所和业务设施；法律、行政法规规定的和经国务院批准的国务院证券监督管理机构规定的其他条件。

证券公司经营证券经纪、证券投资咨询、与证券交易、证券投资活动有关的财务顾问业务的，注册资本最低限额为人民币 5000 万元；经营证券承销与保荐、证券自营、证券资产管理、其他证券业务之一的，注册资本最低限额为人民币 1 亿元；经营证券承销与保荐、证券自营、证券资产管理、其他证券业务中两项以上的，注册资本最低限额为人民币 5 亿元。证券公司的注册资本应当是实缴资本。

《证券公司监督管理条例》规定，有下列情形之一的单位或者个人，不得成为持有证券公司 5% 以上股权的股东、实际控制人：因故意犯罪被判处刑罚，刑罚执行完毕未逾 3 年；净资产低于实收资本的 50%，或者或有负债达到净资产的 50%；不能清偿到期债务；国务院证券监督管理机构认定的其他情形。

（三）证券公司的高级管理人员、从业人员

证券公司的董事、监事、高级管理人员，应当正直诚实，品行良好，熟悉证券法律、行政法规，具有履行职责所需的经营管理能力，并在任职前取得国务院证券监督管理机构核准的任职资格。

根据《证券法》、《公司法》及《任职资格监督管理办法》的规定，有下列情形的不得担任证券公司的董事、监事或者经理：因违法行为或者违纪行为被解除职务的证券交易所、证券登记结算机构的负责人或者证券公司的董事、监事、高级管理人员，自被解除职务之日起未逾 5 年；因违法行为或者违纪行为被撤销资格的律师、注册会计师或者投资咨询机构、财务顾问机构、资信评级机构、资产评估机构、验证机构的专业人员，自被撤销资格之日起未逾 5 年；因违法行为或者违纪行为被开除的证券交易所、证券登记结算机构、证券服务机构、证券公司的从业人员和被开除的国家机关工作人员，不得招聘为证券公司的从业人员；国家机关工作人员和法律、行政法规规定的禁止在公司中兼职的其他人员，不得在证券公司中兼任职务；无民事行为能力或者限制民事行为能力的人员；因犯有贪污、贿赂、侵占财产、挪用财产罪或者破坏社会经济秩序罪，被判处刑罚，执行期满未逾 5 年，或者因犯罪被剥夺政治权利，执行期满未逾 5 年；担任破产清算的公司、企业的董事或者厂长、经理，对该公司、企业的破产负有个人责任的，自该公司、企业破产清算完结之日起未逾 3 年；担任因违法被吊销营业执照的公司、企业的法定代表人，并负有个人责任的，自该公司、企业被吊销营业执照之日起未逾 3 年；个人所负数额较大的债务到期未清偿。因重大违法违纪行为受到金融监管部门行政处罚，执行期满未逾 3 年；自被中国证监会撤销任职资格之日起未逾 3 年；自被中国证监会认定为不适合当选之日起未逾 2 年；中国证监会认定的其他情形。

（四）证券公司行为的规范

1. 证券公司应当建立健全内部控制制度，采取有效隔离措施，防范公司与客户之间、不同客户之间的利益冲突。证券公司必须将其证券经纪业务、证券承销业务、证券自营业务和证券资产管理业务分开办理，不得混合操作。

2. 证券公司的自营业务必须以自己的名义进行，不得假借他人名义或者以个人名义进行。证券公司的自营业务必须使用自有资金和依法筹集的资金。证券公司不得将其自营账户借给他人使用。

3. 证券公司客户的交易结算资金应当存放在商业银行，以每个客户的名义单独立户管理。证券公司不得将客户的交易结算资金和证券归入其自有财产。禁止任何单位或者个人以任何形式挪用客户的交易结算资金和证券。证券公司破产或者清算时，客户的交易结算资金和证券不属于其破产财产或者清算财产。非因客户本身的债务或者法律规定的其他情形，不得查封、冻结、扣划或者强制执行客户的交易结算资金和证券。

4. 证券公司办理经纪业务，应当置备统一制定的证券买卖委托书，供委托人使用。采取其他委托方式的，必须做出委托记录。客户的证券买卖委托，不论是否成交，其委托记录应当按照规定的期限，保存于证券公司。

5. 证券公司接受证券买卖的委托，应当根据委托书载明的证券名称、买卖数量、出价方式、价格幅度等，按照交易规则代理买卖证券，如实进行交易记录；买卖成交后，应当按照规定制作买卖成交报告单交付客户。证券交易中确认交易行为及其交易结果的对账单必须真实，并由交易经办人员以外的审核人员逐笔审核，保证账面证券余额与实际持有的证券相一致。

6. 证券公司为客户买卖证券提供融资融券服务，应当按照国务院的规定并经国务院证券监督管理机构批准。

7. 证券公司办理经纪业务，不得接受客户的全权委托而决定证券买卖、选择证券种类、决定买卖数量或者买卖价格。因为，在证券市场上，如果允许全权委托，由于作为受托人的证券公司对市场总体的把握比一般投资者要准确，对一般投资者是不公平的，因此违反了证券法的"公开、公平、公正"原则；而如果受托人不忠实于委托的投资者，证券法认定为欺诈，同样是不允许的。

8. 证券公司不得以任何方式对客户证券买卖的收益或者赔偿证券买卖的损失做出承诺。

9. 证券公司及其从业人员不得未经过其依法设立的营业场所私下接受客户委托买卖证券。证券公司的从业人员在证券交易活动中，按其所属的证券公司的指令或者利用职务违反交易规则的，由所属的证券公司承担全部责任。

10. 证券交易所、证券公司和证券登记结算机构的从业人员、证券监督管理机构的工作人员以及法律、行政法规禁止参与股票交易的其他人员，在任期或者法定期限内，不得直接或者以化名、借他人名义持有、买卖股票，也不得收受他人赠送的股票。任何人在成为以上所列人员时，其原已持有的股票，必须依法转让。

[引例分析]

证券公司是指依照《公司法》和《证券法》的规定设立的经营证券业务的有限责任公司或者股份有限公司。证券市场是一个充满风险的市场，证券公司作为证券市场的重要参与者，风险与其经营相伴，而要防范风险，必须从源头抓起。为确保证券公司安全运营，防止损害投资者利益，必须加强设立管理。为此我国《证券法》第122条规定，设立证券公司，必须经国务院证券监督管理机构审查批准。未经国务院证券监督管理机构批准，任何单位和个人不得经营证券业务。第129条规定证券公司设立、收购或者撤销分支机构，变更业务范围或者注册资本，变更持有5%以上股权的股东、实际控制人，变更公司章程中的重要条款，合并、分立、变更公司形式、停业、解散、破产，必须经国务院证券监督管理机构批准。证券公司在境外设立、收购或者参股证券经营机构，必须经国务院证券监督管理机构批准。

三、证券登记结算机构

证券登记结算机构是指经国务院证券监督管理机构批准的，为证券交易提供集中的登记、存管与结算服务的机构，不以营利为目的的法人。由此可见这是一个在证券交易中同时为买卖双方履行交易责任提供服务的机构，并且这种服务是连续的，贯穿于交易的整个过程，通过这种服务来保证证券交易顺利地、有秩序地完成。证券登记结算机构提供服务虽然是有偿，但并不是借此追求利润，因此是不以营利为目的。证券登记结算机构在证券交易中虽然是提供服务的，但却是处于关键的环节，承担重要的责任，关系到买卖双方的利益关系，必须由国家实施严格的监督管理，因此它的设立需要由国务院证券监督管理机构批准，不得擅自设立，其他部门也不得越权审批。

（一）证券登记结算机构的职能

证券登记结算机构应履行下列职能：

1. 证券账户、结算账户的设立。这是专门为投资者买卖证券而设立的，用于记录投资者的买卖证券情况，在证券交易中起到为买卖双方清算交收服务的作用。

2. 证券的存管和过户。存管就是证券登记结算机构受托集中保管证券持有人持有的上市交易的证券；过户就是根据证券交易清算交收的结果，将证券持有人持有证券的事实记录下来，由证券登记结算机构将一个所有者账户上的证券转移到另一个所有者账户上。

3. 证券持有人名册登记。是由证券登记结算机构进行股权、债权的登记，它是根据证券交易中结算、交收、过户的结果进行的，这种登记是确定了投资者的权利，并形成了证券持有人名册。

4. 证券交易所上市证券交易的清算和交收。这就是在实际履行一方交付证券交易，另一方支付价款的责任，只有这样证券交易才能完成，下一步的交易才能开始并继续。

5. 受发行人的委托派发证券权益。证券在发行后并上市交易，在投资者之间流动，发行人很难掌握哪些人持有证券，也就无法向股东派发权益，这时只有委托证券登记结算机构依据证券持有人登记名册派发，才可以做到准确、便捷，有利于保护投资者利益。

6. 办理与上述业务有关的查询。它有一个限定，就是与上述业务有关的事项，这是合理的，也可以说是相关业务的延伸，这是又一项法定的职能。

7. 国务院证券监督管理机构批准的其他业务。

（二）设立证券登记结算机构的条件

证券登记结算机构是具有法定职责的机构，因此必须具有与之相适应的设立条件。我国《证券法》第156条规定设立证券登记结算机构的必须具备以下条件：①自有资金不少于人民币2亿元；②具有证券登记、存管和结算服务所必需的场所和设施；③主要管理人员和业务人员必须具有证券从业资格；④国务院证券监督管理机构规定的其他条件。

为了保证证券登记结算的运营与它所服务的对象相适应，更有效率，更能保证服务质量，也更有利于防范风险，因此《证券法》规定证券登记结算采取全国集中统一的运营方式，即统一的市场，实行统一的交易规则，由统一的法律规范进行调整，实行集中统一的监督管理体制。同时由于证券登记结算机构是一个有法人资格的组织，还需要有适应自身特点的业务规则，以保证提供的各项服务符合证券交易的要求。所以证券登记结算机构章程、业务规则应当依法制定，并经国务院证券监督管理机构批准。

（三）证券登记结算机构及其从业人员行为规范

发行人首次销售证券上市交易之后，因为证券流通速度快，范围广，具有不特定性，因此发行人自身无法掌握该种证券的情况，这时只有登记结算机构才有记录，因此，证券登记结算机构应当向证券发行人提供证券持有人名册及其有关资料。证券登记结算机构应当根据证券登记结算的结果，确认证券持有人持有证券的事实，提供证券持有人登记资料。证券登记结算机构应当保证证券持有人名册和登记过户记录真实、准确、完整，不得隐匿、伪造、篡改或者毁损。证券登记结算机构应当妥善保存登记、存管和结算的原始凭证及有关文件和资料，其保存期限不得少于20年。

证券登记结算机构是证券市场的必不可少的组成部分，为了保证证券市场持续不断的正常运转，就要求证券登记结算机构应当具有必备的服务设备和完善的数据安全保护措施；建立完善的业务、财务和安全防范等管理制度；建立完善的风险管理系统。

证券持有人所持有的证券，在上市交易时，应当全部存管在证券登记结算机构。证券登记结算机构不得挪用客户的证券。因为托管的证券其所有权属于客户，证券登记结算机构的存管只是代为保管的性质，随意动用、处置客户存管的证券的侵权行为必须严格禁止，以免严重地侵害客户的合法权益。

为保证证券交易活动的公开、公正，以防止专业机构的从业人员利用其业务和信息优势参与股票交易而损害其他投资者的合法权益，证券登记结算机构的从业人员不得持有、买卖股票。

在证券结算中存在风险，需要有必要的财力来对这种风险造成的经济损失进行补偿。因此证券登记结算机构应当设立证券结算风险基金，用于垫付或者弥补因违约交收、技术故障、操作失误、不可抗力造成的证券登记结算机构的损失。证券结算风险基金从证券登记结算机构的业务收入和收益中提取，并可以由结算参与人按照证券交易业务量的一定比例缴纳。证券结算风险基金的筹集、管理办法，由国务院证券监督管理机构会同国务院财政部门规定。为了避免与其他资金混合管理，交叉使用带来的弊端，保证它的使用方向与正确地发挥作用，证券结算风险基金应当存入指定银行的专门账户，实行专项管理。证券登记结算机构以证券结算风险基金赔偿后，应当向有关责任人追偿。

证券登记结算机构为证券交易提供净额结算服务时，应当要求结算参与人按照货银对付的原则，足额交付证券和资金，并提供交收担保。在交收完成之前，任何人不得动用用于交收的证券、资金和担保物。结算参与人未按时履行交收义务的，证券登记结算机构有权按照业务规则处理前款所述财产。

证券登记结算机构按照业务规则收取的各类结算资金和证券，必须存放于专门的清算交收账户，只能按业务规则用于已成交的证券交易的清算交收，不得被强制执行。

四、证券服务机构

案例分析

[案情简介]

经查明，当事人某会计师事务所及隆某、汪某存在如下违法行为：在对某公司 2002 年度、2003 年度会计报表的主营业务收入进行审计时，当事人没有保持应有的职业谨慎，没有执行和追加必要的审计程序，在未按照《独立审计准则》的要求实施相应的审计程序和未取得相应的审计证据的情况下，为某公司出具了含有虚假内容的标准无保留意见的审计报告。

[法律问题]

本案涉及的问题是：会计师事务所出具审计报告时，是否应该对所依据的文件资料内容的真实性、准确性、完整性进行核查和验证？

[分析提示]

重点掌握证券服务机构出具各类法律意见书等文件时，应勤勉尽责，对其所依据的文件资料内容的真实性、准确性、完整性进行核查和验证。

证券服务机构是指根据证券投资和证券交易业务的需要，经国务院证券监督管理机构和有关主管部门批准的专门从事证券服务业务的投资咨询机构、财务顾问机构、资信评级机构、资产评估机构、会计师事务所。

从稳定证券市场、保护投资者利益、规范证券投资咨询机构从业人员的从业行为等角度出发，《证券法》规定，投资咨询机构、财务顾问机构、资信评级机构中从事证券服务业务的人员，必须具备证券专业知识和从事证券业务或者证券服务业务2年以上经验。

投资咨询机构及其从业人员从事证券服务业务不得有下列行为：代理委托人从事证券投资；与委托人约定分享证券投资收益或者分担证券投资损失；买卖本咨询机构提供服务的上市公司股票；利用传播媒介或者通过其他方式提供、传播虚假或者误导投资者的信息。

从事证券服务业务的投资咨询机构和资信评级机构，应当按照国务院有关主管部门规定的标准或者收费办法收取服务费用。

为了强化证券交易服务机构的管理和保护投资者的合法权益，《证券法》规定，证券服务机构为证券的发行、上市、交易等证券业务活动制作、出具审计报告、资产评估报告、财务顾问报告、资信评级报告或者法律意见书等文件，应当勤勉尽责，对所依据的文件资料内容的真实性、准确性、完整性进行核查和验证。其制作、出具的文件有虚假记载、误导性陈述或者重大遗漏，给他人造成损失的，应当与发行人、上市公司承担连带赔偿责任，但是能够证明自己没有过错的除外。

五、证券交易所

案例分析

[案情简介]

某股票在2009年10月22日上午交易中出现异常情况。根据《上海证券交易所交易规则》、《上海证券交易所证券异常交易实时监控指引》有关规定，上海证券交易所决定，自 2009 年 10 月 22 日 10 时 25 分开始停止该股票交易，自 2009 年 10 月 22 日 11 时 25 分起恢复交易。

[法律问题]

当证券交易出现异常情况时，证券交易所是否有权暂停交易？证券交易所的法律地位是什么？

[分析提示]

重点分析理解证券交易所的法律地位。

证券交易所是随着经济生活中出现证券这一财产权利凭证形式之后，由于证券交易的需要而发展建立起来的。证券交易所的雏形产生于 17 世纪的荷兰，1773 年英国人建立了伦敦证券交易所，1817 年华尔街上的市场参与者成立了纽约证券和交易管理处，1863 年管理处易名为纽约证券交易所。现在国际上著名的证券交易所有纽约、伦敦、法兰克福、东京、香港等证券交易所。1918 年 6 月 6 日中国人自己创办的第一家证券交易所北京证券交易所开业，此后上海、武汉等地的交易所陆续创办起来，随着新中国的建立，这些旧的交易所停业。1949 年 6 月新中国第一个证券交易所天津证券交易所设立，此后又设立了北京证券交易所，1952 年相继关闭，从此我国证券交易中断了三十多年，改革开放之后，为适应社会主义市场经济和建立现代企业制度的要求，1986 年 9 月 26 日中国工商银行上海信托投资公司静安证券业务部宣告营业，我国证券交易业务才开始恢复，在 90 年代初，我国先后在上海和深圳设立了两家证券交易所。

（一）证券交易所设立

证券交易所是为证券集中交易提供场所和设施，组织和监督证券交易，实行自律管理的法人。

证券交易所作为证券市场的核心，一方面为投资者、证券公司、上市公司提供交易平台和服务，通过法律规定或者监管部门的授权，对证券公司、上市公司、证券市场进行第一线的监管，以维护证券市场交易秩序、促进市场效率的提高。另一方面它又是被监管者，要接受政府监管部门的依法监督。

证券交易所必须在其名称中标明证券交易所字样。其他任何单位或者个人不得使用证券交易所或者近似的名称。

证券交易所设理事会。理事会是通过证券交易所会员大会的选举产生证券交易所的常设机构，负责证券交易所的日常业务活动的管理与指挥，并执行会员大会的有关决议。证券交易所设总经理一人，由国务院证券监督管理机构任免。

（二）证券交易所的从业人员

《证券法》规定，有下列情形之一的，不得担任证券交易所的负责人：

1. 因违法行为或者违纪行为被解除职务的证券交易所、证券登记结算机构的负责人或者证券公司的董事、监事、高级管理人员，自被解除职务之日起未逾5年。

2. 因违法行为或者违纪行为被撤销资格的律师、注册会计师或者投资咨询机构、财务顾问机构、资信评级机构、资产评估机构、验证机构的专业人员，自被撤销资格之日起未逾5年。

3. 有《公司法》第147条规定的情形的。

此外，证券交易所还担负着证券交易实施一些监管的职责，这一场所需要高素质的工作人员，否则就有可能影响整个股市，进而影响国家的经济秩序。因此因违法行为或者违纪行为被开除的证券交易所、证券登记结算机构、证券服务机构、证券公司的从业人员和被开除的国家机关工作人员，不得招聘为证券交易所的从业人员。

（三）证券交易所的风险基金及对自行收入的费用的支配

证券交易所应从收取的交易费用和会员费、席位费中提取一定的比例的金额设立风险基金。风险基金来源于证券交易所和会员，提取的具体比例和使用办法，由国务院证券监督管理机构会同国务院财政部门规定。风险基金由理事会管理，理事会管理风险基金一是必须专款专用，二是必须依法提取或者收取。证券交易所应当将收存的交易保证金、风险基金存入开户银行专门账户，不得擅自使用。

为了保证证券交易场所和设施的正常运行和维护会员的正当权益，证券交易所可以自行支配的各项费用收入，应当首先用于保证其证券交易场所和设施的正常运行并逐步改善。实行会员制的证券交易所的财产积累归会员所有，其权益由会员共同享有，在其存续期间，不得将其财产积累分配给会员。

（四）证券交易所的职能

1. 提供证券交易场所和设施。由于这一市场的存在，证券买卖双方有集中的交易场所，可以随时把所持有的证券转移变现，保证证券流通的持续不断进行。

2. 形成价格与公告价格。在交易所内完成的证券交易形成了各种证券的价格，由于证券的买卖是集中、公开进行的。采用双边竞价的方式达成交易，其价格在理论水平上是近似公平与合理的，这种价格及时向社会公告，并被作为各种相关经济活动的重要依据。

3. 制定证券交易所的业务规则。公平的交易规则才能达成公平的交易结果。依照证券法律、行政法规制定上市规则、交易规则、会员管理规则和其他有关规则，并报国务院证券监督管理机构批准。

4. 维护交易秩序，组织监管证券交易活动。任何交易规则都不可能十分完善，并且交易规则也不一定能得到有效执行，因此，交易所的一大核心功能便是监管各种违反公平原则及交易规则的行为，使交易公平有序地进行。

因突发性事件而影响证券交易的正常进行时；证券交易所可以采取技术性停牌的措施；因不可抗力的突发性事件或者为维护证券交易的正常秩序，证券交易所可以决定临时停市。停牌指的是某一种上市证券临时停止交易的行为。停市指的是证券交易所内所有的上市证券都停止交易的行为。不论是停牌还是临时停市都必须及时报告国务院证券监督管理机构。

证券交易所对证券交易实行实时监控，并按照国务院证券监督管理机构的要求，对异常的交易情况提出报告。证券交易所应当对上市公司及相关信息披露义务人披露信息进行监督，督促其依法及时、准确地披露信息。证券交易所根据需要，可以对出现重大异常交易情况的证券账户限制交易，并报国务院证券监督管理机构备案。就是说，证券交易所在提供证券交易场所的同时，还有监督管理本所正常交易的职能，这是国际上通行的做法。

5. 管理和公布证券市场信息。证券交易依靠的是信息，包括对交易行情负有即时公布的义务；对会员信息披露负有监管和适当审查的责任；对上市公司信息披露的监管；对自身信息披露的义务。

（五）证券交易所的交易规则

证券交易所依照证券法律、行政法规制定上市规则、交易规则、会员管理规则和其他有关规则，并报国务院证券监督管理机构批准。按照依法制定的交易规则进行的交易，不得改变其交易结果。对交易中违规交易者应负的民事责任不得免除；在违规交易中所获利益，依照有关规定处理。在证券交易所内从事证券交易的人员，违反证券交易所有关交易规则的，由证券交易所给予纪律处分；对情节严重的，撤销其资格，禁止其入场进行证券交易。

进入证券交易所参与集中交易的，必须是证券交易所的会员。证券交易所应当为组织公平的集中交易提供保障，公布证券交易即时行情，并按交易日制作证券市场行情表，予以公布。未经证券交易所许可，任何单位和个人不得发布证券交易即时行情。证券交易所的负责人和其他从业人员在履行与证券交易有关的职务时，与其本人或者其亲属有利害关系的，应当回避。

六、证券业协会

证券业协会是证券业的自律性组织、不以营利为目的的社会团体法人。

证券公司应当加入证券业协会。这种法人的特点是市场主体自愿成立、成员自愿出资成立自己的团体基金。这种组织是由会员通过共同订立章程对协会进行自我管理、自我约束，但同时也要接受有关部门的监督管理。

证券业协会的权力机构为全体会员组成的会员大会。证券业协会章程由会员大会制定，并报国务院证券监督管理机构备案。证券业协会设理事会，理事会成员依章程的规定由选举产生。

证券业协会履行下列职责：教育和组织会员遵守证券法律、行政法规；依法维护会员的合法权益，向证券监督管理机构反映会员的建议和要求；收集整理证券信息，为会员提供服务；制定会员应遵守的规则，组织会员单位的从业人员的业务培训，开展会员间的业务交流；对会员之间、会员与客户之间发生的证券业务纠纷进行调解；组织会员就证券业的发展、运作及有关内容进行研究；监督、检查会员行为，对违反法律、行政法规或者协会章程的，按照规定给予纪律处分；中国证券业协会章程规定的其他职责。

七、证券监督管理机构

国务院证券监督管理机构依法对全国证券市场实行集中统一监督管理，维护证券市场秩序，保障其合法运行。国务院证券监督管理机构根据需要可以设立派出机构，按照授权履行监督管理职责。

国务院证券监督管理机构在对证券市场实施监督管理中履行下列职责：依法制定有关证券市场监督管理的规章、规则，并依法行使审批或者核准权；依法对证券的发行、上市、交易、登记、存管、结算进行监督管理；依法对证券发行人、上市公司、证券公司、证券投资基金管理公司、证券服务机构、证券交易所、证券登记结算机构的证券业务活动，进行监督管理；依法制定从事证券业务人员的资格标准和行为准则，并监督实施；依法监督检查证券发行、上市和交易的信息公开情况；依法对证券业协会的活动进行指导和监督；依法对违反证券市场监督管理法律、行政法规的行为进行查处；法律、行政法规规定的其他职责。国务院证券监督管理机构可以和其他国家或者地区的证券监督管理机构建立监督管理合作机制，实施跨境监督管理。

国务院证券监督管理机构依法履行职责，有权采取下列措施：对证券发行人、上市公司、证券公司、证券投资基金管理公司、证券服务机构、证券交易所、证券登记结算机构进行现场检查；进入涉嫌违法行为发生场所调查取证；询问当事人和与被调查事件有关的单位和个人，要求其对与被调查事件有关的事项做出说明；查阅、复制与被调查事件有关的财产权登记、通讯记录等资料；查阅、复制当事人和与被调查事件有关的单位和个人的证券交易记录、登记过户记录、财务会计资料及其他相关文件和资料；对可能被转移、隐匿或者毁损的文件和资料，可以予以封存；查询当事人和与被调查事件有关的单位和个人的资金账户、证券账户和银行账户；对有证据证明已经或者可能转移或者隐匿违法资金、证券等涉案财产或者隐匿、伪造、毁损重要证据的，经国务院证监督管理机构主要负责人批准，可以冻结或者查封；在调查操纵证券市场、内幕交易等重大证券违法行为时，经国务院证券监督管理机构主要负责人批准，可以限制被调查事件当事人的证券买卖，但限制的期限不得超过 15 个交易日；案情复杂的，可以延长至 30 个交易日；法律、行政法规规定的其他措施。

国务院证券监督管理机构依法履行职责，进行监督检查或者调查，其监督检查、调查的人员不得少于 2 人，并应当出示合法证件和监督检查、调查通知书。监督检查、调查的人员少于 2 人或者未出示合法证件和监督检查、调查通知书的，被检查、调查的单位有权拒绝。

国务院证券监督管理机构工作人员必须忠于职守，依法办事，公正廉洁，不得利用职务便利牟取不正当利益，不得泄露所知悉的有关单位和个人的商业秘密。

国务院证券监督管理机构依法制定的规章、规则和监督管理工作制度应当公开，依据调查结果，对证券违法行为做出的处罚决定，也应当公开。国务院证券监督管理机构依法履行职责，发现证券违法行为涉嫌犯罪的，应当将案件移送司法机关处理。

国务院证券监督管理机构的人员不得在被监管的机构中任职。

项目三　证券发行制度

引例

某股份有限公司，拟向社会公开发行股票。该公司按照《证券法》的规定，准备了所有的申请文件，上报国务院证券监督管理机构。国务院证券监督管理机构接受材料后，认真审查。在尚未作出是否批准的决定前，证券监督管理机构发现，该公司的股票已由某证券公司承销，向社会公开发行了。

根据《证券法》规定，未经批准股份有限公司能否擅自发行证券？证券公司能否承销或代理买卖未经核准擅自公开发行的证券？我国的证券发行审核制度是什么？

基本理论

一、证券发行概述

（一）证券发行的概念及种类

证券发行是指证券发行人以筹集资金为目的，按照法定程序将证券出售给投资者的行为。

证券发行按发行对象的不同，分为私募和公募两种方式。私募又称为不公开发行或内部发行，是指面向少数特定的投资者发行证券的方式。这种发行手续比较简单，可以节省发行费用和时间，不足之处主要在于发行对象有限，所发行的证券流通性较差。公募又称为公开发行，是发行人向不特定的社会公众广泛出售证券的方式。采用公开发行证券的方式，具有发行对象是众多的投资者和不特定的投资者的特点，因此发行对象范围大，筹集资金潜力也大，所发行的证券可以申请在证券交易所上市，增强了证券的流通性，投资者易于分散风险，比较愿意购买，也有利于提高发行人的社会信誉。所以，筹资金额较大、证券发行数量较多的发行人，一般都采用公开发行的方式发行证券募集资金。可以说公开发行是证券发行中最基本、最常见的方式。

我国《证券法》规定，公开发行证券，必须符合法律、行政法规规定的条件，并依法报经国务院证券监督管理机构或者国务院授权的部门核准，未经依法核准，任何单位和个人不得向社会公开发行证券。有下列情形之一的，法律规定为公开发行：向不特定对象发行证券的；向特定对象发行证券累计超过200人的；法律、行政法规规定的其他发行行为。非公开发行证券，不得采用广告、公开劝诱和变相公开方式。

按照证券发行时间，证券发行分为设立发行与新股发行，主要适用于股票发行。设立发行，指为设立股份公司而发行股票，股份公司因发行完成而设立。新股发行是指股份公司设立后发行股票的行为。新股发行通常是股份公司为增加公司股本总额而发行新的股票，如股份公司申请增发新股，也可采取送股或配股方式增加发行新股，还可以在公司合并时向并入企业的股东发行新股，以实现增加资本的目的。新股发行通常会改变股份公司的股本结构或总股本。

根据发行人是否委托证券公司承销，分为直接发行与间接发行。直接发行，又称自营发行，是指发行人不委托其他机构，而是自己直接面向投资人发售证券的方式。这种发行方式的特点是：发行量小，社会影响面不大；内部发行不须向社会公众提供发行人的有关资料；发行成本较低；投资人大多是与发行人有业务往来的机构。直接发行方式由于没有证券承销商的参与，一旦发行失败，则风险全部由发行人承担。间接发行，又称委托代理发行，是指发行人委托证券承销商代其向投资人发售证券的方式，包括包销和代销。发行人为此需支付代理费用给承销商，而承销商则需承担相应的发行责任和风险。间接发行的优点是专业的证券发行机构具备较好的发行实力和经验，发行成功的把握较大；缺点主要是对发行人而言，发行成本比较高。

（二）证券发行制度

世界上证券发行制度主要有注册制和核准制，我国《证券法》实行核准制，同时辅以保荐制度。

发行人必须向国务院授权的部门报送公司法规定的申请文件和国务院授权的部门规定的文件。发行人向国务院证券监督管理机构或者国务院授权的部门报送的证券发行申请文件，必须真实、准确、完整。为证券发行出具有关文件的证券服务机构和人员，必须严格履行法定职责，保证其所出具文件的真实性、准确性和完整性。国务院证券监督管理机构或者国务院授权的部门应当自受理证券发行申请文件之日起3个月内，依照法定条件和法定程序做出予以核准或者不予核准的决定，发行人根据要求补充、修改发行申请文件的时间不计算在内；不予核准的，应当说明理由。这一规定既保证了核准机构有必要的工作时间审查核对材料，确保工作质量，又促使其提高工作效率，防止不负责任的拖延，给发行人的利益带来不利影响。同时又提高核准工作的透明度，促使核准机构或者部门严格依法办事，对申请人负责，防止工作疏漏和随意。

此外，为了保证发行上市证券的质量和上市公司的质量，对广大投资者负责，国务院证券监督管理机构或者国务院授权的部门对已作出的核准证券发行的决定，发现不符合法定条件或者法定程序，尚未发行证券的，应当予以撤销，停止发行。已经发行尚未上市的，撤销发行核准决定，发行人应当按照发行价并加算银行同期存款利息返还证券持有人；保荐人应当与发行人承担连带责任，但是能够证明自己没有过错的除外；发行人的控股股东、实际控制人有过错的，应当与发行人承担连带责任。

证券发行申请经核准，发行人应当依照法律、行政法规的规定，在证券公开发行前，公告公开发行募集文件，并将该文件置备于指定场所供公众查阅。发行证券的信息依法公开前，任何知情人不得公开或者泄露该信息。发行人不得在公告公开发行募集文件之前发行证券。

国务院证券监督管理机构设发行审核委员会，依法审核股票发行申请。发行审核委员会由国务院证券监督管理机构的专业人员和所聘请的该机构外的有关专家组成，以投票方式对股票发行申请进行表决，提出审核意见。核准程序应当公开，依法接受监督。参与审核和核准股票发行申请的人员，不得与发行申请人有利害关系；不得直接或者间接接受发行申请人的馈赠；不得持有所核准发行申请的股票；不得私下与发行申请人进行接触。

由于证券发行是证券市场的基础环节，是证券进入市场流通的首要步骤，把好证券发行这一关，是保证发行上市证券质量的基本前提。因此发行人申请公开发行股票、可转换为股票的公司债券，依法采取承销方式的，或者公开发行法律、行政法规规定实行保荐制度的其他证券的，应当聘请具有保荐资格的机构担任保荐人。保荐人应当遵守业务规则和行业规范，诚实守信，勤勉尽责，对发行人的申请文件和信息披露资料进行审慎核查，督导发行人规范运作。保荐人的资格及其管理办法由国务院证券监督管理机构规定。

二、股票的发行

股票是股份有限公司发行的，证明股东投资入股的一种凭证。股票发行是指股份有限公司以募集资本为目的，依照法定程序向社会投资人出售其股份的行为。按照投资主体的不同，股票发行可以分为国家股、法人股、个人股和外资股；按照发行目的不同，可以分为设立发行和新股发行；按发行方式不同可分为公募发行和私募发行等。

（一）股票发行原则

股份的发行，实行公平、公正的原则，同股同权，同股同价。任何单位或者个人所认购的股份，每股应当支付相同价额。

（二）股票发行的条件

1. 设立发行。设立发行是为设立公司而进行的股票发行，因此，股票发行是公司设立过程中的一个重要组成部分。根据我国《公司法》规定，公司设立分为发起设立和募集设立两种。

发起设立是指由发起人认购公司应发行的全部股份而设立公司。募集设立是指由发起人认购公司应发行股份的一部分，其余股份向社会公开募集或者向特定对象募集而设立公司。

我国《公司法》规定股份有限公司发起人应当在2人以上200人以下，其中半数以上的发起人在中国境内有住所；有符合法定要求的公司章程；以募集设立方式设立股份有限公司的，发起人认购的股份不得少于公司股份总数的35％；但是，法律、行政法规另有规定的，从其规定。

2. 新股发行。公司公开发行新股，应当符合下列条件：具备健全且运行良好的组织机构；具有持续盈利能力，财务状况良好；最近3年财务会计文件无虚假记载，无其他重大违法行为；经国务院批准的国务院证券监督管理机构规定的其他条件。上市公司非公开发行新股，应当符合经国务院批准的国务院证券监督管理机构规定的条件，并报国务院证券监督管理机构核准。

（三）股份发行价格

股票发行价格可以按票面金额，也可以超过票面金额，但不得低于票面金额。

股票采用纸面形式或者国务院证券监督管理部门规定的其他形式。股票应当载明公司名称；公司登记成立的日期；股票种类、票面金额及代表的股份数；股票的编号等事项。股票由法定代表人签名，公司盖章。发起人的股票，应当标明发起人股票字样。

（四）股票发行的程序

1. 公开发行股票的程序。公开发行股票，应当向国务院证券监督管理机构报送募股申请和下列文件：公司章程；发起人协议；发起人姓名或者名称，发起人认购的股份数、出资种类及验资证明；招股说明书；代收股款银行的名称及地址；承销机构名称及有关的协议。依照本法规定聘请保荐人的，还应当报送保荐人出具的发行保荐书。法律、行政法规规定设立公司必须报经批准的，还应当提交相应的批准文件。发行人申请首次公开发行股票的，在提交申请文件后，应当按照国务院证券监督管理机构的规定预先披露有关申请文件。

发起人向社会公开募集股份，必须公告招股说明书，并制作认股书。认股书应当载明发起人认购的股份数；每股的票面金额和发行价格；无记名股票的发行总数；募集资金的用途；认股人的权利、义务；本次募股的起止期限及逾期未募足时认股人可以撤回所认股份的说明等事项，由认股人填写认购股数、金额、住所，并签名、盖章。认股人按照所认购股数缴纳股款。

2. 新股发行程序。公司公开发行新股，应当向国务院证券监督管理机构报送募股申请和下列文件：公司营业执照；公司章程；股东大会决议；招股说明书；财务会计报告；代收股款银行的名称及地址；承销机构名称及有关的协议。依照本法规定聘请保荐人的，还应当报送保荐人出具的发行保荐书。

公司对公开发行股票所募集资金，必须按照招股说明书所列资金用途使用。改变招股说明书所列资金用途，必须经股东大会作出决议。擅自改变用途而未作纠正的，或者未经股东大会认可的，不得公开发行新股。

[引例分析]

某股份有限公司在未获得主管机关批准的情况下，向社会公开发行股票，即构成了未经批准擅自发行股票的行为。在我国，发行证券，一律要经过证券主管机构的批准。未经批准擅自发行证券的，属于违法行为。某证券公司承销未经核准擅自公开发行的证券，同样构成违法行为。依《证券法》规定，发行人、承销商及相关人员应承担法律责任。我国证券发行的审核制度，是严格的核准制。对证券的发行，证券主管机构既要进行形式审查，又要进行实质审查。

三、债券的发行

公司债券，是指公司依照法定程序发行、约定在一定期限还本付息的有价证券。

发行公司债券的申请经国务院授权的部门核准后，应当公告公司债券募集办法。

《证券法》和《公司法》对发行公司债券的条件作出了规定，即公开发行公司债券，应当符合下列条件：股份有限公司的净资产不低于人民币 3000 万元，有限责任公司的净资产不低于人民币 6000 万元；累计债券余额不超过公司净资产的 40%；最近 3 年平均可分配利润足以支付公司债券的利息；筹集的资金投向符合国家产业政策；债的利率不超过国务院限定的利率水平；国务院规定的其他条件。公开发行公司债券筹集的资金，必须用于核准的用途，不得用于弥补亏损和非生产性支出。上市公司发行可转换为股票的公司债券，除应当符合上述的条件外，还应当符合《证券法》关于公开发行股票的条件，并报国务院证券监督管理机构核准。

申请公开发行公司债券，应当向国务院授权的部门或者国务院证券监督管理机构报送下列文件：公司营业执照；公司章程；公司债券募集办法；资产评估报告和验资报告；国务院授权的部门或者国务院证券监督管理机构规定的其他文件。依照本法规定聘请保荐人的，还应当报送保荐人出具的发行保荐书。发行人依法申请核准发行证券所报送的申请文件的格式、报送方式，由依法负责核准的机构或者部门规定。

有下列情形之一的，不得再次公开发行公司债券：前一次公开发行的公司债券尚未募足；对已公开发行的公司债券或者其他债务有违约或者延迟支付本息的事实，仍处于继续状态；违反本法规定，改变公开发行公司债券所募资金的用途。

股份有限公司、有限责任公司发行公司债券，由董事会制订方案，股东会作出决议。国有独资公司发行公司债券，应由国家授权投资的机构或者国家授权的部门作出决定。作出决议或者决定后，公司应当向国务院证券管理部门报请批准。国务院授权的部门应按照上述法定条件进行审查，符合条件的才能予以批准。

四、证券的承销

案例分析

[案情简介]

某股份公司首次公开发行股票的申报材料和《招股说明书》中虚增当年利润和净资产收益率。某证券公司是该股份公司首次公开发行股票的主承销商。在经办承销业务期间，某证券公司及其相关人员未对该股份公司财务状况进行必要的尽职调查，未对《招股说明书》及其摘要的内容进行充分核查，即在《首次公开发行股票申请文件主承销商核对表》中确认相应事项，未能发现公开发行股票申报材料和《招股说明书》中关于收入、费用和利润情况的重大虚假内容，出具了关于"某股份公司已具备股票发行条件，公开发行股票的申请文件基本符合有关法律法规的要求，不存在虚假、严重误导性陈述或重大遗漏"

的推荐函。某证券公司法定代表人钟某在推荐函上签字。

[法律问题]

本案涉及的问题是证券公司进行承销业务时是否应当对公开发行募集文件的真实性、准确性、完整性进行核查？承销的方式是什么？承销的业务规则和风险管理包括哪些内容？

[分析提示]

分析掌握证券承销的规则。

发行人向不特定对象发行的证券，法律、行政法规规定应当由证券公司承销的，发行人应当同证券公司签订承销协议。证券承销业务采取代销或者包销方式。

证券代销是指证券公司代发行人发售证券，在承销期结束时，将未售出的证券全部退还给发行人的承销方式。这是一种典型的代理关系，风险由发行人承担，对证券公司而言，风险较小。

证券包销是指证券公司将发行人的证券按照协议全部购入或者在承销期结束时将售后剩余证券全部自行购入的承销方式。这是一种买卖合同关系，对证券公司而言，风险较大。具体又分为全额包销和余额包销两种方式。全额包销承销的证券公司与发行人之间是一般的买卖关系，承销的证券公司赚取的利润来源于其购买与销售证券之间的差价，而不是承销手续费；发行人在向承销的证券公司出售其证券的同时即已取得全部价款。余额包销，承销的证券公司与发行人之间总体上是一种代理关系，但在承销期限届满后如发生由承销的证券公司购买全部剩余证券的情况，则二者之间的关系就转变为买卖关系。承销的证券公司所取得的收益主要来自于承销手续费。

公开发行证券的申请经核准后，应当依法采用由证券公司承销的方式发行证券，但是具体由哪家证券公司承销，在符合法律、行政法规的前提下，应当按照自愿、有偿、诚实信用的原则进行。即公开发行证券的发行人有权依法自主选择承销的证券公司。证券公司不得以不正当竞争手段招揽证券承销业务。

证券公司承销证券，应当同发行人签订代销或者包销协议，载明下列当事人的名称、住所及法定代表人姓名；代销、包销证券的种类、数量、金额及发行价格；代销、包销的期限及起止日期；代销、包销的付款方式及日期；代销、包销的费用和结算办法；违约责任；国务院证券监督管理机构规定的其他事项。

证券公司承销证券，应当对公开发行募集文件的真实性、准确性、完整性进行核查；发现含有虚假记载、误导性陈述或者重大遗漏的，不得进行销售活动；已经销售的，必须立即停止销售活动，并采取纠正措施。

向不特定对象发行的证券票面总值超过人民币 5000 万元的，应当由承销团承销。承销团应当由主承销和参与承销的证券公司组成。对于一次发行量特别大的证券，由承销团承销，可以分散发行风险，同时也可以集合各个证券公司的销售网点共同向市场推销，有利于保证迅速地完成证券发行。

证券的代销、包销期最长不得超过90日。证券公司在代销、包销期内，对所代销、包销的证券应当保证先行出售给认购人，证券公司不得为本公司预留所代销的证券和预先购入并留存所包销的证券。

股票发行采用代销方式，代销期限届满，向投资者出售的股票数量未达到拟公开发行股票数量70%的，为发行失败。发行人应当按照发行价并加算银行同期存款利息返还股票认购人。股票发行采取溢价发行的，其发行价格由发行人与承销的证券公司协商确定。

公开发行股票，代销、包销期限届满，发行人应当在规定的期限内将股票发行情况报国务院证券监督管理机构备案。

项目四　证券交易

引例

王某和李某曾经是同学，王某将自己购买的一张可转让公司债券转让给李某，债券有效期为2012年6月1日到2013年6月1日。双方口头约定了转让事宜。后王某将公司债券保管单和身份证给了李某。两日后，王某持自己的另一张身份证，以债券保管单遗失为由，向某市信托投资公司申请债券保管单挂失，某市信托投资公司予以批准。王某有两张除地址不同外其余均相同的身份证。债券到期后，只需凭本人身份证及保管单即可领取，保管单上并未写明身份证号码和地址。李某持有的债券到期后，去某市信托投资公司领取债券时，发现债券已被王某领走，即向王某索要，双方发生纠纷。

王某和李某进行场外交易证券是否合法？证券交易的场所、方式和种类有哪些？

基本理论

一、证券交易的概念及交易场所

证券交易主要是指证券买卖，即证券持有人依照交易规则，将证券转让给其他投资者的行为。根据《证券法》第37条，证券交易当事人依法买卖的证券，必须是依法发行并交付的证券。非依法发行的证券，不得买卖。可见，在证券市场上，参与证券买卖的当事人应当具有合法的资格；交易场所和交易行为必须合法；交易的标的物必须合法。凡法律、法规规定不得持有股票或买卖证券的人，不得参与股票等证券买卖。

依法发行的股票、公司债券及其他证券，法律对其转让期限有限制性规定的，在限定的期限内不得买卖。例如，发起人持有的本公司股份，自公司成立之日起 1 年内不得转让。公司公开发行股份前已发行的股份，自公司股票在证券交易所上市交易之日起 1 年内不得转让。公司董事、监事、高级管理人员应当向公司申报所持有的本公司的股份及其变动情况，在任职期间每年转让的股份不得超过其所持有本公司股份总数的 25%；所持本公司股份自公司股票上市交易之日起 1 年内不得转让。上述人员离职后半年内，不得转让其所持有的本公司股份。

由此可见，证券交易是特殊的证券买卖，反映了证券流通性的基本形式，而且须借助证券交易场所完成，还应遵守相应交易规则。

证券交易离不开证券市场，离不开参与证券交易的各中介机构。我国《证券法》规定依法公开发行的股票、公司债券及其他证券，应当在依法设立的证券交易所上市交易或者在国务院批准的其他证券交易场所转让。证券在证券交易所上市交易，应当采用公开的集中交易方式或者国务院证券监督管理机构批准的其他方式。

证券交易当事人买卖的证券可以采用纸面形式或者国务院证券监督管理机构规定的其他形式。证券交易以现货和国务院规定的其他方式进行交易。证券交易所、证券公司、证券登记结算机构必须依法为客户开立的账户保密。证券交易的收费必须合理，并公开收费项目、收费标准和收费办法。证券交易的收费项目、收费标准和管理办法由国务院有关主管部门统一规定。

[引例分析]

证券市场主要包括证券发行市场和证券交易市场。根据交易市场的组织形式的不同，又可分为场内交易市场和场外交易市场。场内交易是指在证券交易所内进行的证券交易；场外交易是指在证券交易所之外进行的证券交易。我国《证券法》规定依法公开发行的股票、公司债券及其他证券，应当在依法设立的证券交易所上市交易或者在国务院批准的其他证券交易场所转让。证券在证券交易所上市交易，应当采用公开的集中交易方式或者国务院证券监督管理机构批准的其他方式。证券交易当事人买卖的证券可以采用纸面形式或者国务院证券监督管理机构规定的其他形式。本案中，王某和李某不在证券交易所或国务院批准的其他证券交易场所进行交易，而是私下交易，其行为违反了《证券法》的相关规定，逃避了证券监督管理机构的监管，应为无效的交易。

二、证券上市

案例分析

[案情简介]

某股份有限公司于 1999 年 10 月 3 日登记注册。2001 年 2 月某省证券管理办公室推荐某公司公开发行股票。中国证监会于 2002 年 2 月通知某省证管办同意某公司上报股票发行申请材料。2002 年 6 月某公司上报了 A 股发行申请材料。其中，反映其申请前 3 年经营状况的财务资料表明，其营业收入和利润来源主要来自于某工程的收益。2002 年 9 月某公司收到中国证监会《关于某公司上市问题有关情况的报告》。该报告对某公司申请发行股票问题称："某公司 97% 的利润虚假，严重违反《公司法》，不符合上市发行的条件，决定取消其发行股票的资格。"2003 年 4 月 5 日中国证监会以办公厅的名义作出《关于退回某公司 A 股发行预选材料的函》，认定某公司"发行预选材料前 3 年财务会计资料不实，不符合上市的有关规定。经研究决定退回其 A 股发行预选申报材料"。某公司向人民法院提起行政诉讼。

[法律问题]

某公司是否符合证券上市的条件？公司申请股票上市需要具备哪些条件？

[分析提示]

掌握证券上市条件。

申请证券上市交易，应当向证券交易所提出申请，由证券交易所依法审核同意，并由双方签订上市协议。证券交易所根据国务院授权部门的决定安排证券上市交易。

（一）股票的上市

申请股票、可转换为股票的公司债券或者法律、行政法规规定实行保荐制度的其他证券上市交易，应当聘请具有保荐资格的机构担任保荐人。保荐人应当遵守业务规则和行业规范，诚实守信，勤勉尽责，对发行人的申请文件和信息披露资料进行审慎核查，督导发行人规范运作。保荐人的资格及其管理办法由国务院证券监督管理机构规定。

1. 股份有限公司申请股票上市的条件。股份有限公司申请股票上市，应当符合下列条件：股票经国务院证券监督管理机构核准已公开发行；公司股本总额不少于人民币 3000 万元；公开发行的股份达到公司股份总数的 25% 以上；公司股本总额超过人民币 4 亿元的，公开发行股份的比例为 10% 以上；公司最近 3 年无重大违法行为，财务会计报告无虚假记载。证券交易所可以规定高于前款规定的上市条件，并报国务院证券监督管理机构批准。国家鼓励符合产业政策并符合上市条件的公司股票上市交易。

2. 股份有限公司申请股票上市的程序。申请股票上市交易，应当向证券交易所报送下列文件：上市报告书；申请股票上市的股东大会决议；公司章程；公司营业执照；依法经会计师事务所审计的公司最近 3 年的财务会计报告；法律意见书和上市保荐书；最近一次的招股说明书；证券交易所上市规则规定的其他文件。

股票上市交易申请经证券交易所审核同意后，签订上市协议的公司应当在规定的期限内公告股票上市的有关文件，并将该文件置备于指定场所供公众查阅。签订上市协议的公司除公告上述的文件外，还应当公告下列事项：股票获准在证券交易所交易的日期；持有公司股份最多的前 10 名股东的名单和持股数额；公司的实际控制人；董事、监事、高级管理人员的姓名及其持有本公司股票和债券的情况。

上市公司有下列情形之一的，由证券交易所决定暂停其股票上市交易：①公司股本总额、股权分布等发生变化不再具备上市条件；②公司不按照规定公开其财务状况，或者对财务会计报告作虚假记载，可能误导投资者；③公司有重大违法行为；④公司最近 3 年连续亏损。

上述情形消除后，公司可向证券交易所提出恢复上市申请，经证券交易所核准后，可恢复该股票上市。

上市公司有下列情形之一的，由证券交易所决定终止其股票上市交易：①公司股本总额、股权分布等发生变化不再具备上市条件；②公司不按照规定公开其财务状况，或者对财务会计报告作虚假记载，且拒绝纠正；③公司最近 3 年连续亏损，在其后一个年度内未能恢复盈利；④公司解散或者被宣告破产；⑤证券交易所上市规则规定的其他情形。

(二) 债券的上市

1. 公司债券的含义。公司债券，是指公司依照法定程序发行、约定在一定期限还本付息的有价证券。

2. 公司债券的发行条件。公司申请公司债券上市交易，应当符合下列条件：公司债券的期限为 1 年以上；公司债券实际发行额不少于人民币 5000 万元；公司申请债券上市时仍符合法定的公司债券发行条件。此外，上海、深圳证券交易所公司债券上市规则还规定了债券须经资信评级机构评级，且信用级别良好等交易所规定和认可的其他条件。

3. 公司债券的发行程序。申请公司债券上市交易，应当向证券交易所报送下列文件：上市报告书；申请公司债券上市的董事会决议；公司章程；公司营业执照；公司债券募集办法；公司债券的实际发行数量；证券交易所上市规则规定的其他文件。公司债券上市交易申请经证券交易所审核同意后，签订上市协议的公司应当在规定的期限内公告公司债券上市文件及有关文件，并将其申请文件置备于指定场所供公众查阅。

4. 暂停其公司债券上市交易情形。公司债券上市交易后，公司有下列情形之一的，由证券交易所决定暂停其公司债券上市交易：①公司有重大违法行为；②公司情况发生重大变化不符合公司债券上市条件；③发行公司债券所募集的资金不按照核准的用途使用；④未按照公司债券募集办法履行义务；⑤公司最近2年连续亏损。公司有上述第①、④项所列情形之一，经查实后果严重的，或者有上述第②、③、⑤项所列情形之一，在限期内未能消除的，由证券交易所决定终止其公司债券上市交易。公司解散或者被宣告破产的，由证券交易所终止其公司债券上市交易。对证券交易所作出的不予上市、暂停上市、终止上市决定不服的，可以向证券交易所设立的复核机构申请复核。

公司债券上市交易申请经证券交易所审核同意后，签订上市协议的公司应当在规定的期限内公告公司债券上市文件及有关文件，并将其申请文件置备于指定场所供公众查阅。

三、信息公开制度

信息公开制度又称信息披露制度，是指上市公司必须按照法律的规定，报告或公开其有关的信息、资料（包括财务、经营状况方面），以使投资者能获得充分的信息，便于作出投资判断的一系列法律规范的总称。

（一）发行信息公开制度

证券发行申请经核准，发行人应当依照法律、行政法规的规定，在规定的期限内公告证券公开发行募集文件，并将该文件置备于指定场所供公众查阅。发行人、上市公司依法披露的信息，必须真实、准确、完整，不得有虚假记载、误导性陈述或者重大遗漏。

经国务院证券监督管理机构核准依法公开发行股票，或者经国务院授权的部门核准依法公开发行公司债券，应当公告招股说明书、公司债券募集办法。依法公开发行新股或者公司债券的，还应当公告财务会计报告。公司公告股票或者公司债券上市报告书及有关上市申请文件的目的，一方面在于给发行人进行自我宣传提供机会，另一方面也是给投资者了解发行人及其所发行股票、公司债券的真实情况创造条件，使投资者在了解真实情况的基础上，依据自己的判断做出投资选择，从而保证公平、公开、公正原则的实现，防止各种欺诈行为，保障股东和债权人的合法权益。

（二）交易信息公开制度

1. 日常交易公开。上市公司和公司债券上市交易的公司，应当在每一会计年度的上半年结束之日起 2 个月内，向国务院证券监督管理机构和证券交易所报送记载公司财务的会计报告和经营情况即中期报告。中期报告内容涉及公司的重大诉讼事项；已发行的股票、公司债券变动情况；提交股东大会审议的重要事项等，并予公告。

由于公司的生产经营情况及其他一些重要事项处在经常变化之中，而且这些信息会直接影响上市交易的股票或者公司债券的价格，所以公司应及时向国务院证券监督管理机构和证券交易所提交年度报告并予以公告。

《证券法》规定上市公司和公司债券上市交易的公司，应当在每一会计年度结束之日起 4 个月内，向国务院证券监督管理机构和证券交易所报送年终报告，并予以公告，内容涉及：公司概况；公司财务会计报告和经营情况；董事、监事、高级管理人员简介及其持股情况；已发行的股票、公司债券情况，包括持有公司股份最多的前 10 名股东的名单和持股数额；公司的实际控制人等。

上市公司董事、高级管理人员应当对公司定期报告签署书面确认意见。上市公司监事会应当对董事会编制的公司定期报告进行审核并提出书面审核意见。上市公司董事、监事、高级管理人员应当保证上市公司所披露的信息真实、准确、完整。

2. 重大事件公开。在证券交易所的交易中，为了使所有的投资者都能够平等地了解上市公司的有关信息，保证公平、公正、公开原则的实现，《证券法》规定，发生可能对上市公司股票交易价格产生较大影响的重大事件，投资者尚未得知时，上市公司应当立即将有关该重大事件的情况向国务院证券监督管理机构和证券交易所报送临时报告，并予公告，说明事件的起因、目前的状态和可能产生的法律后果。

下列情况为上述所称重大事件：公司的经营方针和经营范围的重大变化；公司的重大投资行为和重大的购置财产的决定；公司订立重要合同，可能对公司的资产、负债、权益和经营成果产生重要影响；公司发生重大债务和未能清偿到期重大债务的违约情况；公司发生重大亏损或者重大损失；公司生产经营的外部条件发生的重大变化；公司的董事、1/3 以上监事或者经理发生变动；持有公司 5% 以上股份的股东或者实际控制人，其持有股份或者控制公司的情况发生较大变化；公司减资、合并、分立、解散及申请破产的决定；涉及公司的重大诉讼，股东大会、董事会决议被依法撤销或者宣告无效；公司涉嫌犯罪被司法机关立案调查，公司董事、监事、高级管理人员涉嫌犯罪被司法机关采取强制措施；国务院证券监督管理机构规定的其他事项。

3. 收购公开。通过证券交易所的证券交易，投资者持有或者通过协议、其他安排与他人共同持有一个上市公司已发行的股份达到 5% 时，应当在该事实发生之日起 3 日内，向国务院证券监督管理机构、证券交易所做出书面报告，通知该上市公司，并予公告；在上述期限内，不得再行买卖该上市公司的股票。

投资者持有或者通过协议、其他安排与他人共同持有一个上市公司已发行的股份达到 5% 后，其所持该上市公司已发行的股份比例每增加或者减少 5%，应当依照前款规定进行报告和公告。在报告期限内和作出报告、公告后 2 日内，不得再行买卖该上市公司的股票。

收购人在报送上市公司收购报告书之日起 15 日后，公告其收购要约。在上述期限内，国务院证券监督管理机构发现上市公司收购报告书不符合法律、行政法规规定的，应当及时告知收购人，收购人不得公告其收购要约。以协议方式收购上市公司时，达成协议后，收购人必须在 3 日内将该收购协议向国务院证券监督管理机构及证券交易所作出书面报告，并予公告。在公告前不得履行收购协议。收购行为完成后，收购人应当在 15 日内将收购情况报告国务院证券监督管理机构和证券交易所，并予公告。

4. 公告的规定。信息公开制度是证券交易的一项基本制度，是公开、公正、公平原则的具体体现，而公告是信息公开的一个重要途径。所以，如何进行公告，对于信息公开的实现，具有十分重要的意义。

依法必须披露的信息，应当在国务院证券监督管理机构指定的媒体发布，同时将其置备于公司住所、证券交易所，供社会公众查阅。

国务院证券监督管理机构对上市公司年度报告、中期报告、临时报告以及公告的情况进行监督，对上市公司分派或者配售新股的情况进行监督，对上市公司控股股东和信息披露义务人的行为进行监督。证券监督管理机构、证券交易所、保荐人、承销的证券公司及有关人员，对公司依照法律、行政法规规定必须作出的公告，在公告前不得泄露其内容。

证券交易所决定暂停或者终止证券上市交易的，应当及时公告，并报国务院证券监督管理机构备案。

四、禁止的证券交易行为

案例分析

王某，时任某基金管理有限公司的基金经理。在任职期间，通过网上交易方式，直接操作其父王某乙账户买卖"太钢不锈"和"柳钢股份"股票。为该账户非法获利 150 多万元。

[法律问题]

王某作为某基金公司的基金经理，是否可以参与有关股票的交易？

[分析提示]

分析掌握法律禁止的证券交易行为。

(一) 内幕交易

内幕交易是指证券交易内幕信息的知情人员或者非法获取证券交易内幕信息的人员，在涉及证券的发行、交易或者其他对证券价格有重大影响的信息尚未公开前，买入或卖出该证券，或者泄露该信息的行为。可见内幕交易，首先必须是一种与证券交易相关的行为，行为人或是自己对证券进行买卖，或是参与他人对证券的买卖；其次，行为人必须是直接掌握或是间接得知内幕信息的人；最后，交易者所凭借的条件是未公开的能够影响证券价格的内部信息。因此我国《证券法》规定：

1. 禁止证券交易内幕信息的知情人和非法获取内幕信息的人利用内幕信息从事证券交易活动。证券交易内幕信息的知情人包括：

(1) 发行人的董事、监事、高级管理人员；

(2) 持有公司5%以上股份的股东及其董事、监事、高级管理人员，公司的实际控制人及其董事、监事、高级管理人员；

(3) 发行人控股的公司及其董事、监事、高级管理人员；

(4) 由于所任公司职务可以获取公司有关内幕信息的人员；

(5) 证券监督管理机构工作人员以及由于法定职责对证券的发行、交易进行管理的其他人员；

(6) 保荐人、承销的证券公司、证券交易所、证券登记结算机构、证券服务机构的有关人员。

2. 证券交易活动中，涉及公司的经营、财务或者对该公司证券的市场价格有重大影响的尚未公开的信息，为内幕信息。内幕信息包括：

(1) 公司的经营方针和经营范围的重大变化；公司的重大投资行为和重大的购置财产的决定；公司订立重要合同，可能对公司的资产、负债、权益和经营成果产生重要影响；公司发生重大债务和未能清偿到期重大债务的违约情况；公司发生重大亏损或者重大损失；公司生产经营的外部条件发生的重大变化；公司的董事、1/3以上监事或者经理发生变动；持有公司5%以上股份的股东或者实际控制人，其持有股份或者控制公司的情况发生较大变化；公司减资、合并、分立、解散及申请破产的决定；涉及公司的重大诉讼，股东大会、董事会决议被依法撤销或者宣告无效；公司涉嫌犯罪被司法机关立案调查，公司董事、监事、高级管理人员涉嫌犯罪被司法机关采取强制措施；国务院证券监督管理机构规定的其他事项。

（2）公司分配股利或者增资的计划。

（3）公司股权结构的重大变化。

（4）公司债务担保的重大变更。

（5）公司营业用主要资产的抵押、出售或者报废一次超过该资产的30%。

（6）公司的董事、监事、高级管理人员的行为可能依法承担重大损害赔偿责任。

（7）上市公司收购的有关方案。

（8）国务院证券监督管理机构认定的对证券交易价格有显著影响的其他重要信息。

3. 证券交易内幕信息的知情人和非法获取内幕信息的人，在内幕信息公开前，不得买卖该公司的证券，或者泄露该信息，或者建议他人买卖该证券。

案例分析

2006年7月10日，中国中期投资有限公司召开股东会，决定对中期投资所属的期货分支机构进行增资扩股。2007年4月22日，基本确定由捷利股份收购辽宁中期，并决定对辽宁中期进行尽职调查。尽职调查人员与时任辽宁中期董事长邓某、副总经理曲某进行了接触，为保密起见，仅告知他们此行的目的是一家拟收购辽宁中期的投资公司做尽职调查，未告知他们拟收购方是捷利股份，也未告知他们捷利股份的尽职调查人员的身份。5月11日，捷利股份申请停牌；5月14日，双方签署收购协议，由捷利股份受让辽宁中期90%的股权；5月16日，捷利股份发布了收购公告并于当日复牌。在上述尽职调查过程中，邓某通过接待捷利股份的尽职调查人员、配合尽职调查工作、上网搜索尽职调查人员真实身份等途径，获知了捷利股份准备收购辽宁中期的消息，并在其办公室将这一消息告诉了曲某。2007年5月10日，邓某通过信泰证券大连中山广场营业部资金账户买入"捷利股份"20 000股，21日全部卖出，实际获利150 099.72元。2007年5月10日，曲某通过中信建投证券大连市同兴街证券营业部资金账户买入"捷利股份"10 000股，21日全部卖出，实际获利75 106.63元。

根据当事人违法行为的事实、性质、情节与社会危害程度，依据《证券法》第202条的规定，2008年11月19日证监会作出决定如下：①没收邓某违法所得150 099.72元，并处以150 099.72元的罚款；②没收曲某违法所得75 106.63元，并处以75 106.63元的罚款。

（二）操纵市场

案例分析

[案情简介]

2007 年 1 月 ~ 2008 年 5 月间，某投资顾问公司向社会公众发布咨询报告。在某投资顾问公司的咨询报告发布前，田某利用其实际控制的账户买入本咨询机构咨询报告推荐的证券，并在咨询报告向社会公众发布后卖出该种证券，实施了操纵证券市场的违法行为。田某利用本人及另外 9 人的身份证开立资金账户 17 个、银行账户 10 个，买卖 38 只股票和权证。在以上买卖证券行为中，累计净获利 1.25 亿元。经查，在某投资顾问公司发布咨询报告对相关证券作出推荐或者投资建议时，田某参与了决策过程并拥有最终的决定权。某投资顾问公司在田某的控制下，参与了田某买卖本咨询机构提供服务的上市公司股票、操纵市场的违法行为。

[法律问题]

某投资顾问公司和田某买卖本咨询机构提供服务的上市公司股票、操纵证券市场的行为是否成立？证券投资咨询机构及其工作人员在从事证券业务时应履行和遵守哪些义务和行为规范？

[分析提示]

分析掌握操纵证券市场行为的情形。

操纵市场是指单位或个人为牟取利益，利用手中的资金、信息等优势或滥用职权影响证券市场价格，制造证券市场假象，引诱他人在不了解真实情况下参与证券交易，扰乱证券市场秩序的行为。为了保护广大投资者的利益，维持证券交易公正合理地进行，《证券法》规定禁止任何人以下列手段操纵证券市场：

1. 单独或者通过合谋，集中资金优势、持股优势或者利用信息优势联合或者连续买卖，操纵证券交易价格或者证券交易量；

2. 与他人串通，以事先约定的时间、价格和方式相互进行证券交易，影响证券交易价格或者证券交易量；

3. 在自己实际控制的账户之间进行证券交易，影响证券交易价格或者证券交易量；

4. 以其他手段操纵证券市场。

（三）虚假陈述

在证券市场上，公布真实的信息，有助于投资者了解市场真实情况，做出正确选择；而散布虚假信息，进行信息误导，则会使投资者做出错误的判断，利益受到损失。所以，《证券法》对编造、传播虚假信息，恶意进行信息误导的行为，坚决予以禁止。

禁止国家工作人员、传播媒介从业人员和有关人员编造、传播虚假信息，扰乱证券市场。禁止证券交易所、证券公司、证券登记结算机构、证券服务机构及其从业人员，证券业协会、证券监督管理机构及其工作人员，在证券交易活动中做出虚假陈述或者信息误导。各种传播媒介传播证券市场信息必须真实、客观，禁止误导。

（四）欺诈客户

在证券交易活动中，自愿、有偿、诚实信用的原则是当事人所必须遵循的一项基本法律原则，所以，证券公司及其从业人员违反法律规定的规则代理客户买卖证券，从事损害客户利益的欺诈行为，应当严格禁止。

《证券法》规定，禁止证券公司及其从业人员从事下列损害客户利益的欺诈行为：

1. 违背客户的委托为其买卖证券；
2. 不在规定时间内向客户提供交易的书面确认文件；
3. 挪用客户所委托买卖的证券或者客户账户上的资金；
4. 未经客户的委托，擅自为客户买卖证券，或者假借客户的名义买卖证券；
5. 为牟取佣金收入，诱使客户进行不必要的证券买卖；
6. 利用传播媒介或者通过其他方式提供、传播虚假或者误导投资者的信息；
7. 其他违背客户真实意思表示，损害客户利益的行为。

（五）在交易过程中被禁止的其他行为

1. 证券交易一般以现货和国务院规定的其他方式进行交易。

2. 禁止法人非法利用他人账户从事证券交易；禁止法人出借自己或者他人的证券账户。

3. 禁止任何人挪用公款买卖证券。

4. 国有企业和国有资产控股的企业买卖上市交易的股票，必须遵守国家有关规定。

5. 证券交易所、证券公司和证券登记结算机构的从业人员、证券监督管理机构的工作人员以及法律、行政法规禁止参与股票交易的其他人员，在任期或者法定限期内，不得直接或者以化名、借他人名义持有、买卖股票，也不得收受他人赠送的股票。任何人在成为上述所列人员时，其原已持有的股票，必须依法转让。

6. 为股票发行出具审计报告、资产评估报告或者法律意见书等文件的证券服务机构和人员，在该股票承销期内和期满后 6 个月内，不得买卖该种股票。

除上述规定外，为上市公司出具审计报告、资产评估报告或者法律意见书等文件的证券服务机构和人员，自接受上市公司委托之日起至上述文件公开后 5 日内，不得买卖该种股票。

7. 上市公司董事、监事、高级管理人员、持有上市公司股份 5% 以上的股东，将其持有的该公司的股票在买入后 6 个月内卖出，或者在卖出后 6 个月内又买入，由此所得收益归该公司所有，公司董事会应当收回其所得收益。但是，证券公司因包销购入售后剩余股票而持有 5% 以上股份的，卖出该股票不受 6 个月时间限制。

项目五　上市公司收购

引例

2006 年 5 月 17 日，某药业公司为收购深圳某信托投资有限公司所持某公路公司 18.83% 股权，与某信托公司、深圳某投资有限公司、吉林省某投资开发公司等就收购中的债权债务以及股权转让的各项权利义务安排达成协议。根据该协议及其附件《股权转让协议》实施上述股权转让后，某信托公司将不再持有某公路公司的股权，某药业公司持有某公路公司的股权将占总股本的 46.15%，依法需国务院国有资产监督管理委员会批准及证监会豁免要约收购。因此，该协议及其附件《股权转让协议》是某药业公司实施对某公路公司的收购而与相关方达成的收购协议。根据我国《证券法》第 94 条第 2 款规定："以协议方式收购上市公司时，达成协议后，收购人必须在 3 日内将该收购协议向国务院证券监督管理机构及证券交易所作出书面报告，并予公告。"但某药业公司直至 2006 年 6 月 22 日才作出《关于增持某公路建设股份有限公司股权的提示性公告》，且仍未将该协议予以披露。

根据我国《证券法》相关规定，在协议收购中，收购人应当遵守哪些规则？

[引例分析]

某药业公司与其他各方当事人之间有关收购股权协议的协议是在 2006 年 5 月 17 日签订的，属于重大事件，但某药业公司直至 2006 年 6 月 22 日才作出《关于增持某公路建设股份有限公司股权的提示性公告》，且仍未协议予以披露，某药业公司的上述行为违反了收购程序，未及时履行报告义务，信息披露不及时，不充分。《中华人民共和国证券法》规定收购人未按照本法规定履行上市公司收购的公告、发出收购要约、报送上市公司收购报告书等义务或者擅自变更收购要约的，责令改正，给予警告，并处以 10 万元以上 30 万元以下的罚款；在改正前，收购人对其收购或者通过协议、其他安排与他人共同收购的股份不得行使表决权。对直接负责的主管人员和其他直接责任人员给予警告，并处以 3 万元以上 30 万元以下的罚款。

基本理论

一、上市公司收购的概念和方式

（一）上市公司收购的概念

上市公司收购，是指投资者通过证券交易场所，单独或者共同购买某上市公司股份，以取得对该上市公司的管理权或者控制权，进而实现对上市公司的兼并或实现其他产权性交易的行为。《上市公司收购管理办法》规定，收购人可以通过取得股份的方式成为一个上市公司的控股股东，可以通过投资关系、协议、其他安排的途径成为一个上市公司的实际控制人，也可以同时采取上述方式和途径取得上市公司控制权。收购也是一种证券的买卖，但这种买卖与一般买卖的目的不同，投资者进行这种买卖的目的是为了控股或兼并，而不是赚取价差。也就是说，收购上市公司是为了控制该上市公司，而不是炒作该上市公司的股票。购买或拥有上市公司股票即意味着介入公司管理事务，甚至形成对公司事务的管理和控制。

为促进证券市场资源的优化配置，加速资本聚集，保护投资者的合法权益，维护证券市场的正常秩序，因此《证券法》、《公司法》、《上市公司收购管理办法》等法律、部门规章对上市公司收购活动进行规范。这些规定适应了上市公司优胜劣汰、产权重组的需要。

（二）上市公司收购的方式

投资者可以采取要约收购、协议收购及其他合法方式收购上市公司。

1. 要约收购。要约收购是指收购人先通过证券交易所的竞价交易，收购众多的非特定股票持有人的股权，达到相应比例时，而依法向该上市公司所有股东发出收购要约，以收购被收购公司的股份达到对该公司控股或兼并目的的行为。

2. 协议收购。协议收购是收购人以协议的方式直接向持有大比例股权的股东收购其所持股权被收购公司的股份，以控制或兼并被收购公司的行为。

3. 间接收购。是指收购人通过投资关系、协议或其他安排取得对上市公司的控股公司的控制权，从而达到间接控制该上市公司的目的。

收购上市公司中由国家授权投资的机构持有的股份，应当按照国务院的规定，经有关主管部门批准。

有下列情形之一的，不得收购上市公司：收购人负有数额较大债务，到期未清偿，且处于持续状态；收购人最近 3 年有重大违法行为或者涉嫌有重大违法行为；收购人最近 3 年有严重的证券市场失信行为；收购人为自然人的，存在《公司法》第 147 条规定情形；法律、行政法规规定以及中国证监会认定的不得收购上市公司的其他情形。

二、我国上市公司收购的主要制度

（一）上市公司收购的程序和规则

1. 持续披露义务。上市公司的收购及相关股份权益变动活动，必须遵循公开、公平、公正的原则。上市公司的收购及相关股份权益变动活动中的信息披露义务人，应当充分披露其在上市公司中的权益及变动情况，依法严格履行报告、公告和其他法定义务。在相关信息披露前，负有保密义务。信息披露义务人报告、公告的信息必须真实、准确、完整，不得有虚假记载、误导性陈述或者重大遗漏。

通过证券交易所的证券交易，投资者持有或者通过协议、其他安排与他人共同持有一个上市公司已发行的股份达到 5% 时，应当在该事实发生之日起 3 日内，向国务院证券监督管理机构、证券交易所做出书面报告，通知该上市公司，并予公告；在上述期限内，不得再行买卖该上市公司的股票。投资者持有或者通过协议、其他安排与他人共同持有一个上市公司已发行的股份达到 5% 后，其所持该上市公司已发行的股份比例每增加或者减少 5%，应当依照前款规定进行报告和公告。在报告期限内和做出报告、公告后 2 日内，不得再行买卖该上市公司的股票。

投资者及其一致行动人通过行政划转或者变更、执行法院裁定、继承、赠与等方式拥有权益的股份变动达到规定比例的，应当按照规定履行报告、公告义务，并办理股份过户登记手续。

依照上述规定所作的书面报告和公告，应当包括持股人的名称、住所；持有的股票的名称、数额；持股达到法定比例或者持股增减变化达到法定比例的日期等内容。

上市公司的收购及相关股份权益变动活动中的信息披露义务人应当在至少一家中国证监会指定媒体上依法披露信息；在其他媒体上进行披露的，披露内容应当一致，披露时间不得早于指定媒体的披露时间。

2. 要约收购的规则。通过证券交易所的证券交易，投资者持有或者通过协议、其他安排与他人共同持有一个上市公司已发行的股份达到 30% 时，继续进行收购的，应当依法向该上市公司所有股东发出收购上市公司全部或者部分股份的要约。收购上市公司部分股份的收购要约应当约定，被收购公司股东承诺出售的股份数额超过预定收购的股份数额的，收购人按比例进行收购。

依照上述规定发出收购要约，收购人必须事先向国务院证券监督管理机构报送上市公司收购报告书，并载明有关事项。收购人还应当将上市公司收购报告书同时提交证券交易所。

收购人在依照上述规定报送上市公司收购报告书之日起 15 日后，公告其收购要约。在上述期限内，国务院证券监督管理机构发现上市公司收购报告书不符合法律、行政法规规定的，应当及时告知收购人，收购人不得公告其收购要约。收购要约约定的收购期限不得少于 30 日，并不得超过 60 日。在要约收购期间，被收购公司董事不得辞职。

3. 要约收购中的股东待遇平等。收购要约提出的各项收购条件，适用于被收购公司的所有股东。采取要约收购方式的，收购人在收购期限内，不得卖出被收购公司的股票，也不得采取要约规定以外的形式和超出要约的条件买入被收购公司的股票。在收购要约确定的承诺期限内，收购人不得撤销其收购要约。收购人需要变更收购要约的，必须事先向国务院证券监督管理机构及证券交易所提出报告，经批准后，予以公告。

4. 协议收购的规则。采取协议收购方式的，收购人可以依照法律、行政法规的规定同被收购公司的股东以协议方式进行股权转让。以协议方式收购上市公司时，达成协议后，收购人必须在 3 日内将该收购协议向国务院证券监督管理机构及证券交易所做出书面报告，并予公告。在公告前不得履行收购协议。

采取协议收购方式的，协议双方可以临时委托证券登记结算机构保管协议转让的股票，并将资金存放于指定的银行。采取协议收购方式的，收购人收购或者通过协议、其他安排与他人共同收购一个上市公司已发行的股份达到 30%时，继续进行收购的，应当向该上市公司所有股东发出收购上市公司全部或者部分股份的要约。但是，经国务院证券监督管理机构免除发出要约的除外。

收购上市公司中由国家授权投资的机构持有的股份，应当按照国务院的规定，经有关主管部门批准。

5. 间接收购。收购人虽不是上市公司的股东，但通过投资关系、协议、其他安排导致其拥有权益的股份达到或者超过一个上市公司已发行股份的 5%未超过 30%的，应当按照《上市公司收购管理办法》第二章权益披露的规定办理。

收购人拥有权益的股份超过该公司已发行股份的 30%的，应当向该公司所有股东发出全面要约；收购人预计无法在事实发生之日起 30 日内发出全面要约的，应当在 30 日内促使其控制的股东将所持有的上市公司股份减持至 30%或者 30%以下，并自减持之日起 2 个工作日内予以公告；其后收购人或者其控制的股东拟继续增持的，应当采取要约方式；拟依据该办法第六章的规定申请豁免的，应当按照该办法第 48 条的规定办理。

投资者虽不是上市公司的股东，但通过投资关系取得对上市公司股东的控制权，而受其支配的上市公司股东所持股份达到前条规定比例且对该股东的资产和利润构成重大影响的，应当按照规定履行报告、公告义务。

（二）上市公司收购的法律后果

1. 终止上市。收购期限届满，被收购公司股权分布不符合上市条件的，该上市公司的股票应当由证券交易所依法终止上市交易；其余仍持有被收购公司股票的股东，有权向收购人以收购要约的同等条件出售其股票，收购人应当收购。

2. 变更企业形式。收购行为完成后，被收购公司不再具备股份有限公司条件的，应当依法变更企业形式。

3. 收购行为完成后的转让行为受到一定限制。在上市公司收购中，收购人持有的被收购的上市公司的股票，在收购行为完成后的 12 个月内不得转让。收购行为完成后，收购人与被收购公司合并，并将该公司解散的，被解散公司的原有股票由收购人依法更换。收购行为完成后，收购人应当在 15 日内将收购情况报告国务院证券监督管理机构和证券交易所，并予公告。

案例分析

[案情简介]

2006 年 4 月 10 日，中国石化公布《中国石化关于齐鲁石化终止上市后余股收购安排的公告》，公告声明：根据中国石化于 2006 年 3 月 6 日公告的《齐鲁石化要约收购报告书》，本次要约收购的生效条件为：中国石化持有的齐鲁石化股份总数以及中国证券登记结算有限责任公司临时保管的预售要约股票申报数量之和占齐鲁石化总股本的比例高于 90%，则齐鲁石化将不满足《证券法》第 50 条的股票上市条件。如果要约收购的生效条件没有得到满足，则本次要约收购自始不生效，原预售申报不再有效，中国证券登记结算有限责任公司自动解除相应股份的临时保管。根据中国证券登记结算有限责任公司的确认，截至 2006 年 4 月 6 日，前述已预售要约的股份与中国石化持有的齐鲁石化国有法人股合计，占齐鲁石化总股本的 99.09%，满足本次要约收购的生效条件，齐鲁石化向上海证券交易所提出了股票终止上市的申请，并将于 2006 年 4 月 18 日公告其 2005 年年度报告。在齐鲁石化股票终止上市的申请获得上海证券交易所批准后，中国石化将根据《证券法》第 97 条的规定，在两个月的期间内，通过上海证券交易所和中国证券登记结算有限责任公司提供的服务系统，按照要约价格收购余股股东拟出售的余股。

[法理评析]

公司被收购后会涉及股票终止上市、强制受让股份和依法变更公司形式等法律问题。本案中，中国石化收购其上市子公司齐鲁石化后，所持有的齐鲁石化国有法人股合计占齐鲁石化总股本的99.09%，因此，齐鲁石化不再符合《证券法》第50条规定的股票上市条件，因而其向上海证券交易所提出的股票终止上市的申请是符合法律规定的。同时，中国石化将根据《证券法》第97条的规定，按照要约价格收购余股股东拟出售的余股，也完全符合《证券法》的规定。

项目六 交易违反证券法的法律责任

引例

2011年9月~2012年4月，某证券公司以其客户交易结算资金专用存款账户资金作为质物为他人借款提供质押担保。谭某、鄢某作为时任公司董事长，对上述行为负有直接责任。李某作为财务总监，直接参与和实施上述质押，对上述行为也负有直接责任。2012年11月28日，证监会根据《客户交易结算资金管理办法》关于"对有前款规定行为的有关责任人员，给予通报批评、公开批评，单处或者并处警告、3万元以下罚款"的规定，决定对谭某、鄢某和李某分别处以警告并处罚款3万元。

本案涉及的主要问题是，证券法律责任的价值取向和主要功能是什么？

[引例分析]

《中华人民共和国证券法》第211条规定证券公司、证券登记结算机构挪用客户的资金或者证券，或者未经客户的委托，擅自为客户买卖证券的，责令改正，没收违法所得，并处以违法所得1倍以上5倍以下的罚款；没有违法所得或者违法所得不足10万元的，处以10万元以上60万元以下的罚款；情节严重的，责令关闭或者撤销相关业务许可。对直接负责的主管人员和其他直接责任人员给予警告，撤销任职资格或者证券从业资格，并处以3万元以上30万元以下的罚款。本案中，证监会对谭某、鄢某和李某作出"分别处以警告并处罚款3万元"的处罚是正确的。但处罚不是目的，通过处罚实现证券法律责任的价值和功能，才是目的所在。证券法律责任是指行为人违反证券法律规范，应当受到的法律制裁及法律后果。各国证券立法关于法律责任的规定均有自己不同的价值取向。总体来看，多数国家的证券法律责任制度以安全、公平为价值取向。以平等的法律责任内容，公正地保护权利人，制裁违法者。证券法律责任的功能主要有两个，一个是教育和预防功能，另一个是补偿与制裁功能。

基本理论

一、擅自公开或者变相公开发行证券行为的法律责任

未经法定机关核准，擅自公开或者变相公开发行证券的，责令停止发行，退还所募资金并加算银行同期存款利息，处以非法所募资金金额1%以上5%以下的罚款；对擅自公开或者变相公开发行证券设立的公司，由依法履行监督管理职责的机构或者部门会同县级以上地方人民政府予以取缔。对直接负责的主管人员和其他直接责任人员给予警告，并处以3万元以上30万元以下的罚款。

二、发行人不符合发行条件，以欺骗手段骗取发行核准行为的法律责任

发行人不符合发行条件，以欺骗手段骗取发行核准，尚未发行证券的，处以30万元以上60万元以下的罚款；已经发行证券的，处以非法所募资金金额1%以上5%以下的罚款。对直接负责的主管人员和其他直接责任人员处以3万元以上30万元以下的罚款。发行人的控股股东、实际控制人指使从事前述违法行为的，依照前述的规定处罚。

三、发行人、上市公司或者其他信息披露义务人未按照规定披露信息，或者所披露的信息有虚假记载、误导性陈述或者重大遗漏行为的法律责任

发行人、上市公司或者其他信息披露义务人未按照规定披露信息，或者所披露的信息有虚假记载、误导性陈述或者重大遗漏的，责令改正，给予警告，并处以30万元以上60万元以下的罚款。对直接负责的主管人员和其他直接责任人员给予警告，并处以3万元以上30万元以下的罚款。发行人、上市公司或者其他信息披露义务人未按照规定报送有关报告，或者报送的报告有虚假记载、误导性陈述或者重大遗漏的，责令改正，给予警告，并处以30万元以上60万元以下的罚款。对直接负责的主管人员和其他直接责任人员给予警告，并处以3万元以上30万元以下的罚款。发行人、上市公司或者其他信息披露义务人的控股股东、实际控制人指使从事前述违法行为的，依照前述的规定处罚。

四、证券公司承销或者代理买卖未经核准擅自公开发行证券行为的法律责任

证券公司承销或者代理买卖未经核准擅自公开发行的证券的，责令停止承销或者代理买卖，没收违法所得，并处以违法所得1倍以上5倍以下的罚款；没有违法所得或者违法所得不足30万元的，处以30万元以上60万元以下的罚款。给投资者造成损失的，应当与发行人承担连带赔偿责任。对直接负责的主管人员和其他直接责任人员给予警告，撤销任职资格或者证券从业资格，并处以3万元以上30万元以下的罚款。

五、非法开设证券交易场所行为的法律责任

非法开设证券交易场所的，由县级以上人民政府予以取缔，没收违法所得，

并处以违法所得 1 倍以上 5 倍以下的罚款；没有违法所得或者违法所得不足 10 万元的，处以 10 万元以上 50 万元以下的罚款。对直接负责的主管人员和其他直接责任人员给予警告，并处以 3 万元以上 30 万元以下的罚款。

六、收购人或者收购人的控股股东，利用上市公司收购，损害被收购公司及其股东的合法权益行为的法律责任

收购人或者收购人的控股股东，利用上市公司收购，损害被收购公司及其股东的合法权益的，责令改正，给予警告；情节严重的，并处以 10 万元以上 60 万元以下的罚款。给被收购公司及其股东造成损失的，依法承担赔偿责任。对直接负责的主管人员和其他直接责任人员给予警告，并处以 3 万元以上 30 万元以下的罚款。

七、法律、行政法规规定禁止参与股票交易的人员，直接或者以化名、借他人名义持有、买卖股票行为的法律责任

法律、行政法规规定禁止参与股票交易的人员，直接或者以化名、借他人名义持有、买卖股票的，责令依法处理非法持有的股票，没收违法所得，并处以所买卖股票等值以下的罚款；属于国家工作人员的，还应当依法给行政处分。

八、法人以他人名义设立账户或者利用他人账户买卖证券行为的法律责任

法人以他人名义设立账户或者利用他人账户买卖证券的，责令改正，没收违法所得，并处以违法所得 1 倍以上 5 倍以下的罚款；没有违法所得或者违法所得不足 3 万元的，处以 3 万元以上 30 万元以下的罚款。对直接负责的主管人员和其他直接责任人员给予警告，并处以 3 万元以上 10 万元以下的罚款。证券公司上述违法行为提供自己或者他人的证券交易账户的，除依照前述规定处罚外，还应当撤销直接负责的主管人员和其他直接责任人员的任职资格或者证券从业资格。

九、保荐人出具有虚假记载、误导性陈述或者重大遗漏的保荐书，或者不履行其他法定职责行为的法律责任

保荐人出具有虚假记载、误导性陈述或者重大遗漏的保荐书，或者不履行其他法定职责的，责令改正，给予警告，没收业务收入，并处以业务收入 1 倍以上 5 倍以下的罚款；情节严重的，暂停或者撤销相关业务许可。对直接负责的主管人员和其他直接责任人员给予警告，并处以 3 万元以上 30 万元以下的罚款；情节严重的，撤销任职资格或者证券从业资格。

十、发行人、上市公司擅自改变公开发行证券所募集资金用途行为的法律责任

发行人、上市公司擅自改变公开发行证券所募集资金的用途的，责令改正，对直接负责的主管人员和其他直接责任人员给予警告，并处以 3 万元以上 30 万元以下的罚款。发行人、上市公司的控股股东、实际控制人指使从事前述违法行为的，给予警告，并处以 30 万元以上 60 万元以下的罚款。对直接负责的主管人员和其他直接责任人员依照前述的规定处罚。

十一、证券交易内幕信息的知情人或者非法获取内幕信息的人的相关行为的法律责任

证券交易内幕信息的知情人或者非法获取内幕信息的人，在涉及证券的发行、交易或者其他对证券的价格有重大影响的信息公开前，买卖该证券，或者泄露该信息，或者建议他人买卖该证券的，责令依法处理非法持有的证券，没收违法所得，并处以违法所得 1 倍以上 5 倍以下的罚款；没有违法所得或者违法所得不足 3 万元的，处以 3 万元以上 60 万元以下的罚款。单位从事内幕交易的，还应当对直接负责的主管人员和其他直接责任人员给予警告，并处以 3 万元以上 30 万元以下的罚款。证券监督管理机构工作人员进行内幕交易的，从重处罚。

十二、证券公司其他违法行为的法律责任

此外，有下列行为之一的，应当承担相应的行政责任和民事责任：证券公司假借他人名义或者以个人名义从事证券自营业务的、证券公司办理经纪业务，接受客户的全权委托买卖证券的行为；或者证券公司对客户买卖证券的收益或者赔偿证券买卖的损失做出承诺等行为；证券公司违反《证券法》第 129 条的规定，擅自设立、收购、撤销分支机构，或者合并、分立、停业、解散、破产，或者在境外设立、收购、参股证券经营机构的行为；证券公司违反《证券法》规定，超出业务许可范围经营证券业务的行为；证券公司对其证券经纪业务、证券承销业务、证券自营业务、证券资产管理业务，不依法分开办理，混合操作的行为；证券公司或者其股东、实际控制人违反规定，拒不向证券监督管理机构报送或者提供经营管理信息和资料，或者报送、提供的经营管理信息和资料有虚假记载、误导性陈述或者重大遗漏的行为；证券公司为其股东或者股东的关联人提供融资或者担保的行为；证券公司为其股东或者股东的关联人提供融资或者担保的行为。

要注意，凡拒绝、阻碍证券监督管理机构及其工作人员依法行使监督检查、调查职权未使用暴力、威胁方法的，依法给予治安管理处罚。违反《证券法》规定，构成犯罪的，依法追究刑事责任。应当承担民事赔偿责任和缴纳罚款、罚金，其财产不足以同时支付时，先承担民事赔偿责任。

思考题

1. 试论证券法的主要原则。
2. 试论信息持续公开制度。

3. 试论证券发行制度。

4. 上市公司收购有哪些规则？

5. 习作案例：

假如发行的某种股票包销期限届满时，还余下 10 万股，占发行股份的 5%，8 月 10 日该股票上市时，甲证券公司于 8 月 10 日 10 时和 11 时分两次将 10 万股股票全部卖出。

请问：

（1）甲证券公司的行为应如何认定？

（2）你认为应该如何处理？

6. 习作案例：

某股份有限公司董事会根据公司的实际情况，决定以发行债券的方式向社会筹集资金用于扩大生产经营活动和偿还债务，为此特制定了一个发行债券的方案，该方案有关要点如下：

（1）根据会计师事务所的审计结果，本公司的净产金额已经达到 4500 万元，在此条件下，此次发行债券金额计划为 1800 万元（不包括前次发行的 500 万元债券）。

（2）此次发行债券筹集的资金部分用于扩大生产经营规模，部分用于偿还前次发行债券应该偿还而尚未偿还的本息。

（3）为了保证本次债券的发行成功，本公司发行的债券利率将高于国务院限定的利率水平 1 个百分点。

（4）本公司利润最近几年呈上升趋势，近三年的可分配利润分别为：120 万元，180 万元，280 万元。由此看来，在发行债券之后的一年，本公司的可分配利润足以支付本次发行债券的利息。

请分别根据证券法对上述要点进行分析，说明各要点是否存在问题？为什么？

第七单元

土地管理法律制度和城市房地产管理法律制度

项目一 土地管理法律制度

引例

2006 年 3 月某市政府决定在市郊建一约 10 万公顷（这 10 万公顷土地既有国有土地也包括部分耕地和其他农用地）的经济开发区，以带动该市经济发展。2006 年 4 月该经济开发区土建部分已经动工，后被反映到省政府，省政府以该市无权征用 10 万亩土地为由而紧急叫停。

省政府决定当否？该市若要建经济开发区应该怎么办？

[引例分析]

事实上该市的做法既违反了土地用途管制制度，也和我国土地管理方针相违背，程序上更是存在着明显的缺陷，要想了解该件事如何处理，那么我们先从土地管理法的基本制度来入手。

基本理论

一、土地管理法的概述

在我国由于人口众多，耕地有限，人均占有土地较少，水土流失严重。因而，国家将"十分珍惜、合理利用土地和切实保护耕地"这一方针作为我国的一项基本国策。为了贯彻这一方针，要求各级人民政府应当采取措施，全面规划，严格管理，保护、开发土地资源，制止任何单位和个人非法占用土地的行为。

（一）土地管理的原则

我国实行土地的社会主义公有制，即全民所有制和劳动群众集体所有制。为了维护我国土地公有制，应该贯彻以下原则：

1. 禁止侵占、买卖、出租土地的原则。任何单位和个人不得侵占、买卖或者以其他形式非法转让土地所有权。但土地使用权可以依法转让。

2. 国家依法对集体的土地实行征收或征用原则。国家为了公共利益的需要，可以依法对土地实行征收或者征用并给予补偿。但应注意征收是所有权的改变，征用只是使用权的改变。

3. 国有土地有偿使用原则。国家依法实行国有土地有偿使用制度。但是，国家在法律规定的范围内划拨国有土地使用权的除外。

4. 守法原则。任何单位和个人都有遵守土地管理法律、法规的义务，并有权对违反土地管理法律、法规的行为提出检举和控告。

5. 奖励原则。法律规定在保护和开发土地资源、合理利用土地以及进行有关的科学研究等方面成绩显著的单位和个人，由人民政府给予奖励。

（二）土地管理的基本制度

为了加强土地管理，维护土地的社会主义公有制，保护、开发土地资源，合理利用土地，切实保护耕地，促进社会经济的可持续发展；我国实行土地用途管制的基本制度。国家通过编制土地利用总体规划，规定土地用途，同时，严格限制农用地转为建设用地，控制建设用地总量，对耕地实行特殊保护。

1. 土地管理的管理体制。我国土地管理的主管机关是由国务院土地行政主管部门统一负责全国土地的管理和监督工作。而县级以上地方人民政府土地行政主管部门的设置及其职责，则由省、自治区、直辖市人民政府根据国务院有关规定确定。

2. 用地审批制度和土地监管制度。为了保证土地的合理利用，必须建立严格的用地审批制度和土地监管体系。按照土地管理法的规定，凡征用基本农田和一定数量耕地的，必须报国务院批准；由省级政府批准的征地，今后应报国务院备案。建立全国统一的土地执法监管体制和机制，强化中央对地方占用土地的监管，发现问题及时纠正。同时，加强了土地调查，运用信息网络系统，摸清耕地和基本农田底数，将地块落实到村组、农户，并公之于众，接受社会监督。具体做法如下：

（1）国家建立土地调查制度。土地调查的内容包括：土地权属；土地利用现状；土地条件。一般由县级以上人民政府土地行政主管部门会同同级有关部门负责土地调查，而土地所有者或者使用者配合调查，并提供有关资料。

地方和全国土地利用现状调查结果，均向社会公布。县级以上人民政府土地行政主管部门会同同级有关部门根据土地调查成果、规划土地用途和国家制定的统一标准，评定土地等级。土地调查规程具体由国务院土地行政主管部门会同国务院有关部门制定土地等级评定标准；县级以上人民政府土地行政主管部门会同同级有关部门根据土地等级评定标准，对土地等级进行评定；地方土地等级评定结果，经本级人民政府审核，报上一级人民政府土地行政主管部门批准后，向社会公布。根据国民经济和社会发展状况，土地等级每6年调整一次。

（2）国家建立土地统计制度。因土地面积统计资料是各级人民政府编制土地利用总体规划的依据。所以县级以上人民政府土地行政主管部门和同级统计部门应共同制定统计调查方案，依法进行土地统计，定期发布土地统计资料。要求土地所有者或者使用者应当提供有关资料，不得虚报、瞒报、拒报、迟报。

（3）国家建立全国土地管理信息系统，对土地利用状况进行动态监测。

3．土地用途的计划管理制度。

（1）土地用途分类。国家实行土地用途管制制度。国家编制土地利用总体规划，规定土地用途，将土地分为农用地、建设用地和未利用地。

国家为了保证土地资源的合理利用，经济、社会和环境的协调发展，通过编制土地利用规划划定土地利用区，确定土地使用限制条件，要求严格按照国家规定的用途利用土地，否则将受到严厉的处罚。

（2）土地用途的计划管理措施。土地利用年度计划，是根据国民经济和社会发展计划、国家产业政策、土地利用总体规划以及建设用地和土地利用的实际状况编制。各级人民政府应当加强土地利用年度计划管理，实行建设用地总量控制。土地利用年度计划一经批准下达，必须严格执行。土地利用年度计划一般应当包括农用地转用计划指标；耕地保有量计划指标；土地开发整理计划指标。

土地利用年度计划的编制审批程序与土地利用总体规划的编制审批程序相同，一经审批下达，必须严格执行。省、自治区、直辖市人民政府应当将土地利用年度计划的执行情况列为国民经济和社会发展计划执行情况的内容，向同级权力机关报告。

（三）土地利用总体规划

土地利用总体规划是指在一定区域内根据国民经济和社会发展对土地的需求以及自然、经济和社会条件，对该地区范围内全部土地的利用所作的长期的、战略性的总体布局和安排。

1．编制目的。国家编制土地利用总体规划的目的在于规定土地用途。

2．编制依据。各级人民政府应当依据国民经济和社会发展规划、国土整治和资源环境保护的要求、土地供给能力以及各项建设对土地的需求，组织编制土地利用总体规划。

3．编制要求。土地利用总体规划的规划期限由国务院规定，一般为15年。土地利用总体规划按照下列原则编制：

（1）严格保护基本农田，控制非农业建设占用农用地；

（2）提高土地利用率；

（3）统筹安排各类、各区域用地；

（4）保护和改善生态环境，保障土地的可持续利用；

（5）占用耕地与开发复垦耕地相平衡。

4. 编制程序。在编制土地利用总体规划时，下级土地利用总体规划应当依据上一级土地利用总体规划编制。

应注意地方各级人民政府编制的土地利用总体规划中的建设用地总量不得超过上一级土地利用总体规划确定的控制指标，耕地保有量不得低于上一级土地利用总体规划确定的控制指标。省、自治区、直辖市人民政府编制的土地利用总体规划，应当确保本行政区域内耕地总量不减少。

土地利用总体规划实行分级审批。全国土地利用总体规划，由国务院土地行政主管部门会同国务院有关部门编制，报国务院批准。省、自治区、直辖市的土地利用总体规划，由省、自治区、直辖市人民政府组织本级土地行政主管部门和其他有关部门编制，报国务院批准。省、自治区、直辖市人民政府所在的城市、人口在 100 万以上的城市以及国务院指定的城市的土地利用总体规划，由各该市人民政府组织本级土地行政主管部门和其他有关部门编制，经省、自治区、直辖市人民政府审查同意后，报国务院批准。其他土地利用总体规划，由有关人民政府组织本级土地行政主管部门和其他有关部门编制，逐级上报省、自治区、直辖市人民政府批准；其中，乡（镇）土地利用总体规划，由乡（镇）人民政府编制，逐级上报省、自治区、直辖市人民政府或者省、自治区、直辖市人民政府授权的设区的市、自治州人民政府批准。

土地利用总体规划一经批准，必须严格执行。

5. 与相关规划的关系。城市总体规划、村庄和集镇规划，应当与土地利用总体规划相衔接，规划中建设用地规模不得超过土地利用总体规划确定的城市和村庄、集镇建设用地规模。

在城市规划区内、村庄和集镇规划区内，城市和村庄、集镇建设用地应当符合城市规划、村庄和集镇规划。

江河、湖泊综合治理和开发利用规划，应当与土地利用总体规划相衔接。在江河、湖泊、水库的管理和保护范围以及蓄洪滞洪区内，土地利用应当符合江河、湖泊综合治理和开发利用规划，要符合河道、湖泊行洪、蓄洪和输水的要求。

6. 规划的修改。已批准的土地利用总体规划的修改，须经原批准机关批准；未经批准，不得改变土地利用总体规划确定的土地用途。国务院已批准的大型能源、交通、水利等基础设施建设用地，需要改变土地利用总体规划的，根据国务院的批准文件修改土地利用总体规划。已经由省、自治区、直辖市人民政府批准的能源、交通、水利等基础设施建设用地，需要改变土地利用总体规划的，属于省级人民政府土地利用总体规划批准权限内的，根据省级人民政府的批准文件修改土地利用总体规划。

二、土地权益制度

案例分析

[案情简介]

辽宁省盘锦市场乡镇企业局综合企业公司（以下简称企业公司）征用的城郊乡高家村 9.18 亩土地使用权。企业公司虽在依法批准用地后垫了土、修了道口、圈了围墙，却在两年半时间内，无工程建设所需资金，原合作单位又抽回资金不予合作，使石油液化气站的建设项目根本无法落实，未能按征地申请建设石油液化气站，也未向原批准机关或土地管理部门及时提出必要的申请，因而没有得到原批准机关的同意。（石油液化气站不属大中型项目，上述所做工作，不能视为对土地的使用。）辽宁省盘锦市双台子区土地管理局依据《土地管理法》"未经原批准机关同意，连续 2 年未使用的"之规定，收回其土地使用权。

[法律问题]

收回企业公司的土地使用权理由充分否？

[分析提示]

重点理解《土地管理法》第 19 条 "未经原批准机关同意，连续两年未使用的"之规定的 "未使用"的法律含义。

（一）土地所有权

土地所有权是国家或者农民集体依法对其所有的土地所享有的支配性权利。即土地所有权人对其土地占有、使用、收益和处分的支配性权利。其体现如下特征：土地所有权人及其代表由法律明确规定；土地所有权的取得与丧失以法律规定，不因约定而发生；土地所有权禁止交易。

我国土地所有权只限于国家所有和农村集体组织所有；土地的所有权和经营权一般是分离的，并受国家的计划管理和行政监督；国家严禁土地所有权的买卖和商品性流转。

1. 国有土地所有权。

（1）国有土地所有权的客体。依据我国土地管理法的规定，下列土地属于全民所有即国家所有：城市市区的土地；农村和城市郊区被国家依法没收、征收、征购的土地；国家依法征用的集体所有的土地；依法不属于集体所有的林地、草地、荒地、滩涂及其他土地；农村集体经济组织全部成员转为城镇居民的，原属于其成员集体所有的土地；因国家组织移民、自然灾害等原因，农民成建制地集体迁移后，不再使用的原属于迁移农民集体所有的土地。

（2）国有土地所有权的主体。国家土地所有权的主体由《宪法》规定，国家土地所有权由国务院代表国家行使，国务院可以通过制定行政法规或发布行政命令授权地方人民政府或其职能部门行使国家土地所有权。国家土地所有权主体不能亲自行使所有权，只能由主体代表代为行使，虽主体代表不能亲自行使所有权的全部四项权能，却对土地保有最终的处分权。

（3）国有土地所有权的确认。国家依法实行土地登记发证制度。依法登记的土地所有权和土地使用权受法律保护，任何单位和个人不得侵犯。土地登记内容和土地权属证书式样由国务院土地行政主管部门统一规定。土地登记资料可以公开查询。确认林地、草原的所有权或者使用权，确认水面、滩涂的养殖使用权，分别依照《森林法》、《草原法》和《渔业法》的有关规定办理。

2. 集体土地所有权。集体土地所有权是以符合法律规定的农村集体经济组织的农民集体为所有权人，对归其所有的土地所享有的受法律限制的支配性权利。《土地管理法》第8条第2款规定："农村和城市郊区的土地，除由法律规定属于国家所有的以外，属于农民集体所有；宅基地和自留地、自留山，属于农民集体所有。"

（1）集体土地所有权主体及其代表。集体土地所有权的主体及其代表有三个层次：

第一，农村集体所有的土地依法属于村农民所有的，由村集体经济组织或村民委员会作为所有者代表，依法经营、管理；

第二，在一个村范围内，存在两个以上农村集体经济组织，并且农民集体所有的土地分别属于该两个以上的农民集体所有的，由村内各该农村集体经济组织或者村民小组作为所有者代表，依法经营管理；

第三，农村集体所有的土地已经属于乡、村农民集体所有的，由乡、村农村集体经济组织作为所有者代表，依法经营管理。

（2）集体土地所有权的确认和限制。农村集体所有的土地，由县级人民政府登记造册，核发证书，确认所有权。集体土地所有权的行使受以下限制：

第一，集体所有的土地不能直接用于房地产开发，也不得出让、转让、出租用于非农业建设，不得擅自改变土地用途。向他人提供土地使用权，须经人民政府批准。

第二，集体土地的重大处分，应当依法经农村集体经济组织成员表决同意。

（二）土地使用权

土地使用权是指一定的社会主体对土地利用的权利，是从土地所有权中分离出来的。相对独立的土地物权，包括对土地的占有、使用、一定的收益和一定意义上的处分权。

国家根据土地的不同用途，将土地分为农用地、建设用地和未利用地。农用地是指直接用于农业生产的土地，包括耕地、林地、草地、农田水利用地、养殖水面等；建设用地是指建造建筑物、构筑物的土地，包括城乡住宅和公共设施用地、工矿用地、交通水利设施用地、旅游用地、军事设施用地等；未利用地是指农用地和建设用地以外的土地。

使用土地的单位和个人必须严格按照土地利用总体规划确定的用途使用土地。

1. 国有土地使用权。国有土地有偿使用的方式包括：国有土地使用权出让；国有土地租赁；国有土地使用权作价出资或者入股。国有土地可以由单位或者个人承包经营，从事种植业、林业、畜牧业、渔业生产。

任何单位和个人依法使用的国有土地，须由土地使用者向土地所在地的县级以上人民政府土地行政主管部门提出土地登记申请，由县级以上人民政府登记造册，核发国有土地使用权证书，确认使用权。其中，中央国家机关使用的国有土地的登记发证，由国务院土地行政主管部门负责，具体登记发证办法由国务院土地行政主管部门会同国务院机关事务管理局等有关部门制定。未确定使用权的国有土地，由县级以上人民政府登记造册，负责保护管理。

一般而言，国有土地的取得方式主要为出让和划拨。

（1）出让。土地使用权的出让，是指国家将国有土地使用权在一定年限内出让给土地使用者，由土地使用者向国家支付土地使用权出让金的行为。一般称之为土地的一级市场。国家垄断城镇土地一级市场。在城市规划区范围内，以出让方式取得土地使用权进行房地产开发的闲置土地，应依照《中华人民共和国城市房地产管理法》的有关规定办理。

（2）划拨。土地使用权划拨是指由县级以上人民政府依法批准，在土地使用者缴纳补偿、安置费后，将该幅土地交付其使用，或称将土地使用权无偿交付给土地使用者使用的行为。以划拨方式取得土地使用权除法律、行政法规另有规定外，没有使用年限的限制。以划拨方式取得的土地使用权，适用国家建设用地的审批程序。其范围包括：国家机关用地和军事用地；城市基础设施用地和公益事业用地；国家重点扶持的能源、交通、水利等基础设施用地；法律、行政法规规定的其他用地。

（3）土地使用权的收回。为公共利益需要而使用土地的；为实施城市规划进行旧城区改建，需要调整使用土地的；土地出让等有偿使用合同约定的使用期限届满，土地使用者未申请续期或者申请续期未获批准的；因单位撤销、迁移等原因，停止使用原划拨的国有土地的；公路、铁路、机场、矿场等经核准报废的。可以由有关人民政府土地行政主管部门报经原批准用地的人民政府或者有批准权的人民政府批准，依法收回国有土地使用权。收回国有土地使用权的，对土地使用权人应当给予适当补偿。

收回用地单位的土地使用权的，由原土地登记机关注销土地登记。土地使用权有偿使用合同约定的使用期限届满，土地使用者未申请续期或者虽申请续期未获批准的，由原土地登记机关注销土地登记。

（4）改变土地用途的程序。依法改变土地所有权、使用权的、因依法转让地上建筑物、构筑物等附着物导致土地使用权转移的，必须向土地所在地的县级以上人民政府土地行政主管部门提出土地变更登记申请，由原土地登记机关依法进行土地所有权、使用权变更登记。土地所有权、使用权的变更，自变更登记之日起生效。依法改变土地用途的，必须持批准文件，向土地所在地的县级以上人民政府土地行政主管部门提出土地变更登记申请，由原土地登记机关依法进行变更登记。

（5）土地权属争议的解决。土地所有权和使用权争议，应当先由当事人协商解决；协商不成的，由人民政府处理。单位之间的争议，由县级以上人民政府处理；个人之间、个人与单位之间的争议，由乡级人民政府或者县级以上人民政府处理。当事人对有关人民政府的处理决定不服的，可以自接到处理决定通知之日起 30 日内，向人民法院起诉。应该注意的是，在土地所有权和使用权争议解决前，任何一方不得改变土地利用现状。

2. 集体土地使用权。为了保护耕地，国家对集体土地使用权进行了限制，规定农民集体所有的土地的使用权不得出让、转让或者出租用于非农业建设；但是，符合土地利用总体规划并依法取得建设用地的企业，因破产、兼并等情形致使土地使用权依法发生转移的除外。

可见集体土地使用权是指符合法律规定的用地者按照一定土地用途而以一定方式使用集体土地的权利。

（1）农用地使用权。农村土地，是指农民集体所有和国家所有依法由农民集体使用的耕地、林地、草地，以及其他依法用于农业的土地。

（2）土地承包经营权。农民集体所有的土地一般由本集体经济组织的成员承包经营，从事种植业、林业、畜牧业、渔业生产。

第一，农民的土地承包经营权受法律保护。体现为国家不仅保护集体土地所有者的合法权益，而且保护农民的土地承包经营权和农村土地承包关系的长期稳定，规定任何组织和个人不得侵犯农民的土地承包经营权。农民可以依法、自愿、有偿地进行土地承包经营权流转。

第二，土地承包经营权的取得和保护期限。农村集体经济组织成员有权依法承包由本集体经济组织发包的农村土地。任何组织和个人不得剥夺和非法限制农村集体经济组织成员承包土地的权利。

为了保证农村土地承包关系的长期稳定，国家规定了较长的承包期限。耕地的承包期为30年，草地的承包期为30年～50年，林地的承包期为30年～70年；特殊林木的林地承包期，经国务院林业行政主管部门批准可以延长。同时规定县级以上地方人民政府应当向承包方颁发土地承包经营权证或者林权证等证书，并登记造册，确认土地承包经营权。

为了保证农民的土地承包经营权受法律保护，规定了严格的承包土地调整程序。明确规定在土地承包经营期限内，对个别承包经营者之间承包的土地进行适当调整的，必须经村民会议2/3以上成员或者2/3以上村民代表的同意，并报乡（镇）人民政府和县级人民政府农业行政主管部门批准。

第三，土地承包经营权的限制。土地承包时发包方和承包方应当订立承包合同，约定双方的权利和义务。农村土地承包后，土地的所有权性质不变。但应注意，承包地不得买卖。承包合同生效后，发包方不得因承办人或者负责人的变动而变更或者解除，也不得因集体经济组织的分立或者合并而变更或者解除。农村土地承包应当遵守法律、法规，保护土地资源的合理开发和可持续利用。未经依法批准不得将承包地用于非农建设。承包经营土地的农民有保护和按照承包合同约定的用途合理利用土地的义务。

（3）宅基地使用权。农村村民建住宅，应当符合乡（镇）土地利用总体规划，并尽量使用原有的宅基地和村内空闲地。农村村民一户只能拥有一处宅基地，其宅基地的面积不得超过省、自治区、直辖市规定的标准。农村村民出卖、出租住房后，再申请宅基地的，不予批准。农村村民未经批准或者采取欺骗手段骗取批准，非法占用土地建住宅的，由县级以上人民政府土地行政主管部门责令退还非法占用的土地，限期拆除在非法占用的土地上新建的房屋。

（4）非农经营用地使用权。农村集体经济组织使用乡（镇）土地利用总体规划确定的建设用地兴办企业或者与其他单位、个人以土地使用权入股、联营等形式共同举办企业的，兴办企业的建设用地，必须严格控制。省、自治区、直辖市可以按照乡镇企业的不同行业和经营规模，分别规定用地标准。用地单位应当持有关批准文件，向县级以上地方人民政府土地行政主管部门提出申请，按照省、自治区、直辖市规定的批准权限，由县级以上地方人民政府批准；其中，涉及占用农用地的，应当依法办理审批手续。

（5）非农公益用地使用权。乡镇企业、乡（镇）村公共设施、公益事业、农村村民住宅等乡（镇）村建设，土地使用权人应当按照村庄和集镇规划，合理布局，综合开发，配套建设；建设用地，应当符合乡（镇）土地利用总体规划和土地利用年度计划，并依法办理审批手续。

但是若为乡（镇）村公共设施和公益事业建设需要使用土地的；或者不按照批准的用途使用土地的；或者因撤销、迁移等原因而停止使用土地的情形出现。农村集体经济组织可以报经原批准用地的人民政府批准，收回土地使用权，但对土地使用权人应当给予适当补偿。

三、建设用地

案例分析

[案情简介]

2002 年 9 月 21 日，上海某工贸有限公司与赵厅村原党支部书记郑某就转让赵厅村约 27.75 亩土地建造厂房等事宜达成转让协议，约定转让费为 111 万元。2002 年月，公司开始在受让地块的河南边动工建造围墙和厂房，占地面面积 9.95 亩；2005 年 12 月开始在河北面建造厂房、办公楼和综合楼。上海市房屋资源管理局执法人员在动态巡查时及时发现上述违法行为，并在 2006 年 1 月和 3 月两次责令赵厅村通知违法用地单位停止施工，但该公司短暂停工后又继续施工，4 月该公司占用农用地 17.82 亩基本农田，且已遭严重毁坏。

[法律问题]

该工贸公司的建设行为违反了《土地管理法》哪些具体规定？

[分析提示]

注意农用地转为建设用地的程序，本案例中建设的时间和位置要仔细分析。

建设用地是指用于建造建筑物或构造物的土地。以出让等有偿使用方式取得国有土地使用权的建设单位，按照国务院规定的标准和办法，缴纳土地使用权出让金等土地有偿使用费和其他费用后，方可使用土地。城市建设用地规模应当符合国家规定的标准，充分利用现有建设用地，不占或者尽量少占农用地。建设用地分为国家建设用地和乡（镇）村建设用地。

（一）国家建设用地

国家建设用地是指国家为进行经济、文化、国防建设以及兴办各种社会公益事业进行建设所需要占用的土地。法律规定任何单位和个人进行建设，需要使用土地的，必须依法申请使用国有土地（包括国家所有的土地和国家征收的原属于农民集体所有的土地）；但是，兴办乡镇企业和村民建设住宅经依法批准使用本集体经济组织农民集体所有的土地的，或者乡（镇）村公共设施和公益事业建设经依法批准使用农民集体所有的土地的除外。

1. 建设单位使用国有土地的,应当按照土地使用权出让等有偿使用合同的约定或者土地使用权划拨批准文件的规定使用土地;确需改变该幅土地建设用途的,应当经有关人民政府土地行政主管部门同意,报原批准用地的人民政府批准。其中,在城市规划区内改变土地用途的,在报批前,应当先经有关城市规划行政主管部门同意。

2. 建设占用土地,涉及农用地转为建设用地的,应当办理农用地转用审批手续。

3. 审批权限。省、自治区、直辖市人民政府批准的道路、管线工程和大型基础设施建设项目、国务院批准的建设项目占用土地,涉及农用地(基本农田;基本农田以外的耕地超过 35 公顷的;其他土地超过 70 公顷的)转为建设用地的,由国务院批准。

在土地利用总体规划确定的城市和村庄、集镇建设用地规模范围内,为实施该规划而将农用地转为建设用地的,按土地利用年度计划分批次由原批准土地利用总体规划的机关批准。在已批准的农用地转用范围内,具体建设项目用地可以由市、县人民政府批准。其他建设项目占用土地,涉及农用地转为建设用地的,由省、自治区、直辖市人民政府批准。

征收前述规定以外的土地的,由省、自治区、直辖市人民政府批准,并报国务院备案。

征收农用地的,应当依法先行办理农用地转用审批。其中,经国务院批准农用地转用的,同时办理征地审批手续,不再另行办理征地审批;经省、自治区、直辖市人民政府在征地批准权限内批准农用地转用的,同时办理征地审批手续,不再另行办理征地审批,超过征地批准权限的,应当另行办理征地审批。国家征收土地的,依照法定程序批准后,由县级以上地方人民政府予以公告并组织实施。

4. 征地补偿问题。征收土地的,按照被征收土地的原用途给予补偿。被征收土地的所有权人、使用权人应当在公告规定期限内,持土地权属证书到当地人民政府土地行政主管部门办理征地补偿登记。征收耕地的补偿费用包括土地补偿费、安置补助费以及地上附着物和青苗的补偿费。

(1) 征收耕地的土地补偿费,为该耕地被征收前 3 年平均年产值的 6 ~ 10 倍。征收耕地的安置补助费,按照需要安置的农业人口数计算。需要安置的农业人口数,按照被征收的耕地数量除以征地前被征收单位平均每人占有耕地的数量计算。每一个需要安置的农业人口的安置补助费标准,为该耕地被征收前 3 年平均年产值的 4 ~ 6 倍。但是,每公顷被征收耕地的安置补助费,最高不得超过被征收前 3 年平均年产值的 15 倍。依照规定支付土地补偿费和安置补助费，尚不能使需要安置的农民保持原有生活水平的，经省、自治区、直辖市人民政府批准，可以增加安置补助费。但是，土地补偿费和安置补助费的总和一般不得超过土地被征收前 3 年平均年产值的 30 倍。但是，国务院根据社会、经济发展水平，在特殊情况下，可以提高征收耕地的土地补偿费和安置补助费的标准。

（2）被征收土地上的附着物和青苗的补偿标准，由省、自治区、直辖市规定。征收城市郊区的菜地，用地单位应当按照国家有关规定缴纳新菜地开发建设基金。

（3）征收其他土地的土地补偿费和安置补助费标准，由省、自治区、直辖市参照征收耕地的土地补偿费和安置补助费的标准规定。

（4）征地补偿安置费的落实。土地补偿费归农村集体经济组织所有；地上附着物及青苗补偿费归其所有者所有。安置补助费必须专款专用，一般由谁负责安置即向谁支付安置补助费。应当注意的是禁止任何单位和个人侵占、挪用被征收土地单位的征地补偿费用和其他有关费用。

征地补偿安置方案确定后，有关地方人民政府应当公告，并听取被征地的农村集体经济组织和农民的意见。被征地的农村集体经济组织应当将征收土地的补偿费用的收支状况向本集体经济组织的成员公布，接受监督。

（二）临时建设用地

临时建设用地是指建设项目施工和地质勘查需要临时使用国有土地或者农民集体所有的土地。临时建设用地由县级以上人民政府土地行政主管部门批准。其中，在城市规划区内的临时用地，在报批前，应当先经有关城市规划行政主管部门同意。土地使用者应当根据土地权属，与有关土地行政主管部门或者农村集体经济组织、村民委员会签订临时使用土地合同，并按照合同的约定支付临时使用土地补偿费。

临时使用土地的使用者应当按照临时使用土地合同约定的用途使用土地，并不得修建永久性建筑物。临时使用土地期限一般不超过 2 年。抢险救灾等急需使用土地的，可以先行使用土地。其中，属于临时用地的，灾后应当恢复原状并交还原土地使用者使用，不再办理用地审批手续；属于永久性建设用地的，建设单位应当在灾情结束后 6 个月内申请补办建设用地审批手续。建设项目施工和地质勘查需要临时占用耕地的，土地使用者应当自临时用地期满之日起 1 年内恢复种植条件。

（三）乡村建设用地

乡村建设用地是指农村集体经济组织兴办企业、公益事业或农民建设住宅所需占用的农村集体土地。

乡镇企业、乡（镇）村公共设施、公益事业、农村村民住宅等乡（镇）村建设，应当按照村庄和集镇规划，合理布局，综合开发，配套建设；建设用地，应当符合乡（镇）土地利用总体规划和土地利用年度计划，并依法办理审批手续。

农村集体经济组织使用乡（镇）土地利用总体规划确定的建设用地兴办企业或者与其他单位、个人以土地使用权入股、联营等形式共同举办企业的，应当持有关批准文件，向县级以上地方人民政府土地行政主管部门提出申请，按照省、自治区、直辖市规定的批准权限，由县级以上地方人民政府批准；其中，涉及占用农用地的，应当依法办理审批手续。

兴办乡镇企业的建设用地，必须严格控制。省、自治区、直辖市可以按照乡镇企业的不同行业和经营规模，分别规定用地标准。

四、耕地保护

案例分析

［案情简介］

宁夏回族自治区灵武市的农民李玉芬，从 1982 年开始自筹资金，带领全家人治沙造林。1999 年、2011 年，她先后与宁夏回族自治区灵武市政府签订合同，承包治理沙荒地 18 700 亩，多年来对承包的沙荒地持续投入和改造，有效抑制了当地荒漠化程度的加剧。2012 年宁夏回族自治区中北部土地开发整理重大工程项目，征用其还有 40 年承包期的 18 700 亩林地、草场，变成了宁夏回族自治区中北部土地开发整理重大工程项目中生态移民的居住区，目前政府已经向李玉芬承包治理好的土地上移民 5000 多人。2013 年 5 月 31 日，因此她起诉国土部和财政部，因两部共同作出了《关于同意宁夏回族自治区中北部土地开发整理重大工程项目实施方案的函》（以下简称《同意函》），同意并投资宁夏回族自治区中北部土地开发整理重大工程项目，导致当地政府强行征用其还有 40 年承包期的 1.87 万亩林地、草场给其造成重大经济损失，要求部分撤销《同意函》，返还她承包治理的 18 700 亩土地，赔偿她的经济损失 3.6 亿余元。

［法律问题］

李玉芬的土地承包经营权和治沙的成果受到国家法律法规及政策的保护的理由充分否？尝试分析该如何处理该纠纷？

［分析提示］

涉及耕地管理的鼓励和保护措施。

（一）国家实行占用耕地补偿制度

国家保护耕地，严格控制耕地转为非耕地。非农业建设经批准占用耕地的，按照"占多少，垦多少"的原则，由占用耕地的单位负责开垦与所占用耕地的数量和质量相当的耕地；没有条件开垦或者开垦的耕地不符合要求的，应当缴纳耕地开垦费，专款用于开垦新的耕地。

省、自治区、直辖市人民政府应当严格执行土地利用总体规划和土地利用年度计划，采取措施，确保本行政区域内耕地总量不减少；耕地总量减少的，由国务院责令在规定期限内组织开垦与所减少耕地的数量与质量相当的耕地，并由国务院土地行政主管部门会同农业行政主管部门验收。个别省、直辖市确因土地后备资源匮乏，新增建设用地后，新开垦耕地的数量不足以补偿所占用耕地的数量的，必须报经国务院批准减免本行政区域内开垦耕地的数量，进行易地开垦。

（二）国家实行基本农田保护制度

下列耕地应当根据土地利用总体规划，列入基本农田保护区，严格管理：

1. 经国务院有关主管部门或者县级以上地方人民政府批准确定的粮、棉、油生产基地内的耕地；

2. 有良好的水利与水土保持设施的耕地，正在实施改造计划以及可以改造的中、低产田；

3. 蔬菜生产基地；

4. 农业科研、教学试验田；

5. 国务院规定应当划入基本农田保护区的其他耕地。

各省、自治区、直辖市划定的基本农田应当占本行政区域内耕地的80%以上。基本农田保护区以乡（镇）为单位进行划区定界，由县级人民政府土地行政主管部门会同同级农业行政主管部门组织实施。并注意维护排灌工程设施，改良土壤，提高地力，防止土地荒漠化、盐渍化、水土流失和土地污染。

（三）节约用地，禁止土地资源浪费

由于土地资源的有限性，所以非农业建设必须节约使用土地，可以利用荒地的，不得占用耕地；可以利用劣地的，不得占用好地。法律禁止占用耕地建窑、建坟或者擅自在耕地上建房、挖砂、采石、采矿、取土等；禁止占用基本农田发展林果业和挖塘养鱼；禁止任何单位和个人闲置、荒芜耕地；禁止毁坏森林、草原开垦耕地，禁止围湖造田和侵占江河滩地。

对于已经办理审批手续的非农业建设占用耕地，1年内不用而又可以耕种并收获的，应当由原耕种该幅耕地的集体或者个人恢复耕种，也可以由用地单位组织耕种；1年以上未动工建设的，应当按照省、自治区、直辖市的规定缴纳闲置费；连续2年未使用的，经原批准机关批准，由县级以上人民政府无偿收回用地单位的土地使用权；该幅土地原为农民集体所有的，应当交由原农村集体经济组织恢复耕种。承包经营耕地的单位或者个人连续 2 年弃耕抛荒的，原发包单位应当终止承包合同，收回发包的耕地。

在城市规划区范围内，以出让方式取得土地使用权进行房地产开发的闲置土地，依照《中华人民共和国城市房地产管理法》的有关规定办理。

（四）鼓励和保护措施

国家鼓励单位和个人按照土地利用总体规划，在保护和改善生态环境、防止水土流失和土地荒漠化的前提下，开发未利用的土地；适宜开发为农用地的，应当优先开发成农用地。开垦未利用的土地，必须经过科学论证和评估，在土地利用总体规划划定的可开垦的区域内，经依法批准后进行。根据土地利用总体规划，对破坏生态环境开垦、围垦的土地，有计划有步骤地退耕还林、还牧、还湖。

国家依法保护开发者的合法权益。若单位或个人开发未确定使用权的国有荒山、荒地、荒滩从事种植业、林业、畜牧业、渔业生产的，可以经县级以上人民政府依法批准后，确定给开发单位或者个人长期使用。

国家鼓励土地整理。县、乡（镇）人民政府应当组织农村集体经济组织，按照土地利用总体规划，对田、水、路、林、村综合整治，提高耕地质量，增加有效耕地面积，改善农业生产条件和生态环境。

五、法律责任

1. 违反法律规定，占用耕地建窑、建坟或者擅自在耕地上建房、挖砂、采石、采矿、取土等，破坏种植条件的，或者因开发土地造成土地荒漠化、盐渍化的，由县级以上人民政府土地行政主管部门责令限期改正或者治理，可以并处罚款；构成犯罪的，依法追究刑事责任。

2. 违反法律规定，拒不履行土地复垦义务的，由县级以上人民政府土地行政主管部门责令限期改正；逾期不改正的，责令缴纳复垦费，专项用于土地复垦，可以处以罚款。

3. 未经批准或者采取欺骗手段骗取批准，非法占用土地的，由县级以上人民政府土地行政主管部门责令退还非法占用的土地，对违反土地利用总体规划擅自将农用地改为建设用地的，限期拆除在非法占用的土地上新建的建筑物和其他设施，恢复土地原状，对符合土地利用总体规划的，没收在非法占用的土地上新建的建筑物和其他设施，可以并处罚款；对非法占用土地的单位的直接负责的主管人员和其他直接责任人员，依法给予行政处分；构成犯罪的，依法追究刑事责任。

超过批准的数量占用土地，多占的土地以非法占用土地论处。

4. 农村村民未经批准或者采取欺骗手段骗取批准，非法占用土地建住宅的，由县级以上人民政府土地行政主管部门责令退还非法占用的土地，限期拆除在非法占用的土地上新建的房屋。

超过省、自治区、直辖市规定的标准，多占的土地以非法占用土地论处。

5. 无权批准征收、使用土地的单位或者个人非法批准占用土地的，超越批准权限非法批准占用土地的，不按照土地利用总体规划确定的用途批准用地的，或者违反法律规定的程序批准占用、征收土地的，其批准文件无效，对非法批准征收、使用土地的直接负责的主管人员和其他直接责任人员，依法给予行政处分；构成犯罪的，依法追究刑事责任。非法批准、使用的土地应当收回，有关当事人拒不归还的，以非法占用土地论处。

非法批准征收、使用土地，对当事人造成损失的，依法应当承担赔偿责任。

6. 侵占、挪用被征收土地单位的征地补偿费用和其他有关费用，构成犯罪的，依法追究刑事责任；尚不构成犯罪的，依法给予行政处分。

7. 依法收回国有土地使用权当事人拒不交出土地的，临时使用土地期满拒不归还的，或者不按照批准的用途使用国有土地的，由县级以上人民政府土地行政主管部门责令交还土地，处以罚款。

8. 擅自将农民集体所有的土地的使用权出让、转让或者出租用于非农业建设的，由县级以上人民政府土地行政主管部门责令限期改正，没收违法所得，并处罚款。

9. 不依法办理土地变更登记的，由县级以上人民政府土地行政主管部门责令其限期办理。

10. 依照法律规定，责令限期拆除在非法占用的土地上新建的建筑物和其他设施的，建设单位或者个人必须立即停止施工，自行拆除；对继续施工的，做出处罚决定的机关有权制止。建设单位或者个人对责令限期拆除的行政处罚决定不服的，可以在接到责令限期拆除决定之日起15日内，向人民法院起诉；期满不起诉又不自行拆除的，由做出处罚决定的机关依法申请人民法院强制执行，费用由违法者承担。

11. 土地行政主管部门的工作人员玩忽职守、滥用职权、徇私舞弊，构成犯罪的，依法追究刑事责任；尚不构成犯罪的，依法给予行政处分。

项目二　城市房地产管理法律制度

某学院以由政府划拨的用于办公、教学、住宅中的部分土地，与某房地产公司签订《联建合同》，合同约定：由房地产公司（乙方）在学院（甲方）的该划拨土地上全额出资修建 A、B 两座娱乐楼，甲方协助乙方办理建设施工土地基建审批手续。楼建成后，由甲方给乙方办理房产使用证，期满后，产权仍归甲方所有。甲方同意乙方使用 A、B 楼，使用权限定为 A 楼 20 年，B 楼 10 年。乙方除将 A 楼建成后将 7 层无偿交付甲方使用外，乙方每年向甲方交付支助金 40 万元人民币，每年在原基础上递增，任何一方违约，守约方可要求违约方承担总投资 5% ~ 10% 的违约金，并有权要求违约方继续履约。某市规划局等部门为学院及施工单位颁发了建设 A 楼的《建设工程规划许可证》及《施工许可证》。施工期间，房地产公司在 A 楼顶加一层，某市建设委员会向学院发出行政处罚决定，责令立即停止违法建设。

土地收益的归属如何？加层建设的是否违法？如何处理？

[引例分析]

学院将所使用的国有划拨土地委托房产公司投资建房，房地产公司所付建房投资款以及房屋建成后给学院交付的支助金具有房屋土地租金性质，亦符合《中华人民共和国城市房地产管理法》第 55 条规定，房屋所有人以营利为目的，将以划拨方式取得使用权的国有土地上建成的房屋出租的，应将租金中所含土地收益上缴国家。因该房尚未建成，亦未产生土地收益，所以，待房屋建成投入使用后，学院才应将收益部分上缴国家。

由于基建项目单位是学院，房地产公司的违法加层对行政管理部门而言，视为学院违法建设，而房地产公司则应该承担违背合同约定加层建设的一切法律后果。

基本理论

一、房地产管理法律制度概述

房地产是房产和地产的统称。房产即土地上的房屋，包括地上建筑物和构筑物及有关附属设施。地产即土地，这里的土地是指用于建筑房屋的土地。

为了加强对城市房地产的管理，维护房地产市场秩序，保障房地产权利人的合法权益，促进房地产业的健康发展，我国于 1994 年 7 月 5 日颁布了《中华人民共和国城市房地产管理法》，于 1995 年 1 月 1 日起施行。

城市房地产管理法是指调整在中华人民共和国城市规划区国有土地范围内取得房地产开发用地的土地使用权，从事房地产开发、交易、管理的法律规范的总称。

（一）房地产管理体制

国务院建设行政主管部门、土地管理部门依照国务院规定的职权划分，各司其职，密切配合，管理全国房地产工作。县级以上地方人民政府房产管理部门、土地管理部门的机构设置及其职权由省、自治区、直辖市人民政府确定。

（二）房地产管理法的原则

1. 保护房地产权利人合法权益原则。法律明文规定禁止任何组织和个人用任何方式侵犯国家、集体和个人的房产所有权和地产权利。房地产权利人的合法权益受法律保护，任何单位和个人不得侵犯。

2. 所有权与使用权分离原则。国家依法实行国有土地有偿、有限期使用制度。但是，国家划拨国有土地使用权的除外。

3. 合法原则。合法是指房地产业在开发、利用、经营、管理过程中，必须遵循国家法律、法规和政策的规定，合法的行为才能受到国家的法律保护。因而房地产权利人应当遵守法律和行政法规，依法纳税。

4. 逐步改善居民居住条件原则。国家根据社会、经济发展水平，扶持发展居民住宅建设，逐步改善居民的居住条件。国家采取税收等方面的优惠措施鼓励和扶持房地产开发企业开发建设居民住宅。

二、房地产开发用地的取得

案例分析

[案情简介]

2002 年 6 月 8 日，某市土地管理部门通过拍卖方式，与某房地产公司签订了一份土地使用权出让合同。根据合同约定该幅土地面积为 3 万平方米，土地出让金为人民币 12 000 万元，先交付订金 2000 万元，其余出让金在 2002 年 11 月前交完。房地产开发公司取得土地后，于 2002 年 9 月开始对该幅土地进行开发，根据合同的约定建设高档住宅楼。房地产公司除在 6 月支付了 5000 万元出让金后，到了 11 月底，其余的 7000 万出让金一直没有支付，土地管理部门多次要求支付，房地产公司以各种原因拒绝。

[法律问题]

该房地产公司的行为有何不妥？土地管理部门可以依法向房地产公司提出什么要求？

[分析提示]

主要理解土地出让制度。

房地产开发用地的取得是房地产开发的源头，我国法律规定城镇的土地所有权归国家所有，禁止流转。开发房地产能够取得的只是土地使用权，且是国有土地的使用权。我国现行的房地产开发用地采取国有土地使用权的取得方式，主要包括行政划拨和有偿出让。出让的方式取得土地使用权是最基本方式。

（一）土地使用权出让

1. 土地使用权出让的概念。土地使用权出让，是指国家将国有土地使用权（以下简称土地使用权）在一定年限内出让给土地使用者，由土地使用者向国家支付土地使用权出让金的行为。城市规划区内的集体所有的土地，经依法征收转为国有土地后，该幅国有土地的使用权方可有偿出让。土地使用权出让，必须符合土地利用总体规划、城市规划和年度建设用地计划。

2. 出让合同。土地使用权出让，应当签订书面出让合同。出让合同是指国家作为土地所有人与土地受让人之间就土地使用权出让有关事项所达成的、明确相互间权利义务关系的协议。该合同的标的为一定期间的土地使用权；合同一方当事人为国家；且是一种要式合同，受让人在支付全部土地使用权出让金后，应依法办理登记手续，领取土地使用证，才能发生法律效力。土地使用权出让合同由市、县人民政府土地管理部门与土地使用者签订。

土地使用者应当在签订合同后 60 日内支付全部土地使用权出让金，领取土地使用证，取得出让土地使用权。依双方约定采取分期付款方式取得土地使用权的，在未付清全部出让金前，土地使用者领取临时土地使用证。土地使用者必须按照出让合同约定，支付土地使用权出让金；未按照出让合同约定支付土地使用权出让金的，土地管理部门有权解除合同，并可以请求违约赔偿。

土地使用者按照出让合同约定支付土地使用权出让金的，市、县人民政府土地管理部门必须按照出让合同约定，提供出让的土地；未按照出让合同约定提供出让的土地的，土地使用者有权解除合同，由土地管理部门返还土地使用权出让金，土地使用者并可以请求违约赔偿。

3. 土地使用权出让的方式。土地使用权出让，可以采取拍卖、招标、挂牌或者双方协议的方式。商业、旅游、娱乐和豪华住宅用地，有条件的，应当采取拍卖、招标方式；没有条件，不能采取拍卖、招标方式的，可以采取双方协议的方式。采取双方协议方式出让土地使用权的出让金不得低于按国家规定所确定的最低价。目前经营性国有土地使用权出让已基本上采用拍卖、招标、挂牌方式。

土地使用权出让最高年限由国务院规定。如居住用地 70 年；商业、旅游、娱乐用地 40 年；其他用地最高年限均为 50 年。土地使用权出让合同约定的使用年限届满，土地使用者需要继续使用土地的，应当至迟于届满前 1 年申请续期，除根据社会公共利益需要收回该幅土地的，应当予以批准。经批准准予续期的，应当重新签订土地使用权出让合同，依照规定支付土地使用权出让金。年限届满，使用者未申请续期或申请但未被批准的，土地使用权收归国家。

4. 土地用途改变的程序。土地使用者需要改变土地使用权出让合同约定的土地用途的，必须取得出让方和市、县人民政府城市规划行政主管部门的同意，签订土地使用权出让合同变更协议或者重新签订土地使用权出让合同，相应调整土地使用权出让金。

5. 国有土地使用权的丧失。国家对土地使用者依法取得的土地使用权，在出让合同约定的使用年限届满前不收回；在特殊情况下，根据社会公共利益的需要，可以依照法律程序提前收回，并根据土地使用者使用土地的实际年限和开发土地的实际情况给予相应的补偿。

土地使用权因土地灭失而终止。

（二）土地使用权划拨

1. 土地使用权划拨的概念。土地使用权划拨，是指县级以上人民政府依法批准，在土地使用者缴纳补偿、安置等费用后将该幅土地交付其使用，或者将土地使用权无偿交付给土地使用者使用的行为。以划拨方式取得土地使用权的，除法律、行政法规另有规定外，没有使用期限的限制。

2. 划拨的范围。下列建设用地的土地使用权，确属必需的，可以由县级以上人民政府依法批准划拨：①国家机关用地和军事用地；②城市基础设施用地和公益事业用地；③国家重点扶持的能源、交通、水利等项目用地；④法律、行政法规规定的其他用地。

划拨土地使用权，不采取出让土地使用权的方式，而是适用国家建设用地的审批程序。

依法取得的土地使用权，可以依照法律、行政法规的规定，作价入股，合资、合作开发经营房地产。

三、房地产开发

（一）房地产开发的概念和原则

房地产开发，是指在依据本法取得国有土地使用权的土地上进行基础设施、房屋建设的行为。房地产开发应遵守如下原则：

1. 严格执行城市规划的原则。房地产开发必须符合执行城市规划，服从规划管理。

2. 坚持经济效益、社会效益、环境效益相统一的原则。房地产业的发展对整个社会经济的影响很大，尤其是对城市建设、城市生态环境及城市文化事业的发展、居民居住条件的改善都至关重要，故而应坚持按照经济效益、社会效益、环境效益相统一的原则开发房地产，保持三种效益的协调统一发展。

3. 实行全面规划、合理布局、综合开发、配套建设的原则。实行全面规划、合理布局、综合开发、配套建设的原则，目的在于保证房地产开发的合理、适用和效益。

为了保证土地利用效益，房地产开发必须按照土地使用权出让合同约定的土地用途、动工开发期限开发土地。超过出让合同约定的动工开发日期满 1 年未动工开发的，可以征收相当于土地使用权出让金20%以下的土地闲置费；满2年未动工开发的，可以无偿收回土地使用权；但是，因不可抗力或者政府、政府有关部门的行为或者动工开发必需的前期工作造成动工开发迟延的除外。

房地产开发项目的设计、施工，必须符合国家的有关标准和规范。房地产开发项目竣工，经验收合格后，方可交付使用。

（二）房地产开发企业管理

1. 房地产开发企业概念和分类。房地产开发企业是以营利为目的，从事房地产开发和经营的企业，可分为房地产开发专营企业、兼营企业和项目公司。

2. 设立房地产开发企业的条件。设立房地产开发企业，应当具备下列条件：①有自己的名称和组织机构；②有固定的经营场所；③有符合国务院规定的注册资本；房地产开发企业的注册资本与投资总额的比例应当符合国家有关规定；④有足够的专业技术人员；⑤法律、行政法规规定的其他条件。

3. 设立房地产开发企业的程序。设立房地产开发企业，应当向工商行政管理部门申请设立登记。工商行政管理部门对符合法律规定条件的，应当予以登记，发给营业执照；对不符合法律规定条件的，不予登记。设立有限责任公司、股份有限公司，从事房地产开发经营的，还应当执行公司法的有关规定。房地产开发企业在领取营业执照后的 1 个月内，应当到登记机关所在地的县级以上地方人民政府规定的部门备案。

4. 房地产开发企业的分期投资额规制。房地产开发企业分期开发房地产的，分期投资额应当与项目规模相适应，并按照土地使用权出让合同的约定，按期投入资金，用于项目建设。

四、房地产交易

案例分析

[案情简介]

2004 年 5 月 18 日，北京天亿贸易有限责任公司（以下简称"北京天亿公司"）为扩大经营规模，向中国建设银行公主坟支行（以下简称"建设银行"）申请贷款20 万元，期满后由被告北京天亿公司还本付息。建设银行为了保证贷款的及时回收，要求北京天亿公司提供房地产作为抵押。北京天亿公司表示同意，并提出以价值30 万余元的仓库用房作为贷款抵押。双方在签订了20 万元的贷款合同之后，又签订了抵押合同。抵押合同签订后，建设银行没有要求北京天亿公司提供任何有关仓库的房屋所有权证书和土地使用权证书，双方也未向任何部门办理抵押登记手续。2006 年 3 月 12 日，天亿公司因经营管理不善面临破产，为了维持公司的正常经营，天亿公司与第三人张某签订《房屋买卖合同》，以 28 万元的价格将公司的仓库用房出售给第三人。合同签订后，第三人张某根据合同约定的时间支付了全部购房款，双方并于合同签订后的第 10 日到北京市房地产管理部门办理了过户手续。

2006 年 5 月 20 日，贷款期限届满，建设银行向北京天亿公司发出《催款函》，要求北京天亿公司在收到催款函后 3 日内偿还贷款本金及利息共计 223 256 元。但因北京天亿公司经营管理不善面临倒闭，根本无法偿还建设银行的贷款本息。

建设银行于 2006 年 5 月 29 日依法向北京市海淀区人民法院提起诉讼，要求法院依法拍卖北京天亿公司提供的抵押物，以实现其到期债权。

[法律问题]

建设银行的要求可以满足吗？为什么？

[分析提示]

重点理解房地产权属登记管理制度，从房地产抵押登记管理入手。

（一）房地产交易一般规定

房地产交易是指当事人之间进行的房地产转让、房地产抵押、房屋租赁的行为的总称。房地产交易可分为地产交易和房产交易。地产交易是指城镇国有土地使用权的出让、转让、抵押等形式。我国国有土地所有权不得转让或非法买卖，但其使用权可以依法转让。土地使用者可以通过出让、转让、出租、抵押等方式取得对土地的使用权。房产交易是包括了房产的所有权和使用权的买卖、租赁、抵押、交换等交易方式。

房地产交易的特征为标的物位置的固定性。房屋的不可移动性导致房地产交易更多地体现为一种地产产权的流转及其再界定。因而，法律对房地产交易作了特别规制。

1. 房地产权属不可分离原则。房地产转让、抵押时，房屋的所有权和该房屋占用范围内的土地使用权同时转让、抵押。土地使用权出租时，其他地上建筑物、附着物随同出租。

2. 房地产权属登记管理。房地产权属登记指房地产管理部门依职权或应当事人请求，对土地所有权、土地使用权、房屋所有权和房地产他项权利等进行勘测、记录、核实、确认，并向权利人发放权证的一系列活动。其具有权利确认、权利公示和管理的功能。

（1）房地产权属登记。国家实行土地使用权和房屋所有权登记发证制度。以出让或者划拨方式取得土地使用权，应当向县级以上地方人民政府土地管理部门申请登记，经县级以上地方人民政府土地管理部门核实，由同级人民政府颁发土地使用权证书。在依法取得的房地产开发用地上建成房屋的，应当凭土地使用权证书向县级以上地方人民政府房产管理部门申请登记，由县级以上地方人民政府房产管理部门核实并颁发房屋所有权证书。

（2）房地产变更登记。房地产转让或者变更时，应当向县级以上地方人民政府房产管理部门申请房产变更登记，并凭变更后的房屋所有权证书向同级人民政府土地管理部门申请土地使用权变更登记，经同级人民政府土地管理部门核实，由同级人民政府更换或者更改土地使用权证书。

（3）房地产抵押登记。房地产抵押时，应当向县级以上地方人民政府规定的部门办理抵押登记。因处分抵押房地产而取得土地使用权和房屋所有权的，应当办理过户登记。

3. 房地产交易价格管理。基准地价、标定地价和各类房屋的重置价格应当定期确定并公布。

（1）基准地价是指按照不同的土地级别、区域分别评估和测算的商业、工业和住宅等各类用地的平均价格；

（2）标定地价是指对需要进行土地使用权出让、转让、抵押的地块评定的具体价格，它是以基准地价为依据，根据市场行情，地块的具体情况、使用年限等条件评定的某一地块在某一时间的价格；

（3）房屋重置价格是指按照当前的建筑技术、工艺水平、建筑材料价格、人工和运输费用等条件，重新建造同类结构、式样、质量标准的房屋所需的费用。

4. 国家实行房地产价格评估制度。房地产评估是指房地产专业人员，根据估价目的，遵循估价原则，按照估价程序，采用科学的估价方法，并结合估价经验与对影响房地产价格因素的分析，对房地产最可能实现的合理价格所做的推测与判断。房地产价格评估，应当遵循公正、公平、公开的原则，按照国家规定的技术标准和评估程序，以基准地价、标定地价和各类房屋的重置价格为基础，参照当地的市场价格进行评估。

5. 国家实行房地产成交价格申报制度。房地产权利人转让房地产，应当向县级以上地方人民政府规定的部门如实申报成交价，不得瞒报或者作不实的申报。

（二）房地产转让

1. 转让的条件。房地产转让，是指房地产权利人通过买卖、赠与或者其他合法方式将其房地产转移给他人的行为。以出让方式取得土地使用权的，转让房地产时，应当符合下列条件：①按照出让合同约定已经支付全部土地使用权出让金，并取得土地使用权证书；②按照出让合同约定进行投资开发，属于房屋建设工程的，完成开发投资总额的 25% 以上，属于成片开发土地的，形成工业用地或者其他建设用地条件。转让房地产时房屋已经建成的，还应当持有房屋所有权证书。

以划拨方式取得土地使用权的，转让房地产时，应当按照国务院规定，报有批准权的人民政府审批。有批准权的人民政府准予转让的，应当由受让方办理土地使用权出让手续，并依照国家有关规定缴纳土地使用权出让金。以划拨方式取得土地使用权的，转让房地产报批时，有批准权的人民政府按照国务院规定可以不办理土地使用权出让手续的，转让方应当按照国务院规定将转让房地产所获收益中的土地收益上缴国家或者作其他处理。

2. 转让禁止。下列房地产，不得转让：①以出让方式取得土地使用权的，不符合前述转让条件的；②司法机关和行政机关依法裁定、决定查封或者以其他形式限制房地产权利的；③依法收回土地使用权的；④共有房地产，未经其他共有人书面同意的；⑤权属有争议的；⑥未依法登记领取权属证书的；⑦法律、行政法规规定禁止转让的其他情形。

3. 房地产转让的形式。房地产转让，应当签订书面转让合同，合同中应当载明土地使用权取得的方式。房地产转让时，土地使用权出让合同载明的权利、义务随之转移。

以出让方式取得土地使用权的，转让房地产后，其土地使用权的使用年限为原土地使用权出让合同约定的使用年限减去原土地使用者已经使用年限后的剩余年限。以出让方式取得土地使用权的，转让房地产后，受让人改变原土地使用权出让合同约定的土地用途的，必须取得原出让方和市、县人民政府城市规划行政主管部门的同意，签订土地使用权出让合同变更协议或者重新签订土地使用权出让合同，相应调整土地使用权出让金。

4. 商品房预售。商品房预售即开发商将正在建设中的房屋预先出售给承购人，由承购人支付定金或房款的行为。商品房预售，应当符合下列条件：①交付全部土地使用权出让金，取得土地使用权证书；②持有建设工程规划许可证；③按提供预售的商品房计算，投入开发建设的资金达到工程建设总投资的 25% 以上，并已经确定施工进度和竣工交付日期；④向县级以上人民政府房产管理部门办理预售登记，取得商品房预售许可证明。

商品房预售人应当按照国家有关规定将预售合同报县级以上人民政府房产管理部门和土地管理部门登记备案。商品房预售所得款项，必须用于有关的工程建设。商品房预购人将购买的未竣工的预售商品房再行转让的问题，应由国务院规定。

5. 商品房按揭。商品房按揭即不能或不愿一次性支付房款的按揭购房借款人将其与开发商已签订的商品房预售或销售合同项下的所有权益作为向商业银行的担保。

（三）房地产抵押

房地产抵押，是指抵押人以其合法的房地产以不转移占有的方式向抵押权人提供债务履行担保的行为。债务人不履行债务时，抵押权人有权依法以抵押的房地产拍卖所得的价款优先受偿。

1. 可抵押的客体。依法取得的房屋所有权连同该房屋占用范围内的土地使用权，可以设定抵押权。以出让方式取得的土地使用权，可以设定抵押权。

2. 房地产抵押程序。房地产抵押，应当凭土地使用权证书、房屋所有权证书办理。房地产抵押时，抵押人和抵押权人应当签订书面抵押合同。

设定房地产抵押权的土地使用权是以划拨方式取得的，依法拍卖该房地产后，应当从拍卖所得的价款中缴纳相当于应缴纳的土地使用权出让金的款额后，抵押权人方可优先受偿。

3. 新增房屋处置。房地产抵押合同签订后，土地上新增的房屋不属于抵押财产。需要拍卖该抵押的房地产时，可以依法将土地上新增的房屋与抵押财产一同拍卖，但对拍卖新增房屋所得，抵押权人无权优先受偿。

（四）房屋租赁

房屋租赁，是指房屋所有权人作为出租人将其房屋出租给承租人使用，由承租人向出租人支付租金的行为。

1. 房屋租赁程序。房屋租赁时，出租人和承租人应当签订书面租赁合同，约定租赁期限、租赁用途、租赁价格、修缮责任等条款，以及双方的其他权利和义务，并向房产管理部门登记备案。住宅用房的租赁，应当执行国家和房屋所在城市人民政府规定的租赁政策。租用房屋从事生产、经营活动的，由租赁双方协商议定租金和其他租赁条款。

2. 房屋租赁中涉及国家利益的处置。以营利为目的，房屋所有权人将以划拨方式取得使用权的国有土地上建成的房屋出租的，应当将租金中所含土地收益上缴国家。

（五）中介服务机构

房地产中介服务机构包括房地产咨询机构、房地产价格评估机构、房地产经纪机构等。

1. 房地产中介服务机构的条件。房地产中介服务机构应当具备下列条件：①有自己的名称和组织机构；②有固定的服务场所；③有必要的财产和经费；④有足够数量的专业人员；⑤法律、行政法规规定的其他条件。

2. 房地产中介服务机构的程序。设立房地产中介服务机构，应当向工商行政管理部门申请设立登记，领取营业执照后，方可开业。国家实行房地产价格评估人员资格认证制度。

五、物业管理制度

案例分析

[案情简介]

2006 年 5 月 29 日，邱某（甲方）与某物业公司（乙方）签订了一份《物业管理服务合同》。合同约定：甲方将居住小区的公共物业管理事务委托给乙方，期限为 50 年，每月收取公共物业管理费 25 元；小区内机动车及非机动车一律进库或在规定的地点停放，摩托车每辆每月交停车费 15 元。免责条款规定：第三人造成甲方人身、财产损害的乙方不承担责任。2006 年 8 月，邱某购买迅龙牌 125 摩托车一辆，价款 3280 元。2007 年 1 月 7 日晚，邱某将摩托车停放在其居住的泉源小区 C1 栋楼下的楼梯间被盗。邱某认为摩托车被盗与该物业公司未尽到安全管理义务有关，该公司应承担赔偿责任。双方就赔偿事宜协商无果，遂于 2007 年 3 月 1 日诉至法院，要求某物业公司赔偿损失 3280 元。法院审理查明：①双方签订的服务合同中虽有某物业公司提供车位，停车人按月交纳停车费的内容，但因原告及泉源小区的其他业主无人申请此项停车服务，所以某物业公司未向小区业主收取停车费，也未提供统一的停车车位。②某物业公司在邱某居住的小区内设立了 24 小时门卫，在小区的主要道路安装了电子监控录像。

[法律问题]

物业公司免责条款有效否？

[分析提示]

准确理解物业管理合同的效力。

（一）物业管理

物业管理即业主通过选聘物业管理企业，由业主和物业管理企业按照物业服务合同约定，对房屋及配套设施设备和相关场地进行维修、养护、管理维护相关区域内的环境卫生和秩序的活动。

（二）物业管理种类

物业管理种类主要有福利性管理模式和市场化管理模式。市场化管理模式又分为委托服务型和自主经营型。

（三）物业管理法律关系所涉及的主体和业务

1. 物业管理法律关系的主体。

（1）业主。业主是物业的所有权人，可分为独立所有权人和区分所有权人，现代物业区域各业主的权利形态一般是区分所有权。

（2）业主大会。业主大会由物业区域内全体业主组成。

（3）业主委员会。业主委员会是物业区域内全体业主对物业实施自治管理的组织，由业主大会选举产生，是业主大会的常设执行机构，对业主大会负责。

（4）物业管理企业。物业管理企业是对物业实施专业化、企业化、社会化管理服务的、具有法人地位的经济实体。

2. 物业管理法律关系所涉及的业务。

（1）物业接管验收。其指物业管理企业在承接管理项目时，进行以物业的建筑主体结构安全和满足使用功能为主要内容的再检验，同时接受图纸、说明文件等物业资料，从而着手实施物业管理。

（2）前期物业管理。其指在房地产开发项目销售前及过程中，由建设单位代替未来业主选聘物业管理企业，并与之签订物业服务委托合同，由该物业管理企业所实施的物业管理。

（3）正常物业管理。依相关法律以及业主委员会与之签订的物业服务合同实施具体物业管理。

六、法律责任

1. 擅自批准出让或者擅自出让土地使用权用于房地产开发的，由上级机关或者所在单位给予有关责任人员行政处分；

2. 未取得营业执照擅自从事房地产开发业务的，由县级以上人民政府工商行政管理部门责令停止房地产开发业务活动，没收违法所得，可以并处罚款；

3. 非法转让土地使用权的，由县级以上人民政府土地管理部门没收违法所得，可以并处罚款；

4. 非法转让房地产的，由县级以上人民政府土地管理部门责令缴纳土地使用权出让金，没收违法所得，可以并处罚款；

5. 非法预售商品房的，由县级以上人民政府房产管理部门责令停止预售活动，没收违法所得，可以并处罚款；

6. 未取得营业执照擅自从事房地产中介服务业务的，由县级以上人民政府工商行政管理部门责令停止房地产中介服务业务活动，没收违法所得，可以并处罚款；

7. 没有法律、法规的依据，向房地产开发企业收费的，上级机关应当责令退回所收取的钱款；情节严重的，由上级机关或者所在单位给予直接责任人员行政处分；

8. 房产管理部门、土地管理部门工作人员玩忽职守、滥用职权，构成犯罪的，依法追究刑事责任；不构成犯罪的，给予行政处分。房产管理部门、土地管理部门工作人员利用职务上的便利，索取他人财物，或者非法收受他人财物为他人谋取利益，构成犯罪的，依照惩治贪污罪贿赂罪的补充规定追究刑事责任；不构成犯罪的，给予行政处分。

思考题

1. 如何理解我国土地管制制度？
2. 试述国有土地使用权的取得方式。
3. 如何理解物业管理的性质？
4. 房地产交易的基本规则是什么？
5. 习作案例：

A 公司通过划拨方式取得了国有土地使用权，在该土地上建成了一栋房屋，并将该房屋出租给 B 公司，每月得租金 50 万元。后被土地管理部门发现，要求 A 公司将 50 万元租金上缴。

（1）你认为土地管理部门的要求是否合理？

（2）应该如何处理？说明理由。

第八单元

税收法律制度

项目一　税收法律制度概述

引例

　　英法战争（1756～1763年）结束后，英国政府强行在北美殖民地征收砂糖税和印花税，后又于1773年由英国议会颁布《茶税法》，主要是想通过向殖民地征收进口茶叶税，挽救陷于困境的东印度公司。波士顿市民愤怒了，将价值10万英镑的英国茶叶倒进河里，这就是著名的"波士顿倾茶事件"。英国议会随即通过了一系列法令压制殖民地人民，这些法令更激起了殖民地人民的强烈反对，人们控诉英王专制的事实之一就是"不经我们允许就向我们强迫征税"，最终在莱克星顿爆发了北美独立战争。战争以英国的失败而告终。同时还诞生了有名的《独立宣言》，其中明确表示："政府的正当权力，则系得自被统治者的同意。"

基本理论

一、为什么要征税

　　政府为人们提供公共产品如交通、环保、公共安全等，公众必须为消费这些公共产品付出必要的代价——缴纳税收。由于政府行为是由一个个具体的个人来完成的，所以要对政府进行强力约束，否则，政府会尽量扩大税款征收，抽取社会财富，政府权力一旦难以控制，纳税人的财产权利必将会受到侵犯。历史已经一次次地证明了保障纳税人权利的重要性。通过对这种税收法律关系中征税人与纳税人双方的权利的合理分配，实现政府宏观调控的职能以及纳税人公平税负的目标。

二、税收的概念、特征、作用和分类

（一）税收的概念

税收是国家为了实现其国家职能，凭借政治权力，按照法律规定的标准，无偿取得财政收入的一种特定分配方式。

（二）税收的特征

1. 强制性。税收是国家以社会管理者的身份，凭借政治权力，通过颁布法律或政令来进行强制征收。负有纳税义务的社会集团或社会成员，都必须遵守国家法律，依法纳税，否则将要受到法律的制裁。

2. 无偿性。国家向纳税人征税不以支付任何代价为前提，不承担返还义务，也不支付任何报酬。税收的无偿性特征是区别于其他财政收入形式的最基本的特征。它既不同于国有资产收入或利润上交，也不同于还本付息的国债。税收的无偿性至关重要，体现了财政分配的本质，它是税收"三性"的核心。

3. 固定性。税收是按照国家法律预定的标准征税的，对于税法预先规定的这一标准，征税和纳税双方都必须遵守。税收的固定性既包括时间上的固定性，也包括征收比例的固定性，即在征收税款之前就以法律形式将征税对象、征收比例或数额等公布于众，然后按事先公布的标准征收。征税对象、征收比例或数额在一定时期内保持稳定，未经严格的立法程序，任何单位和个人对征税标准均不得随意变更或修改。

（三）税收的作用

1. 税收是国家组织收入的主要形式。由于税收具有强制性、无偿性、固定性等特点，所以能保证其收入的稳定，而且税收的来源十分广泛，能从多方面筹集财政收入。

2. 税收是国家调控经济的重要杠杆之一。税收作为国家宏观经济调节工具的一种重要手段，其在政府收入中的重要份额，决定了对公共部门消费的影响，进而会影响总需求。国家通过税种的设置及税率、减免税的规定，直接影响投资行为，从而对总需求产生影响，调节社会生产、交换、分配、消费，促进社会经济健康发展。

3. 税收具有维护国家政权的作用。没有税收，国家机器就不可能有效运转。而且，税收分配不是按照等价原则和所有制原则分配的，而是凭借政治权力，对物质利益进行调节，体现国家支持什么、限制什么，从而达到巩固国家政权的目的。

（四）税收的分类

1. 按征税对象分类，可将全部税收划分为流转税类、所得税类、财产税类、资源税类、行为税类五种类型。

（1）流转税。它是以商品交换和服务业的收入额为依据而征收的税。税额是商品价格或服务收费的组成部分。我国现行流转税具体包括增值税、消费税、营业税、关税等。

（2）所得税，又称收益税，是以纳税人的各种收益为征税对象的一种税，税额多少取决于纳税人的收益额。我国现行所得税包括企业所得税、个人所得税、社会保障税。

（3）资源税。它是以自然资源和某些社会资源为征税对象的一种税。征税范围的选择较灵活。

（4）财产税。它是以纳税人拥有的财产数量或财产价值为征税对象的一种税。我国现行的财产税有房产税、车船使用税等。

（5）行为税。它是国家为了实现某种特定目的，以纳税人的某些特定行为为征税对象的一种税。我国现行行为税包括车辆购置税、印花税、城市维护建设税等。

2. 按管理和使用权限分类，可以将税收分为中央税、地方税、中央地方共享税。这种划分明确了在财政收支管理权限上中央与地方的关系，有利于调动中央和地方的积极性。

（1）中央税，属于中央政府的财政收入，由国家税务局负责征收管理，如关税和消费税。

（2）地方税，属于地方各级政府的财政收入，由地方税务局负责征收管理，如营业税，城镇土地使用税。

（3）中央地方共享税，属于中央政府和地方政府财政的共同收入，由中央和地方政府按一定的比例分享税收收入，目前由国家税务局负责征收管理，如增值税。

3. 按计税标准分类，可以把税收划分为从价税、从量税和复合税。从价税是指以征税对象的价值或价格为计税依据征收的一种税；从量税是指以征税对象的实物量为计税依据征收的一种税；复合税是指对征税对象采用从价和从量相结合的复合计税方法征收的一种税。

三、税法的概念和构成要素

（一）税法的概念

税款是纳税人为购买政府的公共服务产品所支付的代价，是对公民的一种剥夺，因此，法治国家对征收税款都采取慎重的态度，以增加纳税人的合作意识，减少对抗情绪。

在我国，严格实行税收法定主义，全国人民代表大会及其常务委员会是税收立法的最高立法机关，同时，全国人民代表大会及其常委会也会根据需要授权国务院制定具有法律效力的条例或暂行规定。

综上所述，税法的概念有广义和狭义两种解释。按广义的解释，税法就是国家指定或认可的、调整国家与纳税人之间以及国家机关之间所发生的各种税收关系的法律规范总和；按狭义的解释，税法就是调整税收关系的基本法。综观世界各国立法，大多数国家都采用制定各单行税法的方式，我国也如此。我国的税收法律制度既存在于《个人所得税法》、《税收征管法》等直接规定税收的法律、法规之中，又存在于其他税收相关的法律、法规之中，如《刑法》、《会计法》就有关于税收的法律规定。

（二）税法的构成要素

税法构成要素又称课税要素，是指税法应当具备的必要因素和内容。税法的构成要素一般包括：纳税人、征税对象、税目、税率、纳税环节、纳税期限、纳税地点、减免税、法律责任等。其中纳税人、征税对象和税率是构成税法的三个最基本的要素。

1. 纳税义务人简称纳税人。纳税义务人是指税法规定的直接负有纳税义务的单位和个人，可以是自然人，也可以是法人或其他社会组织。如增值税的纳税义务人是在中国境内销售货物、提供加工、修理修配劳务和进口货物的单位和个人，而资源税的纳税人是在我国境内开采法律规定的矿产品或者生产盐的单位和个人。

值得一提的是与纳税人相联系的另一个概念是扣缴义务人。它是税法规定的，在其经营活动中负有代扣税款并向国库缴纳义务的单位。

还有一个与纳税人相关的概念是"负税人"，就是实际负担税款的单位和个人。它与纳税人的区别是：在有些情况下，"纳税人"与"负税人"是一致的，例如个人所得税，某人缴纳了个人所得税税款200元，他是纳税人同时也是这200元税款的负担者即负税人。但在另一些情况下，纳税人与负税人又不一致。比如，酒的消费税纳税人是生产酒的酒厂，但负担税款的却是买酒的消费者，这就叫"税负转嫁"。

2. 征税对象。征税对象又称课税对象，是指对什么征税。征税对象包括物和行为。它是区别不同类型税种的主要标志，不同的征税对象构成不同的税种。根据征税对象不同，可分为对流转额征税、对所得额征税、对财产征税、对资源征税、对特定行为征税。

3. 税目。税目是指税法中规定的征税对象的具体化，是征收的具体根据。它规定了征税对象的具体范围。税目并不是每个税法都必须具备的要素，有些税种简单、明确，则无须进一步划分税目。当某一征税对象是集合概念，范围较广时，才有必要进一步将征税对象划分小类，每一小类为一税目。

4. 税率。税率是指应纳税额与征税对象的比例或征收额度。它是计算税额的尺度。税率是税法的核心要素，税率高低，直接关系到国家收入的多少和纳税人的负担轻重，因此，每一税种的适用税率都必须在税法中明确规定。我国现行的税率主要有：①比例税率，是指对同一征税对象，不论其数量多少、数额大小，均按同一个比例征收的税率。它具有计算简便的优点，一般适用于对商品流转额征税，如我国的增值税、营业税、企业所得税等采用的是比例税率。比例税率有单一比例税率、差别比例税率和幅度比例税率。②定额税率，是指对单位征收对象规定固定的税额，而不采用百分比的比例形式。它适用于从量计征的税种。我国目前采用定额税率的有资源税等。③超额累进税率，是指把征税对象按数额大小划分为若干等级，每一等级规定一个税率，税率依次提高，但每一纳税人的征税对象则依所属等级同时适用几个税率分别计算，将计算结果相加后得出应纳税额。目前，采用这种税率的有个人所得税。纳税人收入差距越大，适用税率差别也越大，体现了税收纵向公平，有利于缓解社会分配不公的矛盾。④超率累计税率，是指以征税对象数额的相对率划分若干级距，分别规定相应的差别税率。相对率每超过一个级距，对超过的部分就按高一级的税率计算征税。目前，采用这种税率的有土地增值税。

当然，除了以上基本税率外，税率还具有其他形式，如附加与加成。附加是指在按基本税率征收正税外，另外加成占正税一定比例的金额。所谓正税，又称独立税、主税，指与其他税没有依附关系。正税与附加税相对应。附加税收入一般归地方财政或特定用途。加成则是按法定税率计算出税额后，再加征一定成数的税额。

5. 计税依据。计税依据也称计税标准，是指计算应纳税额的依据或标准，即根据什么来计算纳税人应缴纳的税额。计税依据可以分为从价计征、从量计征、复合计征三种类型。从价计征是以金额为计税依据；从量计征以数量为计税依据；复合计征是征税对象的价格和数量均为其计税依据。

6. 纳税环节。纳税环节是指税法规定的征税对象在从生产到消费的流转过程中应当缴纳税额的环节。商品流转过程中，包括工业生产、农业生产、货物进出口、商业批发、商业零售等在内的各个环节，如果具体被确定为应当缴纳税款的环节，就称之为纳税环节。

7. 纳税期限、地点。纳税期限是指纳税人发生纳税义务后，应依法缴纳税额的期限。它是衡量纳税人是否按时履行纳税义务的尺度。在纳税期限之前，征税机关不能征税，纳税人也不得在纳税期限届满后拖延纳税。纳税期限可以分为两种：一是按期纳税，如增值税的纳税期限是根据纳税人的生产和经营情况与税额的大小分别核定为 1 天、3 天、5 天、10 天、15 天和 1 个月为一期，逐期计算缴纳。二是按次纳税，如进口商品应纳的增值税，是在纳税人发生义务后，按次计算缴纳。纳税地点是指纳税人依据税法规定向征税机关申报纳税的具体地点。通常，在税法上规定的纳税地点主要是机构所在地、经济活动发生地、财产所在地、报关地等。

8. 减免税。减免税是指国家对某些纳税人和征税对象给予鼓励和照顾的一种特殊规定，包括减免税、起征点和免征额。减税是指从应征税额中减征部分税额；免税是指对按规定应征收的税额全部免除。减免税可以是税法直接规定的减免优惠，也可以是依法给予一定期限内的减免税优惠，期满后仍按规定纳税。起征点是指对征税对象达到一定数额才开始征税的界限。没有达到规定数额的不征税，达到规定数额的，就全部征税。如营业税按月纳税的起征点为月营业额 5000 ~ 20 000 元，按次纳税的起征点为每次（日）营业额 300 元。免征额是指对征税对象总额中免予征税的数额，即将纳税对象中的一部分给予减免，只就减免后的剩余部分计征税额。如《个人所得税法》即规定了免征额。

9. 法律责任。法律责任是指纳税人、扣缴义务人、税务机关和其他国家机关在税务征收管理过程中实施违反税法的行为而由有关国家机关给予的法律制裁。违反税法的行为主要有偷税、欠税、骗税、抗税及其他违反税收征管法的行为。责任形式有滞纳金、罚款、没收等行政责任，对情节严重构成犯罪的行为，由司法机关追究刑事责任。

四、税收法律关系

（一）税收法律关系的概念

税收法律关系是指国家与纳税人之间在税收活动中发生的、并由税法确认和调整、靠国家强制力保证实施的、以征纳关系为内容的权利义务关系。

（二）税收法律关系的构成

1. 税收法律关系主体。税收法律关系主体，包括征税主体和纳税主体。前者是指参加税收法律关系，享有国家管理权利和履行国家管理职能，依法对纳税人进行税收管理的国家机关。在我国，负责税收管理和征收的机关主要是税务机关，此外，海关负责关税的征收。后者是指参加税收法律关系，负有纳税义务的社会组织和社会成员（自然人），包括纳税义务人、代扣和代缴人等负有义务的当事人。纳税主体的构成条件和范围均在具体税种法中加以规定。

2. 税收法律关系客体。税收法律关系客体，又称税法客体，是指税收法律关系主体权利义务共同指向的对象，包括物和行为两大类。属于物的是指按一定的征税对象的一定税率计算出来的应当上缴国家的货币和实物，通常称作税款。物是税收法律关系最常见的客体。属于行为的是指国家权力机关、行政机关及其所属税收征收管理机关在制定、颁布、实施税法过程中享有管理权限、履行职责的行为。

3. 税收法律关系内容。税收法律关系内容即指税法主体的权利义务，包括征税主体的权利义务和纳税主体的权利义务。征税主体的权利主要包括：税务管理权、税收征收权、税务检查权、税务违法处理权。征税主体的义务主要包括：对纳税人负有保密义务、正确执法义务、回答和处理纳税人咨询的义务等。纳税主体在税收法律关系中虽然主要是义务主体，但也依法享有以下权利：请求依法减免税的权利、请求税务机关退还多征税款的权利、就纳税问题向税务机关查询的权利、要求税务机关依法赔偿其损害的权利。纳税主体的义务有：依法办理税务登记、接受账簿管理、办理纳税申报、按时足额纳税等。

项目二　流转税法律制度

引例

安徽金智科技有限责任公司属于增值税一般纳税人，主要经营销售高科技电脑业务，兼营电脑软件开发业务和电脑维修业务。下设三个业务部门：电脑销售部、软件开发部以及电脑维修部，其收支均由公司实行统一核算。2012 年 12 月，电脑销售部门取得销售收入 668 287 元，软件开发业务收入 1 200 000 元，电脑维修业务收入 98 211 元。

金智科技有限责任公司销售电脑、开发电脑软件以及维修电脑业务收入应当如何进行税务处理？

[引例分析]

安徽金智科技公司的三个部门的收入应当分别核算其销售额或营业额，因为电脑销售 668 287 元与电脑维修收入 98 211 元应当缴纳增值税，而电脑软件技术开发收入 1 200 000 元则应当缴纳营业税。如果未分别核算的，由主管税务机关核定其应税行为营业额。

基本理论

一、流转税的概念

流转税是指以商品或劳务的流转额为征税对象的一种税。商品流转额是指在商品买卖过程中发生的交易额。劳务流转额是指单位或个人在提供如建筑、运输等劳务获取的收入额。

我国 1994 年流转税制改革，全面推行增值税，形成以增值税为主体的流转税制度。我国现行的流转税由增值税、消费税、营业税、关税等组成。此外，城市维护建设税和教育费附加税属于流转税的附加税。

二、流转税的种类

（一）增值税

增值税是指对在我国境内从事销售货物或者加工、修理修配劳务以及进口货物的单位和个人取得的增值额为计税依据征收的一种流转税。这里所说的"增值额"是指纳税人在生产、经营或劳务活动中所创造的新增价值。由于增值因素在实际生活中难以精确计算，所以增值税的计算一般采取税额抵扣的方式来计算应纳税额，即纳税人根据货物或应税劳务销售额，按照规定的税率计算出一个税额，然后从中扣除上一道环节已纳增值税额，其余额即为纳税人应纳的增值税税额。

要准确理解增值税，关键要理解什么是增值额。举例说明：某种产品经过生产、批发、零售阶段后到达消费者手中，假设某一阶段销售额为 200 元，第二阶段为 300 元，第三阶段为 400 元，第四阶段为 500 元，对所有阶段都实行 10% 的单一税率，那么，增值税的计算过程是：

征税阶段	出售者的外购价格	外购价加已付的增值税	销售价	按销售价计算的增值税	对以前阶段已付税的抵扣	本阶段实际缴纳的增值税	本阶段新增的价值额
将原料卖给制造商	0	0	200	20	0	20	200
制造商将产品卖给批发商	200	220	300	30	20	10	100
批发商将产品卖给零售商	300	330	400	40	30	10	100
零售商将产品卖给消费者	400	440	500	50	40	10	100

由上可见，各阶段上的纳税人实际缴纳的税额加起来正好等于对消费者支付的价格所征税额，即 20 + 10 + 10 + 10 = 50 = 500 × 10% = 50。这说明在采用抵扣方法的情况下，对某种商品应征增值税总额比较均匀地分散在该商品生产经营各个阶段上，由纳税人代为国家征收上来，并逐级向前推移，最终由购买该商品的消费者支付全部增值税税额。

对增值额征税的概念是 1917 年美国耶鲁大学经济学教授亚当斯首先提出的，而推动增值税真正走向历史舞台的是被誉为"增值税之父"的法国人莫里斯·洛雷。1954 年，时任法国税务总局局长助理的莫里斯·洛雷积极推动法国增值税制度的制定与实施，并取得了成功，最终使增值税制度在世界上许多国家广泛运用。截至 2011 年 3 月，世界上约有 171 个国家和地区实现了增值税。但各国和地区称呼各有不同，在澳大利亚增值税被称为货物劳务税，在日本被称为消费税，在我国台湾地区增值税又被称为加值型营业税。

我国于 1979 年引进增值税并开始试点，1984 年增值税正式作为一个独立税种建立，1994 年全面实现增值税，现行征收增值税的法律依据是 2008 年 11 月修订的《中华人民共和国增值税暂行条例》和 2008 年 12 月《增值税暂行条例实施细则》。为了进一步完善增值税制度，消除重复征税，促进经济结构的优化，经国务院常委会决定，自 2012 年 1 月 1 日起，在上海市开展部分营业税改征增值税试点，自 2012 年 8 月起至年底，将试点范围由上海市分批扩大至北京、天津、江苏、浙江、安徽、福建、湖北、广东和厦门、深圳 10 个省（直辖市、计划单列市），从 2013 年起继续扩大试点地区。增值税是我国现阶段税收收入规模最大的税种。

1. 增值税的纳税人。增值税纳税人是指在中国境内销售货物或者提供加工、修理修配劳务以及进口货物的单位和个人。单位，包括：国有企业、集体企业、私营企业、股份制企业、其他企业和行政事业单位、军事单位、社团，还包括外商投资企业和外国企业。个人，是指个体经营者及其他个人。另外，进口货物的收货人或办理报关手续的单位和个人，也为进口货物的增值税纳税人。企业租赁或承包给他人经营的，以承租人或承包人为增值税的纳税人。

中国境外单位或个人在中国境内销售应税劳务而在中国境内未设经营结构的，其纳税应以代理人为扣缴义务人，没有代理人的，以购买者为扣缴义务人。

以上是增值税纳税人的基本规定。此外，增值税纳税人还分为小规模纳税人和一般纳税人。增值税小规模纳税人是指经营规模较小，销售额在规定标准以下，并且会计核算不健全的纳税人，即不能正确核算增值税的销项税额、进项税额和应纳税额。为了便于增值税的征收管理，我国采取了国际上通行的做法，就是对小规模纳税人实行简易计税的办法，而不采取税款抵扣的办法。

小规模纳税人的认定标准：①从事货物生产或提供应税劳务的纳税人，以及以从事货物生产或提供劳务为主并兼营货物批发或零售的纳税人，年应征增值税销售额（以下简称应税销售额）在 50 万元以下的（含本数，下同），为小规模纳税人。②对上述规定以外的纳税人，年应税销售额在 80 万元以下的，为小规模纳税人。

小规模纳税人会计核算健全、能够提供准确税务资料的，可以向主管税务机关申请认定为一般纳税人。小规模纳税人实行简易征税办法，并且不使用增值税专用发票，如果经济往来实际情况确需要开具增值税专用发票，则可以到税务机关代开增值税专用发票。

增值税一般纳税人是指年应纳税销售额超过小规模纳税人标准的企业和企业性单位。但下列纳税人不属于一般纳税人：个体经营者以外的其他个人；非企业性单位；不经常发生增值税应税行为的企业。

2. 增值税的征收范围。增值税的一般征收范围主要包括：在中国境内销售货物和提供加工、修理修配劳务及其进口货物的行为。销售货物，是指有偿转让货物的所有权。货物是指除土地、建筑物等不动产之外的有形动产，包括电力、热力、气体在内。提供加工、修理修配劳务，又称销售应税劳务，是指在中国境内有偿提供加工、修理修配劳务。但单位或个体经营者聘用的员工为本单位或雇主提供加工、修理修配劳务，不包括在内。进口货物，是指进入中国关境的货物，除依法征收关税外，还征收进口增值税。

根据《增值税暂行条例》规定，下列行为，视同销售应税货物，征收增值税：①将货物交付他人代销；②销售代销货物；③设有两个以上机构并实行统一核算的纳税人，将货物从一个机构移送其他机构用于销售，但相关机构在同一县（市）的除外；④将自产或委托加工的货物用于非应税项目；⑤将自产、委托加工或购买的货物作为投资，提供给其他单位或个体经营者；⑥将自产、委托加工或购买的货物分配给股东或投资者；⑦将自产、委托加工的货物用于集体福利或个人消费；⑧将自产、委托加工或购买的货物无偿赠送他人。

混合销售行为，是指一项销售行为既涉及货物又涉及非应税劳务的行为，税法对混合销售行为的征税问题作了明确规定：纳税人销售自产货物并同时提供建筑业劳务的行为，应当分别核算货物的销售额和非增值税应税劳务的营业额，根据货物销售的销售额计算缴纳增值税，非增值税应税劳务的营业额不缴纳增值税；未分别核算的，由主管税务机关核定其货物的销售额。

除上述规定外，从事货物生产、批发或零售的企业、企业性单位及个体经营者的混合销售行为，视同销售货物，征收增值税；其他单位和个人的混合销售行为，视同销售非增值税应税劳务，不缴纳增值税，而应征收营业税。

兼营行为是指纳税人的经营中既包括销售货物和应税劳务，又包括非增值税应税劳务的行为。例如：某商场既从事商品销售，又从事餐饮服务，那么，该商场的经营行为就属于兼营。

根据《增值税暂行条例实施细则》的规定，纳税人兼营非增值税应税项目的，应分别核算货物或应税劳务和非应税项目的营业额；如果不分别核算或不能准确核算的，由主管税务机关核定货物或者应税劳务的销售额。兼营不同于混合销售，兼营是指纳税人兼有销售货物和提供非应税劳务两类经营项目，并且这种经营业务并不发生在同一项业务中，往往可以分开进行核算。所以，它与混合销售不同。

其他属于增值税征收范围的还有：①货物期货，包括商品期货和贵金属期货；②银行销售金银业务；③典当业的死当物品销售业务和寄售业代委托人销售寄售物品的业务；④集邮商品，如邮票、明信片、首日封等的生产、调拨以及邮政部门以外的其他单位和个人销售集邮商品；⑤邮政部门以外其他单位和个人发行报刊；⑥单独销售无线寻呼机、移动电话，不提供有关的电信服务的；⑦缝纫业务；⑧对经中国人民银行和商务部批准经营融资租赁业务的单位以外的其他单位所从事的融资租赁业务，租赁物的所有权转让给承租方，征税增值税；⑨旅店业和餐饮业纳税人销售非现场消费的食品应当缴纳增值税，不缴纳营业税；⑩纳税人提供的矿产资源开采、挖掘、切割、破碎、分拣、洗选等劳务，属于增值税应税劳务，应当缴纳增值税。

3. 增值税税率和征收率。根据《增值税暂行条例》及其实施细则的规定，增值税税率分为基本税率、低税率和零税率三个档次，适用于一般纳税人，小规模纳税人采用征收率。增值税基本税率为17%，低税率为13%，纳税人出口货物适用零税率，但国务院另有规定的除外。基本税率适用于除实行低税率和零税率以外的所有货物以及提供加工、修理修配劳务。纳税人销售或进口货物适用低税率的有以下几种：①粮食、食用植物油；②自来水、暖气、冷气、热水、煤气、石油液化气、天然气、沼气、居民用煤炭制品；③图书、报纸、杂志；④饲料、化肥、农药、农机、农膜；⑤农产品；⑥音像制品；⑦电子出版物；⑧食用盐。

小规模纳税人按简易办法计算缴纳增值税，征收率为3%，即按不含增值税的销售额乘以3%的征收率计算缴纳增值税。一般纳税人在特殊情况下也按简易办法分别依照3%、4%和6%的征税率计算缴纳增值税。例如：纳税人销售旧货按照简易办法依照4%征收率减半征税增值税；一般纳税人销售自来水按照6%征收率征收增值税；寄售商店代销寄售物品以及典当业销售死当物品也按简易办法依照4%征收率计算缴纳增值税。

纳税人兼营不同税率的货物或者应税劳务，应分别核算不同税率货物或应税劳务的销售额。未分别核算的，从高适用税率。

4. 增值税应纳税额的计算。一般纳税人销售货物或提供应税劳务，其应纳税额为当期销项税额抵扣当期进项税额后的余额。应纳税额计算公式为：

$$应纳税额 = 当期销项税额 - 当期进项税额$$

因当期销项税额小于当期进项税额不足抵扣时，其不足抵扣部分可以结转下期继续抵扣。

进口货物，按照组成计税价格和规定的增值税税率计算应纳税额，计算公式为：

$$应纳税额 = 组成计税价格 × 税率$$
$$组成计税价格 = 关税完税价格 + 关税 + （消费税）$$

小规模纳税人实行简易办法计算应纳税额，不得抵扣进项税额，其计算公式为：

$$应纳税额 = 销售额 × 征收率$$

上述公式中的"销售额"，不包括收取的增值税销项税额，即不含税销售额。对销售货物或提供应税劳务采取销售额和增值税销项税额合并定价方法的，要分离出不含税销售额。即：

$$不含增值税的销售额 = 含税销售额 ÷ （1 + 增值税税率或征收率）$$

增值税销售额的计算方法有以下几种：

（1）一般纳税人销售货物或者提供应税劳务，采用销售额和销项税额合并定价方法的，按上述公式计算销售额。

（2）混合销售行为应当征收增值税的，其销售额为货物与非应税劳务的销售额的合计。

（3）纳税人销售货物或提供应税劳务的价格明显偏低并无正当理由的，或者视同销售行为而无销售额的，由主管税务机关核定其销售额。

（4）纳税人为销售货物而出租、出借包装物收取的押金，并独立记账核算的，不计入销售额。但对逾期（一般为 1 年）未收回包装物而不再退还押金，应并入销售额。而对销售除啤酒、黄酒外的其他酒类产品收取的包装物押金，无论是否返还以及会计上如何核算，均应并入当期销售额征税增值税。

（5）纳税人采取以旧换新方式销售货物，应按新货物的同期销售价格确定销售额。

（6）纳税人采取折扣方式销售货物，如果销售额和折扣额在同一张发票分别注明的，则按冲减折扣额后的销售额征收增值税；如果将折扣额另开发票的，不论在财务上如何处理，在征收增值税时，折扣额不得冲减销售额。

5. 增值税进项税额的计算。进项税额是纳税人购进货物或接受应税劳务所支付或负担的增值税税额。进项税额与销项税额是一个相对应的概念。它们之间的对应关系是，销售方收取的销项税额就是购买方支付的进项税额。纳税人收取的销项税额抵扣其支付的进项税额，其余额为纳税人实际应纳的增值税额。因为进项税额可以抵扣销项税额，直接影响纳税人应纳增值税的多少，所以，税法对准予从销项税额中抵扣的进项税额作了严格的规定。

准予从销项税额中抵扣进项税额的项目有：

（1）从销售方取得的增值税专用发票上注明的增值税额。

（2）从海关取得的海关进口增值税专用缴款书上注明的增值税额。

（3）购进农产品，除取得增值税专用发票或者海关进口增值税专用缴款书外，按照农产品收购发票或销售发票上注明的农产品买价和13%扣除率计算进项税额。其计算公式：

$$进项税额 = 买价 \times 扣除率$$

（4）购进或销售货物以及在生产过程中支付运输费用的，根据运输费用的结算单据上所注明的运费金额（包括建设基金）按7%的扣除率计算进项税额准予扣除，但随同运费支付的装卸费、保险费等其他杂费不得计算扣除进项税额。采取邮寄方式销售、购买货物所支付的邮寄费，不允许计算进项税额抵扣。

（5）一般纳税人取得由税务所为小规模纳税人代开的专用发票，可以专用发票上填写的税额为进项税额计算抵扣。

下列项目的进项税额不得从销项税额中抵扣：

（1）购进货物或应税劳务，未按规定取得并保存增值税扣税凭证，或者增值税扣税凭证上未注明增值税额及其他有关事项的，其发生的进项税额不得从销项税额中抵扣。

（2）用于非增值税应税项目、免征增值税项目、集体福利或者个人消费的购进货物或者应税劳务。

非增值税应税项目是指提供非增值税应税劳务、转让无形资产、销售不动产和不动产在建工程等。

（3）非正常损失购进货物及相关的应税劳务。非正常损失是指生产经营过程中正常损耗以外损失，包括：自然灾害损失；因管理不善造成货物被盗窃；发生霉烂变质的损失；其他非正常损失。

（4）国务院财政、税务主管部门规定的纳税人自用消费品。纳税人自用的应征消费税的摩托车、汽车、游艇，其进项税额不得从销项税额中抵扣。

（5）一般纳税人按照简易办法征收增值税的，不得抵扣进项税额。

（6）因进货退出或折让而收取的进项税额，应从发生进货退出或折让当期的进项税额中扣减，如果不按规定扣减，造成进项税额虚增，不纳或少纳增值税的，属偷税行为，按偷税予以处罚。

6. 增值税的税收优惠。《增值税暂行条例》及其实施细则规定了增值税的免税范围有以下：农业生产者销售的自产农业产品；避孕药品和用具；古旧图书；直接用于科学研究、科学实验和教学的进口仪器、设备；外国政府、国际组织无偿援助的进口设备；来料加工、来件装配和补偿贸易所需进口的设备；由残疾人组织直接进口供残疾人专用的物品；销售自己使用过的物品。

增值税的起征点：个人销售额未达到起征点的，免征增值税。现行增值税的起征点为：销售货物的为月销售额 5000~20 000 元；提供应税劳务的为月销售额 5000~20 000 元；按次纳税的为每次（日）销售额 300~500 元。

7. 增值税纳税义务发生时间、纳税地点、纳税期限。增值税纳税义务发生时间是指增值税纳税人、扣缴义务人发生应税、扣缴税款行为应承担纳税义务、扣缴义务的起始时间。根据《增值税暂行条例》的规定，销售货物或应税劳务的纳税义务发生时间，为收讫销售款或取得索取销售款凭据的当天。提供应税劳务的，为提供劳务同时收讫销售额或取得索取销售额凭据的当天。纳税人发生按规定视同销售货物行为，为货物移送的当天。纳税人进口货物的纳税义务发生时间为报关进口的当天。

增值税纳税地点：固定业户应当向其机构所在地主管税务机关申报纳税。总机构和分支机构不在同一县（市）的，应当分别向各自所在地的主管税务机关申报纳税；固定业户到外县（市）销售货物的，应当向其机构所在地的主管税务机关申请开具外出经营活动税务管理证明，向其机构所在地的主管税务机关申报纳税。非固定业户销售货物或者应税劳务，应当向销售地主管税务机关申报纳税。进口货物应当向报关地海关申报纳税。

增值税纳税期限：增值税的纳税期限分别为 1 日、3 日、5 日、10 日、15 日、1 个月或者 1 个季度。纳税人的具体纳税期限，由主管税务机关根据纳税人应纳税额的大小分别规定，不能按照固定期限纳税的，可以按次纳税。

8. 增值税专用发票使用规定。增值税专用发票是专门用于销售或提供增值税应税项目的一种发票。专用发票不仅是经济业务收付款的原始凭证，而且是兼记销货方纳税义务和购买义务进项税额的主要依据，是购货方据以抵扣税款的法定凭证。《增值税暂行条例》对增值税专用发票的使用作了规定。

专用发票的领购使用范围：专用发票只限于增值税一般纳税人领购使用。增值税小规模纳税人和非增值税纳税人不得领购使用。小规模纳税人如符合规定条件，需要开具专用发票的，由当地主管税务所代开。

一般纳税人有下列情形之一的，不得领购使用专用发票：

（1）会计核算不健全，不能向税务机关准确提供增值税销项税额、进项税额、应纳税额数据及其他有关增值税税务资料的。

（2）有《税收征管法》规定的税收违法行为，拒不接受税务机关处理的。

（3）有下列行为之一，经税务机关责令限期改正而仍未改正的：虚开增值税发票；私自印制专用发票；向税务机关以外的单位和个人买取专用发票；借用他人专用发票；未按规定开具专用发票；未按规定保管专用发票和专用设备；未按规定申请办理防伪税控系统变更发行；未按规定接受税务机关检查。

增值税发票的开具范围：增值税一般纳税人销售货物（包括视同销售在内）、提供应税劳务以及应当征收增值税的非应税劳务，必须向购买方开具专用发票。向小规模纳税人销售应税货物，可以不开具专用发票，需要开具专用发票的，可以向主管税务机关申请代开。下列情形也不得开具专用发票：①商业企业一般纳税人零售烟、酒、食品、服装、鞋帽、化妆品等消费品的；②销售货物或者应税劳务适用免税规定的；③向消费者个人销售货物或者提供应税劳务的。

增值税专用发票开具限额。专用发票实行最高开票限额管理。最高开票限额是指单份专用发票开具的销售额合计数不得达到的上限额度。最高开票限额为 10 万元及以下的，由区（县）级税务机关审批；最高开票限额为 100 万元的，由地市级税务机关审批；最高开票限额为 1000 万元及以上的，由省级税务机关审批。防伪税控系统的具体发行工作由区县级税务机关负责。

增值税专用发票的开具要求：字迹清楚，不得涂改，如果填写有误，应另开发票，并在误填的专用发票上注明"误填作废"字样；全部联一次填开，上下联的内容、金额一致；不得超面额开具专用发票。此外，专用发票"单价"、"金额"栏，必须填写不含税单价、金额。专用发票"税率"栏，应填写销售货物或应税劳务的适用税率。一般纳税人销售货物按简易办法计算缴纳增值税的，本栏填写征收率。必须按照增值税纳税义务的发生时间开具。

增值税一般纳税人取得 2010 年 1 月 1 日以后开具的增值税专用发票，应在开具之日起 180 天内到税务机关办理认证，并在认证通过的次月申报期内，向主管税务机关申报抵扣进项税额。实行海关进口增值税专用缴款书"先比对后抵扣"管理办法的增值税一般纳税人，取得 2010 年 1 月 1 日以后开具的海关缴款书，应在开具之日起 180 日内向主管税务机关报送《海关完税凭证抵扣清单》申请稽核比对。

9. 交通运输业和部分现代服务业营业税改征增值税试点相关规定。

（1）纳税人。在中华人民共和国境内提供交通运输业和部分应税服务业（以下简称应税服务）的单位和个人，为增值税纳税人。纳税人提供应税服务，应当按照本办法缴纳增值税，不再缴纳营业税。

一般纳税人和小规模纳税人认定标准：应税服务年销售额超过 500 万元的纳税人为一般纳税人；应税服务年销售额未超过 500 万元的纳税人为小规模纳税人。但年应税服务超过规定标准的其他个人不属于一般纳税人。

（2）征税范围。根据试点实施办法的规定，在中国境内提供应税服务，应当缴纳增值税。

提供应税服务，是指运输服务、研发和技术服务、信息技术服务、文化创意服务、物流辅助服务、有形动产租赁服务、鉴证咨询服务。

非营业活动中提供的交通运输和部分现代业不属于提供应税服务，如单位或者个体户为员工提供交通运输业的服务。

单位或者个体户向其他单位或者个人无偿提供交通运输业和部分现代服务业服务应当视同提供应税服务，但以公益活动为目的的除外。

（3）应税服务的税率。一般纳税人提供应税服务采取比例税率，具体为：提供有形动产租赁服务，税率为17%；提供交通运输业服务，税率为11%；提供现代服务业服务，税率为6%；向境外单位提供研发服务和设计服务以及国际运输服务，税率为零。小规模纳税人提供应税服务，税率为3%。

纳税人提供适用不同税率或者征收率的应税服务，应当分别核算，未分别核算的，从高适用税率。

（4）税收优惠。根据营业税改征增值税试点过渡政策的规定，下列项目免征增值税：个人转让著作权；残疾人个人提供应税服务；航空公司提供飞机播洒农药服务；试点纳税人提供技术转让、技术开发和与之相关的技术咨询、技术服务；符合条件的节能服务公司实施合同能源管理项目中提供的应税服务。

（5）起征点。增值税起征点仅适用于个体工商户小规模纳税人和其他个人，起征点幅度如下：按期纳税的，为月销售额5000～20 000元（含本数）；按次纳税的，为每次（日）销售额300～500元（含本数）。

（二）消费税

消费税是指对从事生产、委托加工及进口应税消费品的单位和个人，就其消费品的销售额或销售数量或二者相结合而征收的一种流转税。我国消费税具有以下特点：征收范围具有选择性；征收简便；税源广泛；税负具有转嫁性。

1. 消费税纳税人和征收范围。消费税纳税人，是指在中国境内生产、委托加工和进口应税消费品的单位和个人。消费税的征收范围可以归纳为以下五类：①过度消费会对人的身体健康、社会秩序、生产环境等方面造成危害的特殊消费品，如烟、酒、鞭炮等；②非生活必需品，如化妆品、贵重首饰；③高能耗及高档消费品，如摩托车、小汽车等；④使用和消耗不可再生和不可替代的稀缺资源的消费品，如汽油、柴油等；⑤有一定财政意义的消费品，如汽车轮胎等。

我国对征税范围的选择具有灵活性，通过对征税范围和税率的选择和调整，可以较好地配合社会经济政策，促进社会经济健康、协调发展，达到限制某些产品的生产和消费的目的，适时有序地调整经济的运行。根据财政部、国家税务总局《关于调整和完善消费税政策的通知》，自2006年4月1日起，对消费税税目、税率进行了新的调整：新增高尔夫球及球具、高档手表、游艇、木制一次性筷子、实木地板税目。适用税率分别为：高尔夫球及球具税率为10%、高档手表税率为20%、游艇税率为10%、木制一次性筷子税率为5%、实木地板税率为5%。自2009年5月1日起，在卷烟批发环节加征一道从价税，具体为：烟草批发企业销售给零售单位的，要再征一道5%的从价税；烟草批发企业将卷烟销售给其他烟草批发企业的，不缴纳消费税。

卷烟消费税改为在生产和批发两个环节征收后，批发企业在计算应纳税额时不得扣除已含的生产环节的消费税税款。

2. 消费税税率。消费税税率有两种形式：一种是比例税率；一种是定额税率即单位税率。根据不同的应税消费品分别实行从价定率、从量定额和二者相结合的复合计税方法。消费税实行比例税率的部分，税率从1%~56%。纳税人兼有不同税率的应税消费品应当分别核算不同税率的应税销售额，否则，一并从高。纳税人将不同税率的应税消费品组成成套消费品销售的，从高适用税率计征消费税。对卷烟和白酒实行复合计税办法征收消费税。

国家将根据经济发展和产业政策的需求，将一些列入征收消费税范围的税率（税额）进行必要调整和完善。如为了保护生态环境，促进替代污染排放汽车的生产和消费，推进汽车工业技术进步，对生产销售达到规定低污染排放标准的小汽车减征消费税。所以消费税税目、税率应以最新规定为准。

3. 消费税的计算。实行从价定率和从量定额的计算公式分别为：

$$从价应纳税额 = 销售额 \times 消费税比例税率$$

$$从量应纳税额 = 销售数量 \times 消费税定额税率$$

这里"销售额"是不含增值税的销售额。此外，纳税人自产自用的应税消费品，用于连续生产应税消费品的，即作为生产最终应税消费品的直接材料，并构成最终应税消费品实体的，不缴纳消费税；用于其他方面的，应缴纳消费税。其计税依据为纳税人生产的同类消费品的销售价格，没有同类消费品销售价格的，以组成计税价格为计税依据。其计算公式为：

$$应纳税额 = 组成计税价格 \times 消费税比例税率$$

$$组成计税价格 = （成本 + 利润）\div （1 - 比例税率）$$

委托加工应税消费品，如果受托方有同类消费品销售价格的，按同类消费品价格计算纳税，没有同类消费品销售价格的，按组成计税价格计算纳税。其计算公式为：

$$应纳税额 = 组成计税价格 \times 消费税比例税率$$

$$组成计税价格 = （材料成本 + 加工费）\div （1 - 比例税率）$$

进口应税消费品实行从价定率办法计算应纳税额的，按组成计税价格计算纳税。其计算公式为：

$$应纳税额 = 组成计税价格 \times 消费税比例税率$$
$$组成计税价格 = （关税完税价 + 关税） \div （1 - 比例税率）$$

4. 消费税纳税义务发生时间、纳税地点和纳税期限。消费税纳税人生产应税消费品，除金银首饰外，均于销售时纳税。金银、钻石及钻石首饰在零售环节纳税，而其他金银首饰消费品在生产、批发和进口环节不纳消费税，只在零售环节纳税。

委托加工的应税消费品，由受托方向委托方交货时代收代缴消费税。进口的应税消费品，由报关进口人在报关进口时纳税。其纳税义务发生时间为报关进口的当天。

消费税纳税地点除国务院另有规定外，应当向纳税人核算地主管税务机关申报纳税。纳税人到外县（市）销售应税消费品的，应于应税消费品销售后，回纳税人核算地或所在地交纳消费税；委托加工的应税消费品，由受托方向所在地主管税务机关解缴税款；进口的应税消费品，由进口人或者其代理人向报关地海关申报纳税。

消费税的纳税期限分别为 1 日、3 日、5 日、10 日、15 日、1 个月或者 1 个季度。纳税人的具体纳税期限，由主管税务机关根据纳税人应纳税额的大小分别核定，不能按照固定期限纳税的，可以按次纳税。纳税人进口应税消费品，应当自海关填发税款缴纳凭证之日起 15 日内缴纳税款。

（三）营业税

营业税是指对提供应税劳务、转让无形资产和销售不动产的单位和个人，就其取得的营业收入额征收的一种流转税。营业税的起源较早，1791 年，法国将原实行的许可金改为营业税，按营业额多少征收税款。从此，营业税的名字正式出现，随后各国相继实行营业税。我国在新中国成立后，1950 年原政务院公布了《工商营业税暂行条例》，将固定工商业户应纳的营业税和所得税合称为工商业税。历经几次变更，1993 年 12 月，国务院颁布了《中华人民共和国营业税暂行条例》，同年 12 月，财政部发布了《中华人民共和国营业税暂行条例实施细则》正式确定营业税的征收范围仅限于提供应税劳务、转让无形资产和销售不动产。

营业税是以纳税人从事活动的营业额为征税对象的一种税，它与增值税构成互补关系，同一产品或劳务不会同时被征收营业税和增值税，如果被征收营业税则不再涉及增值税，目前营业税是地方税收收入的主要税种。2008 年 11 月国务院修订了《中华人民共和国营业税暂行条例》，目的是能够更好适应经济社会发展的形势，配合增值税由生产型增值税向消费型增值税转型改革的需要。

营业税的特点是按行业设置税目、税率，税负公平合理，计征简便、便于征管。

1. 营业税的纳税人和征收范围。营业税的纳税人是指在中国境内提供应税劳务、转让无形资产或者销售不动产的单位和个人。

营业税的征收范围。根据《营业税暂行条例》的规定，营业税的征收范围包括提供应税劳务、转让无形资产和销售不动产。其中，加工、修理修配劳务不属于营业税劳务，我们称之为非应税劳务。营业税的税目是按行业设计的，列入营业税税目的征收营业税，没有列入营业税税目的不征收营业税。营业税税目分别是：建筑业；金融保险业；邮电通信业；文化体育业；服务业；娱乐业；转让无形资产；销售不动产。

视同发生应税行为。纳税人有下列情形之一的，视同发生应税行为：①单位或个人将不动产或土地使用权无偿赠送其他单位或者个人；②单位或个人自己新建建筑物后销售，其所发生的自建行为。

特殊业务的征税规定：

（1）水利工程单位向用户收取的水利工程水费，属于其向用户提供天然水供应服务取得的收入，应按"服务业"税目征收营业税，不征收增值税。

（2）邮政部门、集邮公司销售集邮商品，一律征收营业税。

（3）邮政部门发行报刊，征收营业税；其他单位和个人发行报刊征收增值税。

（4）电信单位自己销售电信物品，并为客户提供有关的电信服务的，征收营业税；对单纯销售电信物品而不提供有关的电信服务的，征收增值税。

（5）纳税人销售林木以及销售林木的同时提供林木管护劳务的行为，属于增值税征税范围，应当征收增值税。纳税人单独提供林木管护劳务的行为属于营业税的征收范围。

（6）随汽车销售提供的汽车按揭服务和代办服务业务征收增值税。纳税人单独提供按揭、代办服务业务，不销售汽车的，应当征收营业税。

2. 营业税税率。营业税税率按行业实行有差别的比例税率，主要设置了3% 和 5% 两档基本税率。建筑业、邮电通信业、文化体育业适用 3% 的税率，服务业、转让无形资产、销售不动产适用 5% 的税率，另对娱乐业设置 5% ～20% 的弹性税率。但为了加强对各种娱乐业行为的税收调节，从 2001 年 5 月 1 日起，对夜总会、歌厅、舞厅、台球、高尔夫球等娱乐项目，统一按 20% 税率征收营业税。纳税人兼有不同税目应税行为的，应分别核算不同税目的营业额，否则，一并按高税率征收。

3. 营业税应纳税额的计算。纳税人提供应税劳务、转让无形资产或销售不动产，按照营业额和规定的税率计算应纳税额。计算公式为：

$$应纳税额 = 营业额 \times 税率$$

4. 营业额的确定。建筑业的营业额为纳税人承包建筑工程、修缮、安装、装饰和其他工程作业所取得的营业收入额，即建筑安装企业向建设单位收取的工程价款及价外费用。纳税人将工程分包其他单位的，以其取得的全部价款扣除支付给其他单位的分包款后的余额为营业额。

金融保险业的营业额中，贷款业务以利息收入全额为计税依据，金融经纪业务和其他金融业务以手续费全部收入为计税依据；外汇、有价证券、期货等金融商品买卖业务，以卖出价减去买入价后的余额为计税营业额。保险业的营业额为纳税人从事保险业务向对方收取的全部收入。

邮政通信业的营业额为纳税人从事邮政物品销售、报刊发行或其他邮政业务所取得的全部收入。

文化体育业的营业额为从事文化体育单位和个人所取得的营业收入。单位或个人进行演出，以全部收入减去付给提供演出场所的单位、演出公司或经纪人的费用后的余额为营业额。

娱乐业的营业额为经营娱乐业收取的全部价款和价外费用，包括门票收费、台位费、点歌费、烟酒、饮料、小吃等全部收费收入。

销售不动产的营业额为纳税人销售不动产向不动产购买者收取的全部价款和价外费用。纳税人销售或转让其购置的不动产，以其全部收入减去不动产的购置原价后的余额为计税营业额。

5. 营业税的起征点。为了照顾低收入的纳税人，营业税对纳税人个人取得的属于征收范围的收入金额，规定了起征点。按期纳税的起征点为月营业额5000～20 000元；按次纳税的起征点为每次（日）营业额300～500元。纳税人达不到起征点的，免于征收营业税，达到起征点的，应按全部营业额计算应纳税额。

6. 营业税的减免规定。根据《营业税暂行条例》规定，下列项目免征营业税：①托儿所、幼儿园、养老院、残疾人福利机构提供的育养服务，婚姻介绍、殡葬服务；②残疾人个人提供的劳务；③医院诊所和其他医疗机构提供的医疗服务；④学校和其他教育机构提供的教育劳务，学生勤工俭学提供的劳务；⑤农业机耕、排灌、病虫害防治、植保以及相关的技术培训业务；⑥纪念馆、博物馆、文化馆、美术院、展览馆、书画院、图书馆、文物保护单位举办文化活动的门票收入，宗教场所举办文化、宗教活动的门票收入；等等。

此外，符合国家规定的民政企业、校办工厂，从事社区服务业的下岗职工，也可享受一定免税、减税待遇。

（四）关税

在我国，西周时期就在边境设立关卡，《周礼·地宫》中有"关市之征"的记载，春秋时期以后，诸侯割据，纷纷在各自领地边界设立关卡，"关市之征"的记载越来越多。可以说"关市之征"是我国关税的雏形，我国"关税"的名称也是由此演进而来的。

现代关税是指对进出口国境或关境的货物、物品征收的一种税。关税一般分为进口关税、出口关税和过境关税。我国目前对进出境货物征收的关税分为进口关税和出口关税两大类。

1. 关税的纳税人和征收范围。贸易性商品的纳税人是经营进出口货物的收、发货人。此外，还有入境旅客随身携带的行李、物品的持有人，或是接受纳税人委托办理货物报关等手续的代理人；对以邮递方式进境的物品，推定其收件人为货物所有人；以邮递或其他运输方式出境的物品，推定其寄件人或托运人为所有人。

关税的征税对象是进出境货物、物品。具体地说，除国家规定享有减免税的货物可以免征或减征关税外，所有进口货物和少数出口货物均属于关税的征收范围。

2. 关税的税率。关税的税率由《海关进出口税则》规定。关税税率分为进口关税税率、出口关税税率和特殊关税。

进口关税税率。在我国加入世界贸易组织（WTO）之前，我国进口税设有两栏税率，即普通税率和优惠税率。对原产于与我国未订有关税互惠协议的国家或者地区的进口货物，按照普通税率征税；对原产于与我国订有关税互惠协议的国家或者地区的进口货物，按照优惠税率征税。在我国加入 WTO 之后，为履行我国在加入 WTO 关税减让谈判中承诺的有关义务，享有 WTO 成员应有的权利，自 2002 年 1 月 1 日起，我国进口税则设有最惠国税率、协定税率、特惠税率、普通税率等税率。此外，对进口货物在一定期限内可以实行暂定税率。不同税率的运用是以进口货物的原产地为标准的。确定进境货物原产国的主要原因之一，是便于正确运用进口税则的各栏税率，对产自不同国家或地区的进口货物适用不同的关税税率。

（1）最惠国税率，适用原产于与我国共同适用最惠国待遇条款的 WTO 成员国或地区的进口货物，或原产于与我国签有相互给予最惠国待遇条款的双边贸易协定的国家或地区的进口货物，以及原产于我国境内的进口货物。

（2）协定税率适用原产于我国参加的含有关税优惠条款的区域性贸易协定有关缔约方的进口货物，如曼谷协定税率。

（3）特惠税率适用原产于与我国签订有特殊优惠关税协定的国家或地区的进口货物。

（4）普通税率适用原产于上述国家或地区以外的其他国家或地区的进口货物。

出口关税税率。出口关税税率是对出口货物征收关税而规定的税率。目前我国仅对少数资源性产品及需要规范出口秩序的半制成品征收出口关税。未订有出口关税税率的货物，不征收出口关税。

特别关税。为了应对个别国家对我国出口货物的歧视，任何国家或者地区如对进口原产于我国的货物征收歧视性关税或者给予其他歧视性待遇的，海关可以对原产于该国或者地区的进口货物征收特别关税。特别关税包括报复性关税、反倾销税、反补贴税与保障性关税。

3. 关税的计算。我国对进出口货物征收关税，主要采取从价计征的办法，以商品价格为标准征收关税。因此，关税主要以进出口货物的完税价格为计税依据，其计算公式为：

$$应纳税额 = 关税完税价 × 适用税率$$

一般贸易项下进口货物以海关审定的成交价格为基础的到岸价格作为完税价格。到岸价格是由货价以及货物运抵我国关境内输入地点起卸前的包装费、运费、保险费和其他劳务费用等费用构成的一种价格。

4. 关税的减免规定。关税的减免分为法定性减免税、政策性减免税和临时性减免税。

（1）法定性减免税。《海关法》和《进出口关税条例》中规定的减免税，称为法定性减免税。

（2）政策性减免税。在法定减免税之外，参照国际上的通行做法，根据国家制定发布的有关进出口货物减免关税的政策办理的减免税，称为政策性减免税。

（3）临时性减免税是指对某个纳税人由于特殊原因临时给予的减免税，临时性减免税必须由国务院规定。

5. 关税的征收管理。进口货物自运输工具申报进境之日起14日内，出口货物在货物运抵海关监管区后的24小时以前，由进出口货物的纳税人向货物进（出）境地海关申报，纳税人应当在海关签发税款缴款凭证之日起15日内，向指定银行缴纳税款。逾期不缴的，从滞纳税款之日起，按日加收滞纳税款5‰的滞纳金。

纳税人因不可抗力或者在国家税收政策调整的情形下，不能按期缴纳税款的，经海关总署批准，可以延期缴纳税款，但最长不得超过6个月。

项目三　所得税法律制度

引例

　　某居民企业为增值税一般纳税人，主要生产销售冰箱，2012 年度销售冰箱取得不含税收入 4300 万元，与冰箱配比的销售成本 2830 万元；出租设备取得租金收入 100 万元；实现会计利润 422.38 万元。与销售有关的费用支出如下：

　　（1）销售费用 825 万元，其中广告费 700 万元；

　　（2）管理费用 425 万元，其中业务招待费 45 万元；

　　（3）财务费用 40 万元，其中含向非金融企业借款 250 万元所支付的年利息 20 万元（当年金融企业贷款的年利率为 5.8%）；

　　（4）计入成本、费用中的实发工资 270 万元，发生的工会经费 7.5 万元、职工福利费 41 万元、职工教育经费 9 万元；

　　（5）营业外支出 150 万元，其中包括通过公益性社会团体向贫困山区的捐款 75 万元。

　　计算：该企业 2012 年度的应纳税所得额和应纳的企业所得税税额。

　　[引例分析]

　　本案例中企业所得税应纳税所得应当在企业利润的基础上调整增加如下：

　　（1）广告费用：限额 =（4300 + 100）× 15% = 660（万元）。

　　应调增的应纳税所得额 = 700 − 660 = 40（万元）。

　　（2）业务招待费应调增的应纳税所得额 = 45 − 22 = 23（万元）。

　　（3）财务费用：应调增的应纳税所得额 = 20 − 250 × 5.8% = 5.5（万元）。

　　（4）工会经费限额 = 270 × 2% = 5.4（万元），应调增的应纳税所得额 = 7.5 − 5.4 = 2.1（万元）。

　　职工福利费限额 = 270 × 14% = 37.8（万元），应调增纳税所得 = 41 − 37.8 = 3.2（万元）。

　　职工教育经费限额 = 270 × 2.5% = 6.75（万元），应调增应纳税所得额 = 9 − 6.75 = 2.25（万元）。

　　（5）公益性捐赠应调增的应纳税所得额 = 75 − 422.38 × 12% = 75 − 50.6856 = 24.3144（万元）。

基本理论

　　所得税是以纳税人的所得额为征税对象所征收的税收。所谓所得额，是指纳税人在一定期间内由于生产、经营等取得的可用货币计量的收入，扣除为取得这些收入所需各种耗费后的净额。所得税属于直接税，其纳税人和实际负税人是一致的，可以直接调节纳税人的收入。所得税的计算涉及纳税人经济活动的各个方面，因此能促使纳税人建立、健全会计和经营管理制度，有利于国家通过征税加强监督管理。在我国，所得税有企业（公司）所得税和个人所得税。

一、企业所得税

企业所得税，又称公司所得税或法人所得税，是国家对企业生产经营和其他所得征收的一种所得税。

（一）企业所得税的纳税人与征税范围

企业所得税的纳税人是指我国境内实行独立核算的企业或组织，包括国有企业、集体企业、私营企业、联营企业、股份制企业、外商投资企业和外国企业等，不包括个人独资企业、合伙企业。

为了适应对外开放的新形势，统一内资、外资企业所得税，创造企业公平竞争的市场环境，促进社会主义市场经济健康发展，全国人大于2007年3月通过了新的《企业所得税法》，并于2008年1月1日起生效。新的《企业所得税法》将企业分为居民企业和非居民企业。居民企业是指依照中国法律、法规在中国境内成立或实际管理机构在中国境内的企业，其来源于中国境内、境外的所得均应缴纳企业所得税；非居民企业是指依照外国法律成立且实际管理机构不在中国境内，但在中国境内设立机构、场所的，或在中国未设立机构、场所但有来源于中国境内所得的企业。非居民企业在中国境内设立机构、场所的，应当就其所设机构、场所取得的来源于中国境内的所得，以及发生在中国境外但与其所设机构、场所有实际联系的所得，缴纳企业所得税。非居民企业在中国未设立机构、场所的，或者虽设立机构、场所但所得与其所设机构、场所没有实际联系的，应当仅就其来源于中国境内的所得缴纳企业所得税。

（二）我国《企业所得税法》的原则

1. 新的《企业所得税法》的指导思想是：根据科学发展观和完善社会主义市场经济体制的总体要求，按照"简税制、宽税基、低税率、严征管"的税制改革原则，借鉴国际经验，建立各类企业统一适用的科学、规范的企业所得税制度，为各类企业创造公平的市场竞争环境。

2. 新的《企业所得税》的立法原则包括以下几个：

（1）贯彻公平税负原则，解决内、外资企业税收待遇不同，税负差异较大的问题。

（2）落实科学发展观原则，统筹经济社会和区域协调发展，促进环境保护和社会全面进步，实现国民经济的可持续发展。

（3）发挥调控作用原则，按照国家产业政策，推动产业升级和技术进步，优化国民经济结构。

（4）参照国际惯例原则，借鉴世界各国税制改革最新经验，进一步充实和完善企业所得税制度，尽可能体现税法的科学性、完备性和前瞻性。

（5）理顺分配关系原则，兼顾财政承受能力和纳税人负担水平，有效地组织财政收入。

（6）有利于征收管理原则，规范征管行为，方便纳税人，降低税收征纳成本。

《企业所得税法》根据上述指导思想和原则，参照国际通行做法，体现了"四个统一"：内、外资企业适用统一的企业所得税法；统一并适当降低企业所得税税率；统一和规范税前扣除办法和标准；统一税收优惠政策，实行"产业优惠为主、区域优惠为辅"的新税收优惠体系。需要说明的是，全国人民代表大会通过《中华人民共和国企业所得税法》后，国务院将根据所得税法制定实施条例，对有关规定作进一步细化，并与所得税法同时实施。

（三）企业所得税税率

根据《企业所得税法》的规定，企业所得税实行25%的比例税率。符合规定条件的小型微利企业，适用税率为20%。需要国家重点扶持的高新技术企业，按15%的税率征收。

（四）企业所得税应纳税额的计算

企业所得税的计税依据是应纳税所得额。其计算公式为：

$$应纳企业所得税 = 应纳税所得 \times 企业所得税税率$$

由上公式可见，确定应纳税所得额非常重要。

$$应纳税所得 = 每一纳税年度收入总额 - 不征税收入 - 免税收入 -$$
$$准予扣除项目 - 以前年度亏损$$

1. 收入总额的确定。纳税人的收入总额是指企业在生产经营活动及其他活动中各项收入的总和。具体包括：销售货物收入；提供劳务收入；财产转让收入；股息、红利、利息收入（不包括国债利息收入）；租金收入；特许权使用费收入；接受捐赠收入和其他收入。

在收入总额中的下列收入为不征税收入：①财政拨款；②依法取得并纳入财政管理的行政事业性收费、政府性基金；③国务院规定的其他不征税收入。

2. 税前准予扣除项目。计算应纳税所得额时准予扣除的项目，是企业每一纳税年度实际发生的与经营活动有关的、合理的支出，包括成本、费用、税金、损失和其他支出，可以在计算应纳税所得额时扣除。成本是指纳税人销售商品、提供劳务、转让固定资产、无形资产的成本。费用是指纳税人每一纳税年度发生的可扣除的销售费用、管理费用和财务费用，已计入成本的除外。税金是指纳税人按规定缴纳的消费税、营业税、城市维护建设税、关税等产品销售税金及附加，但增值税除外。损失是指纳税人生产、经营过程中的各项营业外支出、已发生的经营亏损和投资损失以及其他损失。

此外，下列项目按照规定的范围、标准在税前扣除：

（1）借款利息支出。纳税人在生产经营期间，向金融机构借款的利息支出，按实际发生数扣除；向非金融机构借款的利息支出，不超过按照金融企业同期同类贷款利率计算的数额部分。

（2）工资、薪金支出。企业和单位发生的合理的工资薪金支出，准予扣除。

（3）职工工会经费、职工福利费、职工教育经费。不超过企业工资总额的2%、14%、2.5%的部分，准予扣除，超过扣除标准的只能按标准计算扣除。

（4）公益性捐赠。企业发生的公益性捐赠支出，不超过年度利润总额12%以内的部分，准予在计算应纳税所得额时扣除。

（5）业务招待费。企业发生的与生产经营活动有关的业务招待费支出，按照发生额的60%扣除，但最高不得超过当年销售（营业）收入的5‰。

（6）各类保险基金和统筹基金。企业依照国务院或者省级人民政府规定范围和标准为职工缴纳的基本养老保险费、基本医疗保险费、失业保险费、工伤保险费、生育保险费等基本社会保险费和住房公积金，准予扣除。但企业为投资者或职工支付的商业保险费，不得扣除。

（7）广告费和业务宣传费。企业发生的符合条件的广告费和业务宣传费支出，除国务院财政、税务主管部门另有规定外，不超过当年销售收入（营业）收入15%的部分，准予扣除；超过部分，准予在以后纳税年度结转扣除。

（8）环境保护专项资金。企业依照法律、行政法规有关规定提取的用于环境保护、生态恢复等方面的专项资金，准予扣除。上述专项资金提取后改变用途的，不得扣除。

（9）租赁费。企业根据生产经营活动的需要租入固定资产支付的租赁费，按照以下方法扣除：以经营租赁方式租入的固定资产发生的租赁费支出，按照租赁期限均匀扣除；以融资租赁方式租入固定资产发生的租赁费支出，按照规定构成融资租入固定资产价值的部分应当提取折旧费分期扣除。

（10）劳动保护费。企业发生的合理的劳动保护支出，准予扣除。

（11）有关资产的费用。企业转让各类固定资产发生的费用，允许扣除。企业按规定计算的固定资产折旧费、无形资产和递延资产的摊销费，准予扣除。

（12）资产损失。企业当期发生的固定资产和流动资产盘亏、毁损净损失，由其提供清查盘存资料经主管税务机关审核后，准予扣除。

（13）依照有关法律、行政法规和有关税法规定准予扣除的其他项目。如会员费、合理的会议费、差旅费、违约金、诉讼费用等。

此外，税法还规定了企业的一些支出，可以实行加计扣除，如：企业为开发新技术、新产品、新工艺发生的研究开发经费；企业安置残疾人员及其他国家鼓励安置的就业人员所支付的工资。

3. 不得扣除的项目。在计算应纳税所得额时，下列项目不得扣除：

（1）向投资者支付的股息、红利等权益性投资收益款项。

（2）企业所得税税款。

（3）税收滞纳金。

（4）罚金、罚款和被没收财物的损失。

（5）超过规定标准的捐赠支出。

（6）未经核定的准备金支出。

（7）赞助支出。

（8）企业之间支付的管理费、企业内营业机构之间支付的租金和特许权使用费，以及非银行企业内营业机构之间支付的利息，不得扣除。

（9）与取得收入无关的其他支出。

4. 亏损弥补。纳税人发生年度亏损的，可以用下一纳税年度所得弥补，但最长不超过5年。

5. 税收抵免。企业取得的下列所得已在境外缴纳的所得税税额，可以从其当期应纳税额中抵免，抵免限额为该项所得依照我国税法规定计算的应纳税额；超过抵免限额的部分，当期不得抵免，也不得作为费用扣除，但可以在以后5个年度内，用每年度抵免限额抵免当年应抵税额后的余额进行抵补：①居民企业来源于中国境外的应税所得；②非居民企业在中国境内设立了机构、场所，取得发生在中国境外但与该机构、场所有实际联系的应税所得。

居民企业从其直接或间接控股的外国企业分得的来源于中国境外的股息、红利所得，外国企业在境外实际缴纳的所得税税额，可以作为居民企业的可抵免境外所得税税额，在规定的抵免限额内抵免。

（五）企业所得税税收优惠

根据税法的规定，对下列企业实行税收优惠政策：

1. 国债利息收入免税。

2. 企业从事下列项目的所得，免征企业所得税：①蔬菜、谷物、油料、豆类、棉花、糖料、水果、坚果的种植；②农作物新品种的选育；③中药材的种植；④牲畜、家禽的饲养；⑤林木的培育和种植；⑥林产品的采集；⑦灌溉、农产品初加工、兽医、农机推广和作业等农、林、牧、渔服务业项目；⑧远洋捕捞。

3. 企业从事下列项目的所得，减半征收企业所得税：①花卉、茶及其他饮料作物和香料作物的种植；②海水养殖、内陆养殖。

4. 符合条件的技术转让所得。它是指一个纳税年度内，居民企业技术转让所得不超过 500 万元的部分，免征企业所得税；超过 500 万元的部分，减半征收企业所得税。其计算公式为：

技术转让所得 = 技术转让收入 − 技术转让成本 − 相关费用

5. 符合条件的小型微利企业，减按 20% 的税率征收企业所得税。

6. 国家需要重点扶持的高新技术企业，减按 15% 的税率征收企业所得税。

7. 加计扣除。企业的下列支出，可以在计算应纳税所得额时加计扣除：①研究开发费用，是指企业为开发新产品、新技术、新工艺发生的研发费用，未形成无形资产计入当期损益的，在按照规定据实扣除的基础上，按照研发费用的 50% 加计扣除；形成无形资产的，按照无形资产成本的 150% 摊销。②安置残疾人员及国家鼓励安置的其他就业人员所支付的工资，是指企业安置残疾人员的，在支付给残疾人员工资据实扣除的基础上，按照支付给残疾职工工资的 100% 加计扣除。

8. 加速折旧。企业的固定资产由于技术进步等原因，确需加速折旧的，可以缩短折旧年限或者采取加速折旧的方法。

9. 减计收入。企业综合利用资源，生产符合国家产业政策规定的产品所取得的收入，可以在计算应纳税所得额时减计收入，减按 90% 计入收入总额。

10. 企业购置用于环境保护、节能节水、安全生产等专用设备的投资额，可以按一定比例实行税额抵免。

（六）企业所得税的纳税申报、纳税期限

企业所得税采取按年计算，分月或分季预缴的方法。企业在纳税年度内无论盈利或亏损，都应当在月份或季度终了后 15 日内预缴，年度终了后 5 个月内汇算清缴，多退少补。

企业所得税的纳税年度为公历 1 月 1 日～12 月 31 日，纳税人在一个纳税年度中间开业，或者由于合并、关闭等原因，使该纳税年度的实际经营不足 12 个月的，应以实际经营期为一个纳税年度。纳税人在年度中间合并、分立、终止时，应当在停止生产、经营之日起 60 日内，向当地税务机关办理当期所得税的汇算清缴，结清应缴应退税款。

二、个人所得税

个人所得税是指对个人（即自然人）取得的各项应纳税所得所征收的一种税。我国第五届全国人民代表大会第三次会议于 1980 年 9 月 10 日通过了《中华人民共和国个人所得税法》，并先后于 1993 年 10 月 31 日、1999 年 8 月 30 日和 2005 年 10 月 27 日、2007 年 6 月 29 日、2007 年 12 月 29 日进行了五次修改。2011 年 6 月 30 日进行了第六次修正，从 2011 年 9 月 1 日起施行。

（一）个人所得税纳税人和征税范围

个人所得税的纳税人是指在中国境内有住所，或者无住所而在境内居住满 1 年的个人（即居民纳税人），以及在中国境内无住所又不居住或者无住所而在境内居住不满 1 年的个人（即非居民纳税人），包括中国公民、个体工商户、外籍个人、港澳台同胞。

我国《个人所得税法》规定，个人所得税以所得人为纳税人，以支付所得的单位或者个人为扣缴义务人。个人所得超过国务院规定数额的，在两处以上取得工资、薪金所得或者没有扣缴义务人的，纳税人应当按照国家规定办理纳税申报。扣缴义务人应当按照国家规定办理全员全额扣缴申报。

征税范围包括：居民纳税人来源于中国境内、境外的所得和非居民纳税人来源于中国境内的所得。非居民纳税人境外所得部分不属于征税范围。

现行个人所得税共有 11 个应税项目：工资、薪金所得；个体户的生产、经营所得；企业、事业单位的承包经营所得；劳务报酬所得；稿酬所得；特许权使用费所得；利息、股息、红利所得；财产租赁所得；财产转让所得；偶然所得；经国务院财政部门确定征收的其他所得。

目前，国家对股票转让所得暂不征收个人所得税。对个人出售自有住房取得的所得按照"财产转让所得"征收个人所得税，但对个人转让自用 5 年以上并且是家庭唯一生活用房取得的所得，继续免征个人所得税。

（二）个人所得税税率和计税依据

1. 个人所得税税率。工资、薪金所得，适用 5%～45% 的超额累进税率。个体户生产、经营所得和企业事业单位的承包经营、承租经营所得，适用 5%～35% 的超额累进税率。稿酬所得，适用比例税率，税率为 20%，并按应纳税额减征 30%。个人出租住房减按 10% 税率。劳务报酬所得，适用比例税率，税率为 20%。对劳务报酬所得，一次收入畸高的，可以实行加成征收。其他所得均实行 20% 的比例税率。

2. 个人所得税的计税依据。个人所得税的计税依据为个人取得的各项应纳税收入减去规定扣除项目或金额后的余额。即：①工资、薪金所得，中国公民以每月收入额减除费用 3500 元后的余额为应纳税所得额。外籍人员扣除费用为 4800 元。②个体户的生产经营所得，以每一纳税年度的收入总额，减除成本、费用以及损失后的余额为应纳税所得额。③对企业事业单位的承包经营所得，以某一纳税年度的收入总额，减除必要费用后的余额为应纳税所得。④劳务报酬所得、稿酬所得、特许权使用费、财产租赁所得，每次收入不超过 4000 元的，减除费用 800 元；4000 元以上的，减除 20% 的费用，其余额为应纳税所得。个人出租住房收入，准予扣除合理费用以及不超过 800 元的修缮费后的余额为应纳税所得额。⑤财产转让所得，以转让财产的收入额减除财产原值和合理费用后的余额为应纳税所得。⑥利息、股息、红利所得，偶然所得和其他所得，以每次收入全额为应纳税所得。

除上述规定的外，对个人将其所得通过中国非营利的社会团体、国家机关向教育、公益事业和遭受严重自然灾害地区、贫困地区的捐赠，捐赠额不超过应纳税所得额的 30% 的部分，可以从其应纳税所得额中扣除。个人通过非营利性的社会团体和国家机关向红十字事业的捐赠、向农村义务教育的捐赠、向公益性青少年活动场所的捐赠、向汶川地震灾区的捐赠，允许在当年个人所得税前全额扣除。

（三）个人所得税减免规定

根据《个人所得税法》的规定，下列各项所得，免征个人所得税：①省级人民政府、国务院部委和中国人民解放军军以上单位，以及外国组织、国际组织颁发的科学、教育、技术、文化、卫生、体育、环境保护等方面的奖金；②国债和国家发行的金融债券利息；③按照国家统一规定发给的补贴、津贴；④福利费、抚恤金、救济金；⑤保险赔款；⑥军人的转业费、复员费；⑦按照国家统一规定发给干部、职工的安家费、退职费、退休工资、离休工资、离休生活补助费；⑧依照我国有关法律规定应予免税的各国驻华使馆、领事馆的外交代表、领事馆员和其他人员的所得；⑨中国政府参加的国际公约、签订的协议中规定免税的所得；⑩按照国家规定，单位为个人缴付和个人缴付的住房公积金、基本医疗保险费、基本养老保险费、失业保险费，从纳税人的应纳税所得额中扣除；个人提取原提存的住房公积金、医疗保险金、基本养老保险金时，免予征收个人所得税；⑪对个人购买福利彩票、赈灾彩票、体育彩票，一次中奖收入在 1 万元以下（含 1 万元）的暂免征收个人所得税；超过 1 万元的，全额征收个人所得税。

此外，《个人所得税法》还规定，下列情况之一的，可以批准减征个人所得税：残疾、孤老人员和烈属的所得；因严重自然灾害造成重大损失的；其他经国务院财政部门批准减税的。

（四）个人所得税的纳税申报和纳税期限

1. 纳税申报。个人所得税实行代扣代缴和纳税人自行申报两种计征办法。其中以支付所得的单位或者个人为扣缴义务人。纳税人有以下情形之一的，应当按照规定到主管税务机关办理纳税申报：

（1）年所得 12 万元以上的；

（2）从中国境内两处或者两处以上取得工资、薪金所得的；

（3）从中国境外取得、所得的；

（4）取得应纳税所得，没有扣缴义务人的；

（5）国务院规定的其他情形。

年所得 12 万元以上的纳税人，在年度终了后 3 个月内到主管税务机关办理纳税申报。除自行申报纳税的情形之外，一律实行代扣代缴。自行申报纳税人，应当在取得所得的所在地税务机关申报纳税。

2. 个人所得税的纳税期限。自行申报纳税义务人、扣缴义务人每月应纳的税款，都应当在次月 7 日内缴入国库，并向税务机关报送纳税申报表。

项目四　财产税、特定行为税和资源税法律制度

引例

张三有两套住房，并将其中一套出售给同事王五，成交价格为 100 000 元；另一套住房与李四的住房进行交换，并支付了 50 000 元的差价。

请计算契税应纳税额（已知契税税率为 5%）。

[引例分析]

张三应纳契税 = 50 000 × 5% = 2500 元。

王五应纳契税 = 100 000 × 5% = 5000 元。

李四不缴纳契税。

基本理论

一、财产税

财产税，是以纳税人所有或属其支配的财产为征税对象进行征收的一种税。我国现行的财产税主要有房产税等。

房产税是以房产为征税对象，按照房产的计税价值或房产租金收入向产权所有人或经营管理人等征收的一种税。房产税的纳税人是房屋的产权所有人。其征收范围在城市、县城、建制镇和工矿区征收。

（一）房产税的纳税人

具体讲，产权属于全民所有的，由经营者为纳税义务人；产权出典的，由承典人为纳税人；产权所有人、承典人不在房产所在地的，由代管人为纳税人；产权未确定及租典纠纷未解决的，由房产代管者为纳税人。

（二）房产税的计税依据和税率

房产税的计税依据有两种：一是房产买卖的，依房产价值为计税依据；二是房产出租的，则依房产租金收入为计税依据。根据计税依据不同，分设两种税率：依照房产价值计税的，税率为1.2%；以房产租金收入为计税依据的，税率为12%。

从价计征的房产税，是以房产余值为计税依据。房产税依照房产原值一次减除10%~30%后的余值计算缴纳。具体扣除比例由省、自治区、直辖市人民政府确定。房产出租的，则以房产出租取得的租金收入为计税依据，计算缴纳房产税。

（三）房产税纳税期限和纳税地点

房产税实行按年计征，分期缴纳。具体纳税期限由省、自治区、直辖市人民政府规定。纳税人应当依当地税务机关的规定，将现有房产的地点、数量或租金收入等情况，如实向税务机关申报，并根据规定在房产所在地纳税。如纳税人有多处房产的，应分别在所在地纳税。

（四）减免税规定

根据有关规定，以下房产免征房产税：①国家机关、人民团体、部队自用的房产；②国家财政部门拨付事业经费的单位自用的房产；③宗教、寺庙、公园、名胜古迹自用的房产；④个人所有非营利用的房产；但是，某些地方政府为了抑制房价过快增长和房产投机行为，从2012年1月起我国在上海、重庆两地进行房产税改革试点；⑤财政部、国家税务总局批准免征税的房产。

二、行为税

行为税，是指以特定行为作为征税对象的一种税。它主要包括印花税、契税等。

（一）印花税

印花税是对经济活动和经济交往中书立、领受、使用税法规定应税凭证征收的一种行为税。即凡发生书立、领受、使用应税凭证行为的，都应按规定缴纳印花税。

1. 印花税的纳税人和征收范围。印花税的纳税人是指在中国境内书立、领受、使用税法所列举凭证的单位和个人。根据书立、领受、使用应税凭证的不同，纳税人可分为立合同人、立账簿人、立据人、领受人和使用人。

印花税的征收范围具体包括以下几项：各类合同和具有合同性质的凭证；产权转移书据；营业账簿；权利许可证照；经财政部确定征税的其他凭证。

2. 印花税税率。印花税税率有两种形式：比例税率和定额税率。现行印花税的比例税率分为五档：①财产租赁、仓储保管和财产保险合同等项目，适用

1‰税率。②加工承揽、货物运输合同、产权转移书据和营业账簿税目中记载资金的账簿，适用0.5‰税率。③买卖合同、建筑安装工程承包和技术合同，适用0.3‰税率。④借款合同，适用0.05‰税率。⑤股票买卖、继承、赠与所书立的股权转让书据，适用4‰税率。

对于无法计算的凭据采用定额税率，以件为单位缴纳一定数额的税款。一般为每件5元。

3. 免征印花税的情形。免征印花税的主要有以下几种：已缴纳印花税的凭证的副本或抄本免征印花税；财产所有人将财产赠给政府、抚养孤老伤残的社会福利单位、学校所立的书据免税；国家指点的收购部门与村民委员会、农民个人书立的农副产品收购合同免税；无息、贴息贷款合同免税；外国政府或者国际金融组织向我国政府及国家金融机构提供优惠贷款所书立的合同免税。

（二）契税

契税是国家在土地、房屋权属转移时，按照当事人双方签订的合同（契约），以所确定价格的一定比例，向权属承受人征收的一种税。

1. 契税纳税人。契税纳税人是在我国境内承受土地、房屋权属转移的单位和个人。

2. 契税的征收范围。契税以在我国境内转移土地、房屋权属的行为作为征税对象。土地、房屋权属未发生转移的，不征收契税。契税的征收范围主要包括：①国有土地使用权出让；②土地使用权转让；③房屋买卖；④房屋赠与；⑤房屋交换。

除上述情形外，在实际中还有其他一些转移土地、房屋权属的形式，如以土地、房屋权属作价投资、入股，以土地、房屋权属抵债；以获奖方式承受土地、房屋；以预购方式或者预付集资建房款方式承受土地、房屋等。

土地、房屋权属变动还有其他一些不同的形式，如典当、继承、分拆（分割）、出租或者抵押等。以这些形式发生土地、房屋权属变动的，不属于契税的征收范围。

3. 契税税率。契税采用比例税率，并实行3%～5%的幅度税率。具体税率由各省、自治区、直辖市人民政府在幅度内，按照本地区的实际情况来确定。

4. 契税的计税依据。按照土地、房屋权属转移的形式、定价方法的不同，契税的计税依据确定如下：

（1）国有土地使用权出让、土地使用权出售、房屋买卖，以成交价格作为计税依据。

（2）土地使用权赠与、房屋赠与，由征税机关参照土地、房屋买卖的市场价格核定。

（3）土地使用权交换、房屋交换，以交换土地使用权、房屋的价格差额为计税依据。交换价格不相等的，由多支付货币、实物、无形资产或者其他经济利益的一方缴纳契税；交换价格相等的，免征契税。（本章导入案例即属于该类）

5. 契税应纳税额的计算。

$$应纳税额 = 计税依据 \times 契税税率$$

6. 契税税收优惠。

（1）国家机关、事业单位、社会团体、军事单位承受土地、房屋用于办公、教学、医疗、科研和军事设施的，免征契税。

（2）城镇职工按规定第一次购买公有住房的，免征契税。

（3）因不可抗力灭失住房而重新购买住房的，酌情准予减征或者免征契税。

（4）纳税人承受荒山、荒沟、荒丘、荒滩土地使用权，用于农、林、牧、渔业生产的，免征契税。

经批准减征、免征契税的纳税人，改变有关土地、房屋的用途的，就不再属于减征、免征契税范围，并且应当补缴已经减征、免征的税款。

三、资源税

资源税是为了调节资源开发过程中的级差收入，以自然资源为征税对象的一种税。

（一）资源税的纳税人和征税范围

资源税的纳税人是指在中华人民共和国境内开采应税矿产品或生产盐的单位和个人。

资源税的范围很广。我国目前资源税的征收范围仅包括矿产品和盐类，具体包括：①原油，指开采的天然原油；②天然气，指专门开采或与原油同时开采的天然气；③煤炭，指原煤，不包括洗煤、选煤；④其他非金属原矿；⑤黑色金属和有色金属矿原矿；⑥盐，包括固体盐、液体盐。

（二）资源税税目和税额

资源税采用定额税率，从量定额征收。但为了调节资源级差收入，规定资源条件好、级差收入大的品种适用高税额；资源条件差、级差收入小的品种适用低税额。因此，各税目和税额均有不同幅度。如原油每吨8~30元，天然气每千立方米2~15元。

（三）资源税的纳税地点和纳税期限

纳税人应纳的资源税，应向应税产品的开采或生产所在地主管税务机关缴纳。扣缴义务人代扣代缴的资源税，应向收购地主管税务机关缴纳。

资源税的纳税期限分为1日、3日、5日、10日、15日和1个月；由主管税务机关根据具体情况核定。纳税人以 1 个月为期限的，应自期满之日起 10 日内申报纳税，其余应在期满之日起 5 日内预缴，于次月 1 日起申报纳税并结清上月税款。

（四）资源税的减免

根据《资源税暂行条例》的规定，纳税人有下列情形之一的，减征或免征资源税：

（1）开采原油过程中用于加热、修井的原油，免税。

（2）纳税人开采或生产应税产品过程中因意外事故或自然灾害等原因遭受重大损失的，由省、自治区、直辖市人民政府酌情决定减免税。

项目五　税收征管法律制度

引例

小王在学习税法时了解到，纳税人对税务机关征税等具体行政行为不服的，可以申请行政复议。小王感到法律如此规定是保护纳税人的合法权益，但也不明白一点：既然如此，为什么必须先交纳税款及滞纳金或者提供相应的担保，才能申请行政复议？

[引例分析]

实行行政复议制度，是为保护纳税人的合法权益不受侵害。但是，为了防止有些纳税人借行政复议之机，迟迟不缴纳税款，使国家权益受损，税法规定纳税人应当先缴纳税款及滞纳金或者提供相应的担保，再申请行政复议。只有符合几种法定情形之一时，才可以停止执行具体行政行为。这样规定，兼顾了纳税人和国家的合法权益。

基本理论

一、税收征收管理机关和管理体制

税收征收管理机关是指法律、法规规定负责管理税款征收和管理工作的职能机构。国务院税务管理部门（即国家税务总局）主管全国税收征收管理工作，并对全国国税系统实行垂直管理，负责中央税、共享税的征管工作。各省、自治区、直辖市的税务机关负责本辖区的税收征收管理工作。税收征收管理，是指国家税务机关，在组织税收全过程中的工作环节、程序和方法。

二、《税收征收管理法》的主要内容

税收征收管理法，是指国家规定和调整税务机关和纳税义务人在征纳税活

动中的程序和责任的法律规范的总称。1992 年我国制定了《中华人民共和国税收征收管理法》（以下简称《税收征管法》）。它对加强税收征管，保障国家税收收入，保护纳税人合法权益起到重要作用。修订后的《税收征管法》自 2001 年 5 月 1 日施行，其中规定了税收征收管理机关的职权，主要包括：税务管理、税款征收、税务检查、违反税法的法律责任等。

（一）税务管理

税务管理是税收征收管理的重要内容，是税款征收的前提。税务管理主要包括税务登记、账簿凭证管理和纳税申报等内容。

1. 税务登记。税务登记是税务机关依据税法规定，对纳税人的生产、经营活动进行登记管理的一项法定制度，也是纳税人依法履行纳税义务的法定手续，包括开业登记、变更登记、停业复业登记、注销登记、外出经营报验登记等。

2. 账簿、凭证的管理。账簿、凭证是纳税人进行生产、经营活动和核算财务收支的重要依据。建立账簿凭证管理制度是加强税务管理的需要。根据《税收征管法》的规定，纳税人、扣缴义务人应按规定设置账簿，根据合法有效凭证记账，进行核算。生产经营规模小又无建账能力的个体户，可以聘请注册会计师或经税务机关认可的会计人员代为建账和办理账务。扣缴义务人应当在法定扣缴义务发生之日起 10 日内按所代扣代缴的税种，分别设置账簿。

此外，《税收征管法》对发票也进行了严格的管理。因为，发票是经济收支行为发生的法定凭证，是会计核算的原始依据，也是税务稽查的重要依据。所以，法律、法规对发票的印制、领购，发票的开具和保管，发票的检查以及对违反发票管理制度的处罚等均作了明确规定。发票的种类由省级以上税务机关确定。对在全国范围统一样式的发票，由国家税务总局确定。增值税专业发票由国务院税务主管部门指定的企业印制，其他发票分别由省、自治区、直辖市国家税务局、地方税务局指定的企业印制。发票实行不定期换版制度。

从事生产、经营的纳税人、扣缴义务人必须按照国家规定期限保管账簿、凭证、完税凭证及其他有关资料。除法律、法规另有规定外，账簿、记账凭证、报表、完税凭证及其他有关纳税资料应当保存 10 年。

3. 纳税申报。纳税申报是指纳税人、扣缴义务人按照法律、行政法规的规定，在申报期限内就纳税事项向税务机关提出书面申报的一种法定手续。纳税人、扣缴义务人不能按期申报的，经税务机关核准，可以延期申报。凡已办理税务登记的纳税人，无正当理由连续 3 个月未向税务机关进行纳税申报的，税务机关应当派人进行实地检查，查无下落并无法强制其履行纳税义务的，税务机关应当发出公告，责令限期改正，逾期不改正的，可以暂停其税务登记证件、发票的使用，同时制作非正常户认定书，存入纳税人档案。纳税人被列入非正常户超过 1 年的，税务机关可以注销其税务登记，并依法追征其应纳税款。纳税申报的方式包括：直接申报、邮寄申报、数据电文申报。

（二）税款征收

税款征收是税务机关依照税收法律、法规的规定将纳税人应当缴纳的税款组织征收入库的一系列活动的总称。它是税收征收管理工作的中心环节，在整个税收征收管理工作中占极其重要的地位。

《税收征管法》规定，税务机关依法征收税款，不得违反法律、行政法规的规定开征、停征、多征、少征、提前征收、延缓征收或摊派税款。

1. 税款征收的方式。我国的税款征收方式主要有以下几种：①查账征收。是由纳税人依据账簿，先自行计算缴纳，事后经税务机关核实，如有不符合税法的，可以多退少补。这种方式主要对已健全会计账簿的单位采用。②查定征收。是由税务机关根据纳税人的生产设备等情况在正常条件下生产、销售情况，对其生产的应税产品查定产量和销售额，然后依税法规定的税率征收的一种税款征收方式。③查验征收。是由税务机关对纳税人的应税产品进行查验后征税，并贴上完税证或盖查验戳。④定期定额征收。是税务机关核定纳税人在一定经营期内的应纳税经营额及收益额并以此为计税依据，确定其应纳税额的一种征收方式。

2. 税款征收措施。为了保证税款征收的顺利进行，《税收征管法》赋予了税务机关在税款征收中根据不同情况可以采取的措施，主要有以下内容：①责令缴纳并加收滞纳金。纳税人、扣缴义务人未按规定期限纳税的，税务机关除责令限期缴纳外，从滞纳税款之日起，按日加收滞纳税款 0.5‰ 的滞纳金。②补缴和追缴税款。因税务机关的责任，致使纳税人、扣缴义务人未缴或者少缴税款的，税务机关在 3 年内可以要求其补缴，但是不得加收滞纳金。因纳税人、扣缴义务人计算错误，未缴或少缴税款的，税务机关在 3 年内可以追征税款、滞纳金。特殊情况的，追征期可以延长到 5 年。③责令提供纳税担保。

3. 核定应纳税额。根据《税收征管法》的规定，对于可以依法不设账簿的，或应设账簿但未设的，或虽设账但账目混乱等纳税人，税务机关有权核定其应纳税额。

4. 税收保全措施。根据《税收征管法》的规定，税务机关有根据认为从事生产、经营的纳税人有逃避纳税义务的，可以在规定的期限之前，责令限期缴纳应纳税款；在限期内发现纳税人有明显的转移、隐匿其应税商品、货物以及其他财产的，税务机关可责令纳税人提供纳税担保。如果纳税人不能提供担保，经县以上税务局局长批准，可以采取冻结纳税人银行存款；扣押、查封纳税人相当于应税额的商品、货物或其他财产等税收保全措施。

纳税人在限期内已缴纳税款，税务机关则应立即解除税收保全措施，否则，造成纳税人损失的，税务机关应当承担赔偿责任。

5. 强制执行措施。根据《税收征管法》的规定，从事生产、经营的纳税人、扣缴义务人未按规定的期限缴纳或解缴税款，纳税担保人未按规定的期限缴纳所担保的税款，由税务机关责令限期缴纳，逾期仍未缴纳的，经县以上税务局局长批准，税务机关可以采取扣缴纳税人银行存款；扣押、查封、依法拍卖或变卖其价值相当于应纳税款的商品、货物或其他财产，以拍卖或变卖所得抵缴税款。

税务机关采取强制执行措施时，对相应纳税人、扣缴义务人、纳税担保人未缴纳的滞纳金同时强制执行。

6. 阻止出境。根据《税收征管法》的规定，欠缴税款的纳税人或者他的法定代表人需要出境的，应当在出境前向税务机关结清应纳税款、滞纳金，或提供纳税担保。未结清税款、滞纳金或者不提供担保的，税务机关可以通知出境管理机关阻止出境。

（三）税务检查

税务检查是指税务机关根据税收法律、法规的规定，对纳税人、扣缴义务人履行纳税义务和扣缴义务的情况进行的审查监督活动。根据《税收征管法》及相关法律制度的规定，税务机关有权进行下列税务检查：

1. 检查纳税人的账簿、记账凭证、报表和有关资料，及扣缴义务人的各种纳税资料。

2. 到纳税人的生产、经营场所和货物存放地检查纳税人应税商品、货物。

3. 责成纳税人、扣缴义务人提供与纳税或代扣代缴税款有关的文件、证明材料。

4. 询问纳税人、扣缴义务人与纳税或代扣代缴有关的问题和情况。

5. 经县以上税务局局长批准，凭全国统一格式的检查存款账户许可证明，查询从事生产、经营的纳税人、扣缴义务人在银行或其他金融机构的存款账户。

纳税人、扣缴义务人及其他当事人对未出示税务检查证和税务检查通知书的检查，有权拒绝检查。

（四）税务行政复议

1. 税务行政复议概述。税务行政复议，是指纳税人和其他税务当事人对税务机关的税务行政行为不服，依法向上级税务机关提出申诉，请求上级税务机关对原具体行政行为的合法性、合理性作出审议；复议机关依法对原具体行政行为的合法性、合理性作出裁决的行政司法活动。2010年2月国家税务总局以第21号令的形式发布《税务行政复议规则》，自2010年4月起施行。

2. 税务行政复议范围。纳税人或其他当事人（简称申请人）认为税务机关（简称被申请人）的具体行政行为侵犯其合法权益，可依法向税务行政复议机关申请行政复议。

行政复议机关受理申请人对下列具体行政行为不服，可以提出行政复议申请：

（1）税务机关作出的征税行为，包括确认纳税主体、征税对象、征税范围、减免税、退税、抵扣税款、适用税率、计税依据、纳税环节、纳税期限、纳税地点和税款征收方式等具体行政行为，征收税款、加收滞纳金，扣缴义务人以及受托单位和个人作出的代扣代缴、代收代缴、代征行为等。

（2）行政许可、行政审批行为。

（3）发票管理行为。包括发售、收缴、代开发票等。

（4）税收保全、强制执行措施。

（5）税务机关做出的行政处罚行为：罚款、没收财物和违法所得、停止出口退税权。

（6）税务机关不依法履行行政职责的行为。

（7）资格认定行为。

（8）不依法确认纳税担保行为。

（9）纳税信用等级评定行为。

（10）税务机关通知出入境管理机构阻止出境行为。

申请人对上述复议范围中第（1）项规定的行为不服的，应当先向复议机关申请行政复议，对行政复议决定不服的，可以再向人民法院提起行政诉讼。

申请人对复议范围中第（1）项规定以外的其他具体行政行为不服的，可以申请行政复议，也可以直接向人民法院提起行政诉讼。

《税收征管法》规定，纳税人、扣缴义务人、纳税担保人同税务机关在纳税上发生争议时，必须先缴纳税款及滞纳金或者提供相应的担保，然后可以在收到税务机关填发的缴款凭证之日起 60 日内向上一级税务机关申请复议。对复议决定不服的，可以在接到复议决定书之日起 15 日内向人民法院起诉。

（五）违反税法的法律责任

1. 一般违反税法的法律责任。根据《税收征管法》的规定，纳税人有以下行为的，由税务机关责令限期改正，可以处 2000 元以下罚款，情节严重的，处 2000 元以上 1 万元以下的罚款：①未按规定期限申报各项登记；②未按规定设置、保管账簿和有关纳税资料；③未按规定将财务制度或会计处理办法和会计核算软件报送税务机关备查的。

纳税人未按规定使用税务登记证件，或者转借、涂改、毁损、买卖、伪造税务登记证件的，处 2000 元以上 1 万元以下罚款，情节严重的，处 1 万元以上 5 万元以下的罚款。

扣缴义务人应扣未扣税款的，由税务机关向纳税人追缴税款。对扣缴义务人处以应扣未扣税款 50% 以上 3 倍以下罚款。

纳税人、扣缴义务人逃避、拒绝或者以其他方式阻挠税务机关检查的，由税务机关责令改正，可以处 1 万元以下的罚款；情节严重的，处 1 万元以上 5 万元以下的罚款。

2. 偷税行为的法律责任。偷税是指纳税人伪造、变造、隐匿、擅自销毁账簿、记账凭证，或者在账簿上多列支出，不列或少列收入进行虚假纳税申报，不缴或少缴应纳税款的行为。对纳税人偷税的，由税务机关追缴其不缴或少缴的税款、滞纳金，并处以不缴或少缴税款 50% 以上 5 倍以下的罚款。构成犯罪的，税务机关应当依法移送司法机关追究刑事责任。根据《刑法》规定，偷税数额在 1 万元以上不满 10 万元并且偷税数额占应纳税额的 10% 以上不满 30% 的，或者因偷税被税务机关给予二次行政处罚又偷税的，处 3 年以下有期徒刑或者拘役，并处偷税数额 1 倍以上 5 倍以下罚金；偷税数额在 10 万元以上并且偷税数占应纳税款 30% 以上的，处 3 年以上 7 年以下有期徒刑，并处偷税数额 1 倍以上 5 倍以下罚金。

扣缴义务人偷税，比照偷税罪处罚。

对多次犯有偷税行为未经处理的，数额应累计计算。单位犯偷税罪的，对单位判处罚金，并对其直接负责的主管人员和其他直接责任人员，依照偷税罪处罚。

3. 欠税行为的法律责任。欠税行为是指纳税人采取转移或者隐匿财产的手段，妨碍税务机关追缴欠缴的税款的，由税务机关追缴欠缴的税款、滞纳金，并处欠缴税款 50% 以上 5 倍以下的罚款；构成犯罪的，应移送司法机关追究刑事责任。根据《刑法》规定，逃避追缴欠税款使税务机关无法追缴欠缴的税款数额在 1 万元以上不满 10 万元的，处 3 年以下有期徒刑或拘役，并处或单处欠缴税款 1 倍以上 5 倍以下罚金；数额在 10 万元以上的，处 3 年以上 7 年以下有期徒刑，并处欠缴税款 1 倍以上 5 倍以下罚金。单位犯本罪的，对单位判处罚金，并对直接负责的主管人员和其他直接责任人员依照上述规定处罚。

4. 骗税行为的法律责任。骗税是指以假报出口或者其他欺骗手段，骗取国家出口退税款的行为。骗税由税务机关追缴其骗取的退税款并处骗取税款 1 倍以上 5 倍以下罚款，构成犯罪的，税务机关应当依法移送司法机关追究刑事责任。根据《刑法》规定，以假报出口或者其他欺骗手段，骗取国家出口退税款，数额较大的处 5 年以下有期徒刑并处骗税款 1 倍以上 5 倍以下罚金；数额巨大或有其他严重情节的，处 5 年以上 10 年以下有期徒刑，并处骗税款 1 倍以上 5 倍以下的罚金；数额特别巨大或有其他特别严重情节的，处 10 年以上有期徒刑或无期徒刑。

单位犯有本罪的，对单位判处罚金，并对其直接负责的主管人员和其他直接责任人员，依照上述规定处罚。

5. 抗税行为的法律责任。抗税是指以暴力、威胁方法拒不缴纳税款的行为。对于抗税行为除由税务机关追缴其拒缴的税款、滞纳金外，税务机关应当移送司法机关追究其刑事责任，未构成犯罪的，由税务机关追缴其拒缴的税款、滞纳金并处拒缴税款 1 倍以上 5 倍以下罚金，情节严重的，处 3 年以上 7 年以下有期徒刑并处拒缴税款 1 倍以上 5 倍以下罚金。

6. 虚开增值税发票行为的法律责任。虚开增值税发票的行为是指虚开增值税专用发票或虚开用于骗取出口退税、抵扣税款的其他发票的行为。有为他人虚开、为自己虚开、让他人为自己虚开、介绍他人虚开上述专用发票行为之一的，即构成虚开增值税专业发票、用于骗取出口退税、抵扣税款发票罪。

根据《刑法》第 205 条的规定，虚开增值税专业发票或者虚开用于骗取出口退税、抵扣税款的其他发票的，处 3 年以下有期徒刑或者拘役，并处 2 万元以上 20 万元以下罚金；虚开的税款数额较大或有其他严重情节的，处 3 年以上 10 年以下有期徒刑，并处 5 万元以上 50 万元以下罚金；虚开的税款数额巨大或有其他特别严重情节的，处 10 年以上有期徒刑或无期徒刑，并处 5 万元以上 50 万元以下罚金或没收财产。有上述行为骗取国家税款数额特别巨大，情节特别严重，给国家利益造成特别重大损失的，处无期徒刑或死刑，并处没收财产。

7. 非法出售增值税专用发票行为的法律责任。出售增值税专用发票罪是指违反国家发票管理法规，非法出售增值税专用发票的行为。根据《刑法》第 207 条的规定，非法出售增值税专用发票的，处 3 年以下有期徒刑、拘役或管制，并处 2 万元以上 20 万元以下罚金；数量较大的，处 3 年以上 10 年以下有期徒刑，并处 5 万元以上 50 万元以下罚金；数量巨大的，处 10 年以上有期徒刑或无期徒刑，并处 5 万元以上 50 万元以下罚金或者没收财产。

思考题

1. 什么是税法？税法的构成要素有哪些？
2. 简述税收的特征。
3. 简述税法的基本原则。
4. 什么是流转税？其特征有哪些？
5. 增值税的纳税义务人有哪些？

6. 试述我国"营改增"的范围。

7. 什么是消费税？它有哪些特征？

8. 简述消费税的征收范围。

9. 什么是关税？关税的法定优惠有哪些？

10. 企业所得税的税收优惠体现在哪些方面？

11. 什么是个人所得税的居民纳税人和非居民纳税人？

12. 简述税务机关的职权。

13. 什么是偷税行为？对偷税应如何处理？

14. 试述税收保全措施与强制执行措施的区别。

15. 习作案例：

便民修车行是一家小规模纳税人。2012 年 5 月，其修理、配件业务收入共计 10 万元，本月购进修车零件、配件等共计 2 万元。其应纳的增值税是多少？（已知增值税适用征收率为 3%）。

解析：小规模纳税人不得抵扣进项税额，应采用简易计税办法即

应纳增值税 = 10 ÷ （1 + 3%） × 3% = 0.2913 （万元）。

16. 习作案例：

某建筑装修材料商店为增值税一般纳税人，并兼营装修业务和工具租赁业务。2013 年某一纳税期内，该商店购进商品取得的增值税专用发票上注明的价款是 200 000 元，销售商品取得销售收入共计 333 450 元，装修业务和租赁业务收入分别为 65 000 和 3800 元。该商店分别核算货物销售额和劳务的营业额。请计算该商店当期应纳增值税是多少？（已知增值税税率为 17%，建筑业营业税税率为 3%）

解析：2013 年 8 月起，动产租赁业务全面实行"营改增"，因此，工具租赁这项业务的营业额应当与建材销售一样征收增值税，装修业务应当缴纳营业税，商店已经分别核算了货物销售额与劳务营业额，所以，应当分别缴纳增值税与营业税。

应纳增值税 = （333 450 + 3800） ÷ （1 + 17%） × 17% − 200 000 × 17%
　　　　　 = 49 002.14 − 34 000 = 15 002.14 （元）

应纳营业税 = 65 000 × 3% = 1950 （元）。

17. 习作案例：

李某按市场价出租住房，2013 年 3 月取得租金收入 3000 元，当月发生的准予扣除项目金额合计为 200 元，修缮费用 1300 元，均取得合法票据。李某 3 月份应缴纳个人所得税？

解析：李某应纳个人所得税 = （3000 − 200 − 800 − 800） × 10% = 120 （元）。

18. 习作案例：

某酒店从事饮食、客房及卡拉 OK 等娱乐服务，并能准确单独核算其营业额。2012 年 6 月份，该酒店共取得营业收入 232 万元，其中餐饮收入 150 万元，客房收入 55 万元，台球收入 10 万元，卡拉 OK 厅收入 15 万元，代订机票、车票收取手续费 2 万元。该酒店 6 月份应如何缴纳营业税？（已知服务业营业税税率 5%，娱乐业营业税税率 20%）

解析：该酒店经营不同税率的营业税项目，所以应分别单独核算，否则一并从高。

应纳营业税 =（150 + 55 + 2）× 5% +（10 + 15）× 20% = 10.35 + 5 = 15.35（万元）。

参考书目

1. 杨紫烜、徐杰主编：《经济法学》，北京大学出版社 2001 年版。

2. 李正华编著：《经济法》，中国人民大学出版社 2002 年版。

3. 刘隆亨：《经济法概论》，北京大学出版社 2002 年版。

4. 刘瑞复：《经济法学原理》，北京大学出版社 2002 年版。

5. 潘静成、刘文华主编：《经济法》，中国人民大学出版社 1999 年版。

6. 许明月主编：《经济法学论点要览》，法律出版社 2000 年版。

7. 吴景明、魏敬森主编：《经济法、商法》，九州出版社 2004 年版。

8. 朱崇实主编：《经济法》，厦门大学出版社 2002 年版。

9. 刘亚天、李美云主编：《经济法原理与案例解析》，人民法院出版社 2000 年版。

10. 教学法规中心：《经济法教学法规》，中国法制出版社 2002 年版。

11. 张守义主编：《经济法概论》，北京大学出版社 2005 年版。

12. 国家司法考试辅导用书编辑委员会：《国家司法考试辅导用书》（第一卷），法律出版社 2007 年版。

13. 赵鹏、王小龙编著：《2011 年国家司法考试真题分类解读五卷本（行政法、商法卷）》，人民法院出版社 2011 年版。

14. 张海峡：《司法考试名师讲义（商法、经济法、知识产权法)》，法律出版社 2013 年版。

15. 法律出版社法规中心编著：《土地纠纷认定规则与适用全书》，法律出版社 2013 年版。

16. 法律出版社法规中心编著：《物业纠纷认定规则与适用全书》，法律出版社 2013 年版。

17. 李晓斌主编：《房地产法律政策解读与实用范本典型案例全书》，中国法制出版社 2013 年版。

18. 财政部会计资格评价中心编：《经济法基础》，经济科学出版社 2013 年版。

图书在版编目（ＣＩＰ）数据

经济法原理与实务/陆薇主编. —北京：中国政法大学出版社，2014.7（2022.1重印）
ISBN 978-7-5620-5441-2

Ⅰ．①经…　Ⅱ．①陆…　Ⅲ．①经济法—中国　Ⅳ．①D922.29

中国版本图书馆CIP数据核字(2014)第140611号

出 版 者	中国政法大学出版社
地　　址	北京市海淀区西土城路 25 号
邮　　箱	fadapress@163.com
网　　址	http://www.cuplpress.com (网络实名：中国政法大学出版社)
电　　话	010-58908435(第一编辑部) 58908334(邮购部)
承　　印	保定市中画美凯印刷有限公司
开　　本	720mm×960mm　1/16
印　　张	15
字　　数	277 千字
版　　次	2014 年 7 月第 1 版
印　　次	2022 年 1 月第 3 次印刷
印　　数	7001~9000 册
定　　价	26.00 元